그리스 신화와
그리스 성풍속사 ❷

Sexual Life in Ancient Greece

by Hans Licht

그리스 신화와

· 쾌락과 문명의 만남 ·

그리스 성풍속사 ❷

한스 리히트 지음 ― 정성호 옮김

Hans Licht

산수야

쾌락과 문명의 만남

그리스 신화와
그리스 성풍속사 ❷

초판 인쇄   2020년 7월 25일
초판 발행   2020년 7월 31일

지은이   한스 리히트
옮긴이   정성호
발행인   권윤삼
발행처   산수야

등록번호   제1-1515호
주소   서울시 마포구 월드컵로 165-4
전화   02-332-9655
팩스   02-335-0674

ISBN 978-89-8097-514-3   03380

값은 뒤표지에 있습니다. 잘못된 책은 바꾸어 드립니다.

이 도서의 국립중앙도서관 출판시도서목록(CIP)은
서지정보유통지원시스템 홈페이지(http://seoji.nl.go.kr)와
국가자료공동목록시스템(http://www.nl.go.kr/kolisnet)에서 이용하실 수 있습니다.
(CIP제어번호: CIP 2020022501)

차례

제 4 장 ✳ 매춘과 헤타이라이

제 5 장 ✳ 남성의 동성애

여성에 대한
남성의 사랑

관능적 사랑의 환희

관능적 사랑의 환희

성적 욕망의 표출

이 장에서는 남성과 여성 사이에서 이루어지는 정상적인 방법의 성적인 관계만을 다루겠으며, 그외의 성적 관계에 대해서는 다음 장에서 다루도록 하겠다. 그리스인의 성생활 속에 내포된 정신적 측면의 내용에 대해서는 이미 상세히 토론하였으므로(그리스 성 풍속사 1권 참조), 여기서는 그리스 사람들의 순수하게 육체적이고 관능적인 성행위의 측면만을 서술할 것이다.

우리는 고대인의 견해, 특히 그리스인의 관점에서 본 육체적 사랑은 치유할 수 없는 하나의 병적인 것이거나, 격렬한 형태의 광란, 그 이상도 이하도 아니었다는 사실을 기억해야 한다. 그들은 관능적이고 에로틱한 충동을 가져오는 사랑 그 자체를 육체와 정신의 건강한 균형이 교란되는 결과로 판단하였으며, 결국 성적인 욕망의 지배하에서 정신은 육체에 대한 통제력을 상실하게 된다는 식으로 이해하였다. 따라서 위에서 언급한 '광란'이라는 표현을 성적인 욕망, 그것에 휩싸이게 되면 인간의 지적인 이해 능력이 일시적으로 마비되어 버린다는 상황적 전제하에서 이해해야 한다.

현대의 성 과학이 인체 내에서 형성되고 중독적인 효과를 가져와서, 결국 인간의 지적인 능력의 저하를 가져오는 화학적 물질이 남성과 여성의 체내에 존재한다는 판단하에서 성에 관한 모든 현상을 설명하는 것을 보면, 그리스인의 위와 같은 생각은 매우 흥미로운 것이라 할 수 있다.

위대한 철학자 하르트만(Philosophie des Unbewussten, Berlin, 1869, p.583)은 그보다 앞선 쇼펜하우어(Die Welt als wille und Vorstellung, 3rd edn., 1859, vol. ii, p. 586)처럼 위와 같은 관점을 수용하여 다음과 같은 유사한 결론에 도달하였다.

> "사랑은 기쁨보다는 고통의 원인이 된다. 기쁨은 단지 우리를 유혹할 수 있을 뿐이다. 만일 운명적인 성적 충동이 없다면 우리는 이성의 힘으로 사랑을 회피했을지도 모른다. 만약 회피하려 한다면 차라리 거세하는 편이 훨씬 나을 것이다."

논리적으로 이러한 결론을 설명했지만, 하르트만 그 자신은 거세라는 방법이 성적인 충동으로부터의 해방을 의미하지 않는다는 사실을 몰랐거나 기억하지 못했던 것 같다. 그러나 그리스인들은 필로스트라투스[ed. Kayser(Leipzig, Teubner, vol. i, p. 38)]가 거세된 남자들 역시 다른 남자들과 마찬가지로 규방의 여자들에게 음란한 유혹을 한다고 언급한 것처럼, 그리고 다른 많은 인용문을 통해서 확인되듯이 이러한 사실을 알고 있었던 듯하다.

그리스 문명에 있어서 거세 문화의 중요성은 뒤에서 따로 언급할 기회가 있을 것이다. 여기서는 그리스인들이 사랑의 병에 있어서는 칼이나 약이 치료에 아무런 도움이 되지 않는다고 생각했다는 것만을 지적해두기로 한다. 테오크리투스(Idyll, xi, i ff. and 21)는 그의 잘 알려진 시에서, 밀레시아에 살고 있는 의사인 그의 친구가 사랑의 고통 속에서 스스로를 주체하지 못하고 괴로워하는 것을 동정하며, 다음과 같은 위로의 말을 남긴다.

"오 니키아스여! 사랑에는 어떠한 치료약도 없다네. 내가 보기에는 위로의 말이나 연고나 고약 같은 치료제는 아무런 필요도 없고, 오직 필요하다면 뮤즈 여신만이 필요할 걸세. 그러나 그것은 사람에게 있어서 부드럽고 감미로운 치료약만큼이나 발견하기가 어려운 것이라네."

그러면서 그는 그리스인들에게 잘 알려진 사랑의 유일한 치료약을 보여준다. 그 치료약은 테오크리투스가 다른 시에서 충고한 것처럼, 어부 생활과 같이 육체적으로 어렵고 힘들더라도 강렬한 일에 몰두함으로써 의식적인 기분전환을 하거나, 앞서 인용한 시에서 제안한 것처럼 지적인 활동을 통해서 자기 자신을 잊고 시의 세계에 몰입하는 것이다. 명석한 그리스의 정신과 의사들은 사랑의 병뿐만이 아니라, 정신적인 상처까지도 예술과 노동의 결합과 배치를 통하여 치료할 수 있다고 생각했다.

《사랑을 옮기는 세균》이라는 글을 통해서 보면, 사랑의 병을 옮기는 병원체는 그들의 관점에서는 바로 눈이었다. 소포클레스(Antigone, 795)는 사람의 눈빛을 이렇게 표현하였다.

> "혼례식 때 신부의 눈에서 나오는 아름다운 눈빛은 사람들을 황홀하게 하며, 그 눈빛은 여신 아프로디테가 상대방을 희롱하는 상투적인 수법이다."

에우리피데스(Hippolytus, 525) 또한, "에로스는 그의 열정적인 눈빛을 통하여 그가 사로잡고자 마음먹은 사람의 영혼을 부드럽게 매료시킨다."라고 하였으며, 핀다르(Nemea, viii, I)는 "아프로디테의 신성한 사랑의 선구자로서, 젊은 청춘의 여왕은 바로 당신을 향해 있는 소년과 소녀의 눈빛이며……."라고 언급하였다. 아이스킬로스(Agam., 714 ; Supplices, 973)는 "눈빛으로부터 발산되는 사랑의 온화한 화살은 우리의 마음을 녹이고, 온몸 전체를 열정적이게 만드는 극치다."라고 찬미하며, "소녀의 눈빛은 마치 신비한 화살과도 같다."라고 하였다. 마지막으로, 아킬레스 타티우스(i, 4, 4)는 사랑의 눈빛을 다음과 같이 표현하기도 하였다.

"눈빛은 화살이라기보다는 슬프도록 아름다운 상처를 주는 것이며, 상대방의 눈을 통해 영혼으로 들어가 사랑의 고통을 가져다 주는 바로 그 오솔길과 같은 것이다."

소포클레스(Antigone, 783)는 수줍음에 얼굴을 붉히고 있는 소녀의 우아한 볼은 남자에게 사랑을 일깨우는 것이라며, 다음과 같이 말한다. "에로스는 항상 소녀와 같은 부드러운 볼을 간직하고 있었으며," 또 프리니쿠스(frag. 8 in Ath., xiii, 603e)는 "사랑의 불꽃처럼 그녀의 연분홍빛 볼이 빛난다."라고 하였다.

시모니데스(frag. 72 in Ath., xiii, 604b)는 에로스에 대하여, "그녀의 장밋빛 입술에서 매력적이고 아름다운 목소리가 흘러나오면" 연인은 이미 매료되고, 아리스토파네스(Lysistrata, 551)가 말한 것처럼 "사이프러스의 비너스와 에로스의 우아한 열정이 우리의 가슴과 온몸에 머물고, 환희와 함께 병적인 사랑의 긴장이 남성들에게 다가온다면 우리는 더 이상 어쩔 수 없음을 알게 될 것."이라고 한다. 그렇게 되면 더 이상의 저항은 없을 뿐더러, 오히려 "사랑을 얻기 위해 상대방을 달래는" 일에만 치중한다.

"두 연인은 감미롭게 포옹한 채 오래도록 머무르고, 입술과 입술이 포개지면서 서로의 혀를 부드럽게 애무한다. 동시에 남자는 한 손으로 소녀의 가슴을 감싸쥐고 익숙한 손놀림으로 사과처럼 포동포동한 그녀의 젖가슴을 어루만진다. 달콤한 입맞춤은 서서히 소녀의 어깨와 가슴으로 이어지며, 그 젊은 연인은 뜨거워진 손으로 옷을 하나씩 벗겨 내린다. 이미 오래 전에 그는 그녀의 속옷까지 풀어놓았던 것이다. 이제는 사랑스런 그녀를 아름다운 꽃으로 장식된 그들만의 침대로 안고 가서 서로의 욕망이 완전히 채워질 때까지, 환희의 기쁨을 맛볼 때까지 달콤한 속삭임과 사랑의 행위를 수없이 계속할 것이다."

여기서 언급한 개인적인 측면에서의 사랑의 행위는 고대의 작품 속에서 쉽게 찾아볼 수 있고, 이보다 훨씬 더 상세하게 설명할 수도 있다. 물론 위에서 묘사한 러브신은 그중에서 가장 대표적인 사례를 선정한 것이다. 사실대로 말하자면 고대 그리스인의 관능적인 사랑의 관계는—너무나도 당연한 일이지만—이외에도 무수히 많은 다양한 형태로 존재했다.

입맞춤 중에서도 소위 '핸들 키스[Eunicus(CAF., I, 781, from Pollux, x, 100), Plutarch's Moralia, 38c]'라 불리는 것이 특히 널리 애용되었던 듯하다. 유니쿠스의 희곡에 "당신의 귀를 나에게 갖다대고, 핸들 키스를 해주세요."라는 문구가 나오는데, 그 이름과 내용은 어린이의 생활로부터 유래된 것으로 보인다. 어린이는 양쪽 귀를 갖다대고, 동시에 그의 귀여운 손으로 상대방의 귀를 잡아당기며 키스를 하기 때문이다.

한편 앤솔러지의 시와 비가에서 나타나는 주인공의 행위로부터 확인할 수 있듯이, 핸들 키스와 거의 동일한 비중으로 널리 행해졌던 것이 어깨와 가슴에 하는 키스였다.

여인의 풍만한 가슴에 대한 찬양

고대의 문학과 예술은 거의 직설적으로 여성의 가슴을 찬양하였다. 프리네와 그녀의 추종자 히페레이데스(Ath., xiii, 590e)의 알려진 이야기만큼, 젖가슴의 아름다움에 대한 그리스인들의 찬양을 잘 보여주는 것은 없을 것이다.

프리네는 중대한 범죄를 저지르고 법정에 고발되었다. 법정의 심리가 열렸고, 아름다운 죄인은 유죄 판결을 받아야 한다는 것이 일치된 의견이었다. 바로 그때 히페레이데스는 그녀의 옷을 찢어 우아함에 빛나는 그녀의 가슴을 드러내보이며, 이토록 아름다운 가슴을 가진 여인에게 무거운 형벌을 내리지 말아줄 것을 배심원들에게 간곡히 요청하였다. 여성의 가슴에 대한 이보다 더한 열정적인 찬양은 아마 찾아보기 힘들 것이다. 이미 언급하였지만, 아무것도 걸치지 않은 헬렌의 아름다운 가슴을 보는 순간 그녀의 간음을 잊어버리고 그녀를 용서한 메넬라우스(1권, p.44-45)도 다시 인용할 수 있겠다.

여성의 가슴에 대한 남성의 유희도 그리스의 문학과 예술 작품에 반영되어 있다. 만약 그 누군가가 유방의 아름다움에 경의를 표하거나, 또 그것을 보는 남성의 환희를 나타내거나, 감미로운 애정의 표시를 나타내는 그러한 그리스 예술, 문학의 구절들을 수집하려 한다면 몇권의 책을 써도 모자랄 것이다.

최소한 몇개의 구절만 인용해보자. 논누스는 여성의 가슴을 "예쁜 사과 같고" "사랑의 화살 같은" 것이라 불렀고, 그의 다른 작품에는 "사랑하는 연인이 볼록한 모양의 풍만한 가슴을 어루만진다."
라는 표현이 등장한다. 디오니소스의 시를 살펴보자.

> "그의 앞에 서 있는 소녀의 가슴 가까이에 그의 손을 사랑스럽게 갖
> 다대고 순간적으로 옷 위로 볼록 솟아 있는 둥근 가슴에 올려놓으면,
> 그는 가슴의 탄력을 느끼고 마음은 사랑의 마술에 걸린 것처럼 여인
> 에게 빠져들어가면서 전율에 떨게 된다."

같은 시의 또 다른 구절에는 다음과 같은 표현도 등장한다.

> "한 그루의 나무에 한 쌍의 열매가 열린 것 같은 두 개의 사과를 마
> 치 내 손에 쥐고 있는 것처럼."

테오크리투스에 따르면, 한 소녀가 다음과 같이 따졌다.
"뭐하는 거예요? 호색가 같으니. 왜 내 가슴을 만지는 거죠?"
이에 다프니스는
"처음으로 당신 가슴의 무게를 재보는 겁니다."
라고 대답하였고, 아리스토파네스는
"굉장히 아름답고 둥근 가슴을 가지셨군요!"
라고 대답했다고 한다.
　아무것도 걸치지 않은 채 수줍음에 부끄러워하는 한 소녀의 광경
을 오비드(Amores, i, 5, 13; cp.iii, 14, 21 and Ars., i, 665)는
다음과 같이 묘사하고 있다.

"마침내 나는 그녀의 웃옷을 벗겨 내렸다. 속이 다 들여다보이는 속옷 몇개만 걸치고 있음에도 불구하고, 그녀는 여전히 그것으로 자신을 가리려 하고 있었다. 마치 스스로가 정복당하기를 거부하는 것처럼 보이려고 애썼지만 그녀는 무심결에 속마음을 드러내고 굴복하고 말았다. 그녀는 아무것도 걸치지 않은 채 내 앞에 서 있었고, 나는 아무런 장애 없이 그녀의 온몸을 볼 수 있었다.

부드러운 어깨선과 팔을 보고 느낀다! 풍만한 가슴은 애무하기에 얼마나 적당한가! 그녀의 부풀어오른 가슴 아래의 몸매는 또 얼마나 탱탱한가! 황홀하게 내리벋은 곡선미, 아름답고 잘 다듬어진 엉덩이, 허벅지와 각선미는 또 얼마나 호리호리한가! 내가 왜 이런 부질없는 설명만 계속하고 있지? 내 앞에 서 있는 여인에 대한 찬사는 나중에 하고 내 육체로 그녀를 유혹해야지……. 이런 행복한 사랑의 시간을 자주 갖도록 해야겠다!"

오비드는 그의 다른 작품 중 한 단락을 인용하여 이런 이야기도 들려준다.

"아마 처음에 그녀는 저항하며 '음탕한 사람'이라고 말할 것이다. 그러나 그녀는 저항하면서도 복종하고 싶은 욕망을 스스로 보여줄 것이다."

팔라티네 앤솔러지(by Philodemus and Dioscorides)에 들어 있는 가슴에 대한 두 개의 경구 중에서 앞서 언급한 것이 그 하나이고 다른 하나는 다음과 같다.

에로틱하고도 특히 매우 친밀한 관계일수록 왼손을 사용하는 것을 더 좋아한다고 하는데(Ovid, Amores, ii, 15, II, cf. Ars, ii, 706, nec manus in lecto laeva iacebit iners ; Martial, xi, 58, II) 여기에 대해 오비드는 이렇게 이야기한다.

"당신을 내 곁에 두고 싶군요. 그대와 함께할 수 있다면 나의 왼손을 당신의 옷 속으로 집어넣어 그대의 아름다운 가슴을 느낄 수 있을 텐데."

2

자위 행위

또 하나의 쾌락

또 하나의 쾌락

시대적 요구의 결과물, 자위 행위

남녀간의 사랑을 대신할 수 있는 가장 일반적이고 중요한 수단이 자위 행위, 수음이다. 위와 같은 용어는, 비록 잘못된 것일지라도 헐츠펠드가 제안한 '입세이션'이라는 단어가 토착화되지 않은 까닭에 줄곧 사용되어왔다.

그리스인의 성생활에서 수음이 차지하는 범위가 결코 자그마한 부분이 아니었으므로, 그것을 전적으로 회피하는 것은 불가능한 일이다. 그리스인의 생활 풍습에서 수음은 지금의 현대인들에게서처럼 나쁜 습관으로 취급되어지는 대신 광범위한 성적인 현상으로 간주되었다. 따라서 오늘날 자위 행위에 대해서 가지는 것 같은 도덕적 가책은 없었다. 확실히 그리스인은 자위 행위에 지나치게 탐닉하면 해로운 영향을 가져오지만, 적절하게 사용하면 매우 즐거운 쾌락을 가져온다는 것을 알고 있었다. 그래서 그들은 성병뿐 아니라 수천 가지의 도덕적 범죄의 결과로 나타나는 사생아, 미혼모, 투옥, 자살 등의 문제를 예방할 수 있으며, 자연스러운 성관계를 대신할 수 있는 그런 성적 대용물로 수음을 생각했던 것이다.

용어학상으로 자위 행위를 지칭하는 많은 그리스 단어들이 있다. 아리스토파네스는 특정한 명사를 가리켜, 아나플리스토스가 만든 아테네의 사전에 존재했던 수음이라는 뜻의 단어라고 제시하기도 하였다. 자위 행위를 뜻하는 '마스터베이션'이라는 현대의 단어는 라틴어의 '마누스'와 '터베어' 또는 '스투프레어'를 합성한 '마스터베어'에서 유래했다.

그리스에서 수음은 문란한 성 풍속을 대체하는 것으로 간주되었으며, 작가들이 증명하듯이 성관계의 기회가 부족한 남성들에 의해서 주로 사용되었다.

오늘날 당연하게 받아들여지는 자위 행위가 그리스에서도 광범위하게 유포되었다는 사실을 고려하면, 그리스의 조형 미술가들의 수많은 작품, 특히 정밀화 분야에서 건축 재료나 꽃병 등과 같은 도자기류에 남녀들의 수음의 행위를 묘사한 장면이 자주 발견된다는 사실을 이해하기 쉬울 것이다. 브뤼셀에 위치한 왕립 박물관에 소장되어 있는 대형 잔에는 머리에 화환을 쓴 한 젊은이가 자위 행위를 하고 있는 장면이 묘사되어 있다.

'자기 만족기'의 사용

한편 그리스 문학에서 여성들의 자위 행위에 대해서는 거의 언급되어 있지 않다. 이는 작가들이 남성들에 대한 이야기보다 여성들의 이야기를 더 적게 다루었기 때문이다. 그로 인해 우리는 그리스의 소녀나 여성들은 소년이나 젊은 청년들보다 자위 행위를 더 적게 했다는 잘못된 결론에 빠질 수도 있다. 그러나 고대 작가들의 많은 구절들이 그리스 소녀들의 이해할 수 없는 신비스러운 행동들을 우리에게 이야기해주고 있다. 문학상의 이러한 구절들은 고대 그리스 소녀들이 손이나, 그것을 응용한 다른 도구, 또는 수음을 위해 만들어진 특별한 기구를 사용해서 자위 행위를 했다는 것 이외에는 달리 생각할 수 없는 것들을 보여준다.

이러한 도구, '자기 만족기'는 그리스인들 사이에서 '바우본' 또는 '올리스보스'라고 불렸다. 이것들은 주로 부유하고 호화스러운 상업도시 밀레토스에서 만들어졌으며, 다른 모든 나라로 수출되었다.

우리는 두 명의 친구가 처음에는 비록 부끄러워했지만, 나중에는 별다른 당혹감 없이 올리스보스에 친숙하게 됐다는 이야기를 담은 헤론다스의 여섯 개의 단편소설 모음집 《두 친구, 그리고 밀담》을 통해서 보다 상세하게 살펴볼 수 있다.

"메트로는 그녀의 친구 코리토가 바우본이라는 것을 가지고 있다는 이야기를 듣는다. 코리토는 자기가 미처 사용해보기도 전에 다른 친한 친구에게 그것을 빌려주었다. 그러나 유불레라는 이름의 그 친구는 경솔하게도 그것을 또 다른 사람에게 줘버리고 바우본이 여러 사람의 손을 거치면서 메트로는 그제서야 바우본의 용도를 확인하게 된다.

날이 갈수록 그녀는 바우본을 빌리고 싶은 욕망에 사로잡히고 더 나아가 그러한 물건을 만들어 공급하는 사람의 이름까지도 알고 싶어하였다. 그녀는 그 사람이 케르돈이라는 사실을 알게 되었으나, 거기서 만족하지 않고 그 사람 밑에서 실제로 바우본을 제작하는 두 사람까지 알아내서 '누구한테 믿고 이러한 일을 맡길까' 하고 고민하였다. 그러나 작은 도시의 구두 수선공을 찾아내는 것처럼 바우본 제작의 전문가가 누구라는 것을 알아내기란 쉬운 일이었으며, 마침내 그녀는 그들의 고객 명단까지 알아낼 수 있었다. 나중에 코리토는 그 장인이 보다 정교하고 더 큰 환희를 안겨주는 기묘한 바우본을 만들었다는 이야기를 들었고, 메트로는 그 진귀한 물건을 얻기 위해 길을 떠났다."

이러한 자기 만족기, 올리스보스는 주로 소녀들에 의해 사용되었으며, 때때로 조용하게 꾸며진 방에서 혼자서 즐기거나, 또는 하나를 가지고 둘이서 사용하기도 하였다.

루키안의 《에로테스(Erotes)》에 나오는 구절들을 살펴보면, 그것은 여인들에 의해 특별한 경우에 한해서만이 아닌 일상적인 생활 속에서 사용되었음을 알 수 있다.

확실히 바우본이라는 이름은 벌거숭이라는 이유로 부끄럼이 없다는 것의 상징이 되는, 날뛰는 암퇘지라는 뜻의 '바우보'를 생각나게 한다.

3

여성의
동성애

우정, 사랑, 그리고 질투

우정, 사랑, 그리고 질투

여인들이 즐긴 은밀한 사랑

카리클레스의 작품에 대한 인용은 자연스럽게 우리를 여성간 동성애에 대한 토론으로 나아가게 한다. '트리바드'를 우리는 일반적으로 여성들의 성행위로 이해하고 있다. 해부학적 측면에서 여성간의 성행위를 서술할 필요를 작가들은 느끼지 못했으며, 그러한 분석은 학생들의 의학 책자에서나 언급될 만하다. 문학에서 발견되는 여성간 동성애에 대한 표현은 문학적 측면을 중심으로 한 것이며 우리의 관심도 바로 거기에 있다.

그리스의 사전 편찬자에 의해서 자주 사용된 용어인 '트리바드'는 로마 사람들에 의해서 도입되었으며, 동성 연애에 몰두하는 여성들을 일컫는 말이다. 이러한 측면에서 '헤타이리스트리아' 나 '디헤타이리스트리아' 는 둘 다 '헤타이라이(매춘부)' 에서 유래한 것이다.

루키안에게서 알 수 있는 것처럼 고대인의 일반적인 생각에 따르면, 여성들의 동성애적인 성관계가 특히 일반화된 곳은 레스보스 섬으로, 그로 인해 오늘날 '레즈비언의 사랑' 또는 '레즈비어니즘' 이라는 말이 유래했다. 레스보스 섬은 트리바드의 여왕인 사포뿐 아니라, 루키안의 모음집인 《창녀들의 대화》에서 유명한 트리바드적 대화의 주인공인 메길라의 출생지다. 플루타크에 따르면, 여인들끼리의 정사는 스파르타에서도 자주 있었다고 한다. 그러나 이는 일면적인 인용일 뿐이고, 사실대로 언급하자면 고대 그리스에서의 여성간 동성애는 현대와 같이 일정한 시간과 장소에 한정되어 있었다고 할 수 있다.

그림으로 표현된 문헌적 자료에 대해서도 주요하게 언급해야 할 필요가 있다. 대영 박물관에 소장되어 있는 팜파이우스의 사발에서 나체의 매춘부가 그녀의 손에 두 개의 올리스보스를 들고 있는 장면을 볼 수 있으며, 유프로니우스의 사발에서도 이와 비슷한 표현이 나타난다. 유프로니우스 사발의 그림의 주제는 오른쪽 다리의 허벅지에 밴드를 한 나체의 매춘부가 가죽 모양의 올리스보스를 사용하는 것이다. 그 매춘부가 오른손에 쥐고 있는 달걀 모양의 그 물건은, 가령 예를 들면, 루브르 박물관에 있는 히에로 사발의 내부 장식에 있는 문양과 같이 이 시기의 꽃병에서 거의 반복적으로 나타나는 물건이다. 그것은 매춘부가 목이 좁은 병으로 남근상에 기름을 뚝뚝 떨어뜨리고 있는 형상을 하고 있다. 베를린 박물관의 꽃병 수집관에는 여성들이 올리스보스를 사용한 이후에 습관적으로 자신을 씻었다는 사실을 가리키는 재미있는 표현이 담긴 꽃병이 하나 있다. 푸르트벵글러는 그 꽃병을 다음과 같이 설명한다.

> "나체의 여인이 그녀의 왼쪽 발에 신발을 묶는 자세로 몸을 구부리고 있다. 양손에는 붉은 수건을 들고 몸을 앞으로 구부리면서 보다 발 가까이로 접근하기 위해서 몸을 오른쪽 무릎에 약간 기울이고 있다. 비스듬한 그녀의 동작으로 인해 빈 공간이 훌륭하게 채워진다. 그녀의 발에 놓여 있는 널찍한 세숫대야는 그녀가 올리스보스를 사용한 후에 자신의 그것을 씻었다는 사실을 암시해주고 있다. 그녀의 오른쪽에는 거대한 남근상의 외형으로 보이는 것이 빈 공간에서부터 그녀를 향해 있다."

위와 같은 주제로 나폴리에서 발견된 몇장의 건축 자재를 게르하드와 파노프카는 다음과 같이 설명한다. 〈NO. 20〉의 작품은 나체의 여인이 앉아서 그녀의 앞에 놓여 있는 바람주머니 같은 남근상을 껴안고 있으며, 〈NO. 16〉은 대머리의 늙은 여인이 그녀의 왼쪽 팔을 베개에 기댄 채 그녀의 앞에 누워 있는 남근상을 바라보고 있다.

덧붙이자면 B. C. 5세기경에 붉은색의 모양으로 만들어졌으며, 베를린의 골동품점에 있는 아테네의 '히드리아(물병)'를 예로 들 수 있다. 이것은 왼쪽 팔로 물고기 모양의 거대한 남근상을 옮기는 풍만한 가슴과 엉덩이를 가진 나체의 소녀를 표현하고 있다.

루키안에 따르면, 최초로 여성간 동성애의 자세에 대한 삽화집을 만든 레우카디아의 필라이니스—비록 사모스의 아이스크리온에 의해 작성된 그녀의 비문에서 그녀가 그런 외설적인 책을 썼다는 사실이 부정되고 있다 하더라도—는 유명한 여성 동성 연애자로 알려져 있다. 필라이니스는 종종 마르티알에 의해 그녀의 동성애적 성향을 지칭하는 동일한 집단의 이름으로 불려지기도 하였는데, 확실치는 않지만 아마도 마르티알이 향락과 사치를 즐기는 그런 그룹을 설명하기 위해서 만들어낸 것이라 추측된다.

레즈비언의 선구자, 사포

여성간 동성 연애에 대한 우리의 연구 목적에서 가장 유명하고 중요한 여성은 그리스인들이 '열번째의 뮤즈(Anth. Pal., ix, 506 ; vii, 14 ; ix, 66, 521 ; vii, 407)'라고 찬양하였던 여류 시인 사포—그녀는 그 자신을 아이올리스의 방언으로 '프사파'라고 부르기도 하였다—로 스트라보(Strabo, xiii, 617c)는 그녀를 '가장 위대한 여성'이라고 부르기까지 했다. 그녀는 스카만드로니무스의 딸로, 레스보스 섬의 에레수스, 또는 다른 사람에 의하면 미틸레네에서 B. C. 612년경에 태어났다. 그녀에게는 세 명의 남자 형제가 있었는데, 그 중의 한 명이 르호도페(장밋빛 볼)라 불리는 요염한 창녀 도리카와 이집트의 나우크라티스에서 얼마 동안 살았던 적이 있는 카락수스다. 사포는 그의 자유분방함을 그녀의 시의 일정 부분에서 비난하곤 했다(frag. 138).

둘째 유리기우스는 이름만 전해 내려올 뿐이며, 셋째 라리쿠스는 빼어난 미모 덕택에 미틸레네의 프리타네움(시청)에서 시중드는 하인으로 발탁된다. 사포는 안드로스의 케르킬라스와 결혼을 했는데 믿기지 않지만 그 남편은 일찍이 그녀의 사생활에 대해서 혹평을 가했던 수이다스에 의해서 오직 몇번 언급되었을 정도다. 이러한 이유 때문에 사실과는 반대로 그녀는 이후의 남성들로부터 오랫동안 비난을 받게 되었다(frag. 75).

또한 시에서 표현된 몇몇 구절들로부터 그녀의 딸 클라이스를 상상할 수 있다. 그녀는 자신의 딸 클라이스에 대해서 "나는 귀여운 딸을 가지고 있을 뿐더러, 무엇보다도 그녀를 사랑한다. 리비아의 땅 전체와도, 레스보스의 아름다운 해변과도, 그 무엇과도 내 딸을 비교할 수 없다."라고 언급한 바 있다.

그녀의 모든 시 구절에서 남성에 대한 사랑은 단 한번 언급되었을 뿐이며 그 사랑이 거절당하자 클라이스는 자신의 딸이라기보다 친구의 하나일 정도로 친숙해졌다. 미남자 파온에 대한 그녀의 연정이 하나의 에피소드로 끝나자 파온이 그녀를 버렸기 때문이라고 선언하며 바다에 몸을 던지는 것으로 은유적으로 표현한 것이 그리스 사람들 사이에서는 영혼의 고통을 정화하기 위해 "레우카디아의 바위에서 바다로 뛰어내렸다."라고 잘못 전해지기도 하였다.

사포의 생활과 시적인 세계는 여성간 동성애로 가득 차 있다. 그녀는 고대에서—아마 모든 시대를 통틀어서—우리가 일찍이 '레즈비언'의 형태라고 보아왔던, 그런 종류의 사랑에 대한 가장 유명한 예찬론자일 것이다. 사포는 그녀의 시에서 언급된 아나고라, 유네이카, 공길라, 텔레시파, 메가라, 클라이스 등과 우리가 알고 있는 안드로메다, 고르고, 에란나, 마나시디카, 그리고 노시스 등의 젊은 소녀들을 그녀의 주위로 불러모았다.

그녀는 이러한 친구들과의 관계를 주로 시적이고 음악적인 동호인의 모임으로써 결합하였으며, 그녀의 '뮤즈의 신전(frag. 136)'에서 소녀들은 연극, 노래, 춤 등 모든 음악적 예술 분야를 훈련하였다. 그녀는 웰커와 그 친구들이 이미 오래 전에 시도했던—사포는 이를 통해 그녀의 동성 연애에 대한 사람들의 비난을 호도하려 했다—것처럼 좋은 의향을 가지고 시작했다 하더라도 성공의 전망이 없는 그런 노력을 할 정도로, 몇 안 되는 시 구절에서 열정적으로 표현하듯이 이 소녀들을 무척이나 사랑하였다. 그리스인의 관점에 따르면, 일반적으로 그들은 그런 류의 시도에 대해서는 무관심하였고, 사포의 성향을 악덕으로 취급하지도 않았다. 그렇다고 해서 그녀가 사람들의 비난으로부터 벗어날 수 있었던 것은 아니지만, 그녀가 받은 비난은 그녀의 충동적인 성적 욕망 때문이 아니라 천성적인 본성의 가장 깊은 곳에 있는 내면의 것을 솔직하게 드러냈다는 사실 때문이며, 또한 그녀가 당시의 그리스 여성들에게 요구되었던 순종적인 가정 생활의 속박으로부터의 해방을 원했기 때문이다.

호라케는 사포를 '남성적인 여자'라고 부르면서, 다음과 같이 지적한다(Ep., i, 19, 28- temperat Archilochi Musam pede mascula Sappho).

"그녀의 성격 중에 있는 남성적인 부분은 그녀의 사랑을 설명해주며 그녀의 시를 이해할 수 있게 하는 열쇠다. 그녀는 '마치 폭풍우 앞에 선 참나무처럼' 사랑의 전능한 힘에 흔들린다. 그녀의 시는 한없이 깊은 사랑의 고통일 뿐만 아니라 이루 말할 수 없는 행복감에 흠뻑 젖어 있다. 그녀의 가슴 속에 있는 신은 그녀가 쏟아부었던 사랑의 정열만큼이나 깊은, 배신으로 인한 발작적인 질투의 고통으로 가슴 쓰라리게 한다."

여러 소녀들 중에서도 그녀가 가장 귀여워하고 가까이에 두고 싶어했던 사람은 아티스였다. 애석하게도 일부만 전해 내려오는 그녀의 시에서 그녀는 정신적 사랑과 육체적 사랑을 구분하고 있으며, 따라서 두 여인이 진심에서 우러나오는 로맨스를 나누고 있다는 것을 우리는 확인할 수 있다.

사포의 사랑에 대한 언급의 출발은 그녀 스스로가 전능한 힘에 의해서 불타오르는 감정을 고백한 문장을 인용하는 것으로부터 시작해야 할 것이다.

"사랑은 나를 마비시키고 다시 나의 사지를 비틀고 있다.
그 쓰고 달콤함은 저항할 틈도 없이 나를 엄습한다."

언젠가 그녀는 저항할 수 없는 사랑의 힘을 가진 신을 깨닫게 되었으며, 그로부터 다음과 같은 새로운 이미지를 만들어낸다.

"사랑은 내 가슴속에서 뛰놀고

돌풍처럼 언덕 위의 나무에서 내게로 불어온다.”

확실히 그녀는 예전처럼 사랑의 열정을 다시 찾고자 하였으며, 다음의 문장에서 보는 바와 같이 그녀의 영혼이 얼마나 큰 상처와 싸우고 있는지를 털어놓기도 하였다.

“나는 대체 내가 무엇을 해야 할지 모르겠다. 내 영혼은 갈기갈기 찢어져버렸다.”

또 헛된 사랑의 고통에 시달리면서 다음과 같이 고백하기도 하였다.

“어머니에게 달려가는 어린아이처럼, 나도 당신에게 날아가고 싶다.”

그리고 그녀는 자신의 영혼의 바람을 억누르는 것이 부질없는 짓임을 깨닫고 그녀의 슬픔을 이해하는 위대한 여신에게 어린아이 같은 경건한 구도자의 자세로 돌아간다. 그리고 시적인 작품을 통해 '사랑의 슬픔을 어루만지는' 아프로디테에게 불후의 명작을 바친다. 이를 통해 그녀의 고통을 이야기할 수 있으며, 그녀의 이러한 《송시(Ode)》는 바로 뜨거운 열정으로 전율하는 마음의 표현이었다. 그녀는 고통에 대한 위로를 신에게서 구하였으며, 언젠가 하늘로부터 내려와 그녀의 슬픔을 덜어주기를 바랐다. 사람의 모습으로 그녀 앞에 나타나 그녀의 슬픔을 부드럽게 감싸주고, 마음 속의 모든 바람을 채워줄 것을 약속하는 그런 신의 이미지를 천재적인 시적 상상력으로 창조해냈던 것이다. 이러한 상상에, 그녀의 노력에 항상 보답하고 항상 그녀에게 호의를 보이는 기도와 염원을 덧붙인다.

"대리석의 왕좌에 앉은 불멸의 키프리스여, 제우스의 딸, 모든 지혜
가 당신의 것이며,
오 여왕이시여, 불안과 비애로부터 저의 영혼을 지켜주시며,
당신 아버지의 나라에서 세상으로 내려오신다면,
이리로 오셔서 황송하옵게도 저의 기도를 들어주시고,
우아하고 충실한 제비로 만든 당신의 금마차를 타고 오셔서,
대지의 어둠을 바람으로 흩날리시어
여기를 보라, 당신, 오! 아가씨여, 미소 띤 당신의 영원한 얼굴을 찬
양하노니,
너를 괴롭히는 것이 무엇이지? 왜 그토록 처량히 우느냐?고 물으신
다면,
내가 제일 먼저 기도한 것은 내 영혼에 새로운 정열의 힘을 받는 것
이었으며, '누구'라고 하시면서
'네가 사랑하는 소녀들을 기꺼이 받아줄까? 누가 사포를 그토록 괴
롭히느냐?
만일 그녀가 떠난다면, 곧바로 너의 품을 찾게 하고, 모욕을 당한다
면 자부심을 갖게 하고,
그녀가 키스하지 않으면, 수줍어하더라도 곧바로 키스하도록 하겠노
라.'
여왕이시여, 지금 이리로 오셔서 저를 괴롭히는 모든 것들로부터 저
를 구해주시고, 저의 간청을 들어주소서.
당신이 가는 곳이라면 우리 모두가 끝까지 함께하도록 하여주소서."

친절한 여신은 이러한 간청을 들어주지 않을 수 없었다. 최소한 사포는 마음의 방황을 사랑에 대한 믿음과 용기로 채울 수 있었다. 그래서 롱기누스가 걸출한 것으로 여겨지거나, 제일 중요한 것들을 수집한 소위 '장엄'에서 인용되어 지금까지 우리에게 완전하게 전해 내려오는 두번째의 《송시》에서 그녀는 사랑하는 사람에게 그녀의 마음을 열었던 것이다.

"마치 신을 대하는 것처럼 내 앞에 서 있는 당신을, 손님처럼 찬양한다.
여기 앉아서 당신의 부드러운 목소리를 보다 가깝게, 황홀하게 듣는다,
사랑스럽게 웃는다, 그 모습은 내 마음과 가슴을 뒤흔들어놓는다.
당신을 흘긋 쳐다만 봐도, 나의 말문은 막혀버리고,
나의 혀는 굳고, 내 마음속에 미묘한 불꽃이 일어나며,
내 눈은 아무것도 볼 수 없게 되며, 내 귀는 겨우 나뭇잎이 나부끼는 소리만을 들을 수 있는 정도가 되고,
부드러운 이슬이 나의 이마에 맺히고, 사지에 순간적인 전율이 오며 잔디보다 더 창백해진다.
나는 숨이 막힐 정도로, 거의 죽을 것처럼 하얗게 되고 뜨거워진다."

롱기누스의 글을 계속 읽어 내려가면

"그녀의 여인들은 놀랍게도 서로의 정신과 육체, 귀, 혀, 눈, 색감, 그리고 서로 다른 그 어떤 것이라도 함께하며 서로 같이 기뻐하고 슬퍼

하며 그녀의 감각을 잊어버리고 여인들의 것으로 다시 채운다. 그녀의 죽을 것 같은 전율도 사실은 그녀 안에 있는 단순한 열정이 아닌, 복잡한 감정의 갈등을 보여주는 것이라는 것을 쉽게 알 수 있다."

우리는 이러한 판단에 동의할 수 있으며, 덧붙이자면 그녀의 노래를 작별의 노래가 아니라(물론 일부는 그렇지만), 오랜 고통 끝에 마침내 그녀의 가장 깊은 곳에서 아직 채워지지 않는 희망을 통해 사랑하는 사람을 바라볼 수 있는 용기를 얻게 된, 그런 뜨겁고 열려진 영혼에 의한 구애의 노래로 간주해야 한다. 이는 그녀가 가장 사랑하는 소녀들에게서 얻을 수 있는 즐거움과 똑같이 남성들을 행복의 대상으로 간주한 것과 모순되지 않는다. 위의 인용구에서 표현된 것은 다소 막연하여 그녀가 사랑하는 모든 사람 앞에 앉았을 때 행복을 느끼는 것인지, 아니면 그 남자 앞에 앉았을 때 느끼는 것인지는 불확실한 면도 있다. 여기엔 그녀가 언젠가 한 남자를 열렬히 사랑하게 될 때 그와의 사랑의 기쁨을 채 느끼기도 전에 질투의 고통이 시인의 영혼을 괴롭힐지도 모른다는 불길한 예감 때문에 생각을 앞세워 일부러 애매하게 했다는 해석도 가능하다.

다른 한편, 그녀의 시가 구애의 노래로 이루어졌다는 우리의 판단은 카툴루스가 그의 사랑하는 사람에 대한 사모의 정을 표현하고 구애하기 위해서 그녀의 시를 한 마디 한 마디 모두 번역했다는 사실로써 확증할 수 있다. 카툴루스의 아름다운 연인 클로디아—카툴루스는 나중에 그녀가 좋아하는 여류 시인의 이름을 따서 그녀를 레스비아라 부른다—는 사포와 같은 성격의 소유자로 알려져 있다.

카툴루스는 사포의 구애의 노래를 서투르게 이해하여 결국 그녀의 시를 사랑하는 연인과 결별하는 '작별의 노래'로 만들어버린 예민한 로마인으로 평가할 수 있을 것이다.

사포의 시에서 볼 수 있는 두 개의 진주와 같은 주제의 축은 그녀와 그녀가 사랑하는 아티스다. 우리는 신성하게 고양된 여류 시인의 열린 마음으로 사랑을 구애하는, 순수하고 감동적인 표현들을 볼 수 있다. 두 여인은 여류 시인과 아름다운 언어를 뱉어내는 그 입술이 마치 신이 만들어내는 것처럼 고상하고 위엄 있는 찬송가와 생활상의 즐거움을 솔직히 드러내거나, 사랑과 우정에 관한 부드럽고 친숙한 많은 노래를 만들어내는 창작 활동을 통해 여러 해 동안 우정으로 결합되었다. 이 작품들은 불행히도 우리에게 전해 내려오지 않으며, 다만 아티스에 대한 우정이 동성 연애적이라는 것을 보여주는 몇마디 구절들만 발견될 뿐이다. 어느 날 투명한 행복감에 젖는 즐거움을 한 시간 정도 가진 후 사포는 다음과 같이 고백한다.

"널 사랑한다, 아티스, 진정으로. 네가 나의 사랑을 깨닫기 전부터 말이다."

사포가 아티스에 대해서 갖는 정열적인 감정을 고려한다면, 이 시인이 질투의 격렬한 고통으로부터 벗어날 수 없었다는 사실을 이해해야 한다. 그녀는 그들이 아직 사랑하고 있다는 것을 알고 있으면서도, 지나친 노여움의 표현을 자제하면서 책망을 나타내는 식으로 그녀의 고통을 표현한다.

"아티스, 네가 나를 생각하는 모든 것이 나를 증오하고 있지.
그래서 안드로메다의 문 앞에서 방황하는구나."

이것이 질투인가 아니면 단지 감정이 워낙 풍부하기 때문에 만들어진 일시적인 이탈일 뿐인가?

"달과 묘성이 나타나고 이제 밤도 깊었다.
시간이 흐르고 흘러 이제 나 홀로 남게 되었구나."

다른 곳에선 불안한 공포가 그녀의 입으로부터 고통스럽게 불거져 나온다.
"확실히 나보다 더 사랑하는 사람이 생긴 거야."
그러나 오래 전에 그녀가 신혼이었을 당시, 즉 아티스가 단지 자그마한 소녀였을 때부터 그녀에게서 기쁨을 찾아왔으므로 아티스에 대한 그녀의 사랑은 더욱더 깊어지게 된다.
베를린 국립 박물관 이집트 분과에 소장되어 있는 1896년에 수많은 파피루스와 함께 발견된 그녀의 시 일부에서 알 수 있는 것처럼 아티스는 나중에 사포를 떠난다. 불행하게도 일부가 떨어져 나간 그 시는 아티스가 멀리 떨어진 리디아에서 오래 머무는 것에 대해 사포와 똑같이 가슴아파하는 친구 안드로메다에게 쓴 것으로 추측된다.

"리디아의 여성들 중에서도 그녀는 빛나며, 바다 위에서 떠오르는 달처럼, 별빛보다도 더 밝게 빛난다."

그리고 그 시에는 달빛이 어리는 꽃으로 가득 찬 들판에서 꽃받침에 이슬이 반짝거리고 장미와 클로버의 향기가 피어오르는 아름다운 표현이 함께 나타난다. 사포는 계속해서 "종종 아티스의 부드러운 목소리를 생각하면, 그의 마음으로 나를 채우고 싶어진다."라고 쓰고 있다.

그녀의 시는 전해 내려오는 것이 거의 없으므로 몇개 안 되는 시로부터 사포의 진정한 친구를 알아내는 것은 매우 어려운 일이며, 그렇기 때문에 그녀의 다른 친구와 제자들에 대해서는 별로 알려진 바가 없다. 다만 우리는 아름다운 언어로 쓰여진 영원한 충성의 맹세를 들을 수 있을 뿐이다.

"친애하는 나의 동료들이여, 당신에게 나의 사상을 모두 바치노라."

우리에게 전해 내려오지 않는 시 외에 원고의 일부가 유실된 것 중에서 비교적 긴 구절을 가지고 있는 시가 한 편 있다. 그 시에는 거의 죽음에 가까워진 그녀의 제자 가운데 한 명이 사포에게 마지막 인사를 부탁하자, 그녀는 용기를 잃지 않고 살아가겠으며 결코 그녀를 잊지 않겠다고 대답했다는 내용이 담겨 있다. 소녀는 이제 길을 떠나 신에게로 돌아간다고 생각하였으며, 이전에 그녀와 함께 즐겼던 모든 아름다운 것들을 회상하였다. 그리고 신에게 봉사하기 위해서 신전을 장미와 제비꽃의 화환으로 사포와 함께 장식하던 일을 떠올렸다(Sappho, frag. 35, 31, 36 ; Longinus, De Sublim., 10. 그리고 카툴루스에 의해 알려진 유명한 시에서).

사포의 시 세계와 그에 대한 평가

사포와 그의 제자들과의 우정이라는 관점에서 고대인들은 소크라테스와 그의 제자들을 유사한 관계로 대조하여 바라보았으며, 확실히 이는 그들의 관계를 판단하는 데 있어서 의미 있고 유용한 비교라고 생각된다. 로마 황제 콤모두스 시대에 살았던 티레의 철학자 막시무스(Dissert., 24, 9)는 다음과 같이 상세하게 사포와 소크라테스와의 관계를 설명해놓았다.

"동성 연애자인 여가수들과 소크라테스의 사랑의 기법 사이에 무슨 차이가 있는가? 내가 보기에는 둘 다 똑같은 사랑의 이념이다. 전자는 여성들의 기법이고, 후자는 젊은이들의 기법일 뿐이다. 소크라테스에게 알키비아데스, 카르미데스, 파이드루스가 있었다면 사포에게는 기린나, 아티스, 아낙토리아가 있었다. 소크라테스에게는 프로디쿠스, 고르기아스, 트라시마쿠스, 프로타고라스 같은 경쟁자가 있었다면, 사포에게는 고르고나 안드로메다가 있었다. 그녀가 그런 경쟁자들을 꾸짖고 논박했다면, 아이러니컬하게도 소크라테스 또한 그러했다. '오, 어서 와라, 나의 이온.' 소크라테스가 이렇게 말했다면, 사포도 '오, 나의 귀여운 딸 폴리아낙스.'라고 말했다. 소크라테스는 자신은 매우 오랫동안 알키비아데스를 사랑했으나 그가 자신의 사랑을 이해하지 못하는 기간 동안만 마지못해 그에게 다가간 것이라면서 아쉬워했고, 사포 역시 아티스에게 '너는 아직도 사랑의 축복을 이해하지 못하는 작은 소녀에 불과한 것 같구나.'라고 말하며 애석해했다.

모든 사람들이 소피스트의 자세와 태도를 재미있게 생각한다. 사포는 '문명에 물들지 않은, 얼마나 꾸밈없이 자라난 여성들인가.'라고 말했다. 디오티마는 소크라테스에게 에로스는 아프로디테의 아들이 아니고, 그녀의 동료이자 부하라고 했으며, 또한 사포의 《송시》에서 그녀는 아프로디테에게 '에로스는 아프로디테, 당신의 종입니다.'라고 말했다. 디오티마는 에로스가 흘러 넘칠 정도로 융성하다가 자연스럽게 죽었다는 이야기를 했으며, 사포는 '쓰고 달콤한 것을 가지고 온다.'고 이해했던 것이다. 소크라테스는 에로스를 소피스트로 이해했으며, 사포는 과장된 작가로 이해했다.

소크라테스는 파이드루스와의 사랑 이전까지는 사랑에 대해 무감각했으나, 사랑은 사포의 마음을 산 위의 참나무를 뒤흔드는 폭풍우같이 진동시켰다. 소크라테스는 죽음에 임박한 그를 슬퍼하는 크산티페를 꾸짖었으며 같은 상황에서 사포는 클라이스에게 '뮤즈의 사랑이 머무는 곳에 슬픈 비가를 울리지 말아라. 좋은 일이 못된다.'라고 말하지 않았던가."

막시무스의 소크라테스와 사포의 이와 같은 비교는 상당히 정확한 것이라 할 수 있다. 사람의 아름다움에 대한 비범한 감수성을 지닌 이 두 사람은 젊은 사람과의 폭넓은 교제, 그러한 우정의 에로틱한 성격을 스스럼없이 드러냈다는 공통의 기초 위에 서 있다. 소크라테스는 다음에 다시 이야기하겠지만, 사포는 이미 언급한

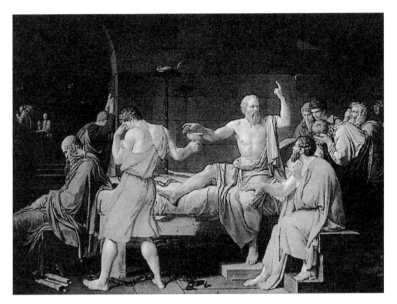

소크라테스의 죽음

대로, 전해 내려오는 시와 고대인들이 이구동성으로 증언하는 것처럼 그녀의 《송시》와 동료들 간의 교제가 성애적 성격에 기초해 있다는 사실은 의심할 여지가 없다. 더구나 사포의 시들을 온전한 상태에서 읽을 수 있었던 오비드는 자신은 그녀의 시에서 관능적인 것을 제외하고는 아무것도 찾아볼 수 없었다고 하면서, 그런 이유를 들어 그 시대의 소녀들에게 꼭 읽어볼 것을 유난히 힘주어 추천했다. 또 다른 구절에서 그는 사포의 시가 동성 연애적인 측면으로 이루어졌다는 점을 강조하고 있다. 마지막으로 아풀레이우스는 이렇게 말한다.

"사포의 시는 마치 바람난 여자처럼 정열적이고 관능적인 시형으로 이루어져 있다. 그럼에도 불구하고 시적 운율의 우아하고 섬세한 조화로 인해 그녀의 바람끼 있는 언어는 독자들의 마음을 단번에 매혹시킨다."

우리에게 전해 내려오는 몇 안 되는 사포의 시를 통해 우리가 내린 결론과 사포의 모든 작품들을 완벽하게 섭렵할 수 있었던 이전 시대의 작가들이 내린 결론이 상당히 유사함을 우리는 확인할 수 있을 것이다. 그러나 이러한 결론을 통해서 더욱 명확해지는 것은 그녀의 시에서는 단지 관능적인 정열의 유희만이 숨쉬는 것이 아니며, 그것은 사포의 정신 세계의 가장 깊은 곳으로부터 우러나오는 시적 영감의 측면에서 조망되어야 한다는 점이다.

그럼에도 사포의 시는 아테네의 희극을 통해서, 그 이후에는 근거가 빈약한 백과사전적 지식에 의해서 그녀의 정신적 요소가 점점 부정되고, 사포 자신은 한편에선 남자에게 미친 여자로, 또 다른 한편에서는 뻔뻔스러운 동성 연애자로 취급된다. 우리에게 일부만이 전해 내려오는 《사포(Sappho)》라고 불리는 여섯 편의 희곡과 《파온(Phaon)》이라 불리는 두 편의 희곡을 통해서 이러한 사실을 쉽게 확인해볼 수 있다. 그 희곡들은 단지 여류 시인의 관능적인 욕망의 발전만을 폭로하는 것에 초점을 두고 이야기를 전개하고 있으며, 심지어 야만인처럼 묘사하거나 조소하기까지 한다.

그녀의 고향인 레스보스 섬에서부터 유래한 '레즈비아 사람의 사랑'이라는 용어는 점차로 유행어가 되어 널리 퍼졌으며, 아리스토파네스의 글에 나타난 "레즈비아 사람처럼 행동한다."라는 말이 레즈비아 사람들의 관습과 같이 음란한 행위를 한다는 뜻으로 해석되어 사용되었다. 확실히 레즈비언이라는 용어는 사람들에게 음란한 뜻으로 이해되었으며, '레즈비아의 여자' 라는 말은 여성 동성 연애자를 지칭하는 말이 되었다.

한편 키케로 시대에 살았던 학자인 디디무스는 사포가 평범한 매춘부인지 아닌지에 대해서 다른 학자들에게 시험을 해보았다. 사포와 그녀의 동료들 사이의 관계는 정신적 차원을 뛰어넘은 음란한 관계였다고, 인문주의자 도미티우스, 칼데리누스, 요한네스 브리탄니쿠스, 그리고 호라케의 주석가인 람비누스, 토렌티우스, 크루퀴우스 등이 강조했다고 한다. 만일 우리가 의식적으로 남아 있는 그녀의 시와 그에 대한 고대인의 견해를 종합적으로 검토해볼 수 있다면, 사포는 순수한 영혼에 의해서 감화된 예술가이며, 그 제일로 그녀의 시적 세계를 꼽아야 한다. 또한 그녀의 시, 그 자체로서만 본다면 그녀의 시의 정수는 무절제하면서도 에로틱한 동성 연애적인 사랑의 관능으로 채워져 있다고 결론내릴 수 있을 것이다.

기원전 4세기 말경에 이탈리아 남부의 도시 로크리스에서 활동했던 여류 시인 노시스 역시 사포에 버금가는 명성을 쌓았다고 한다. 팔라티네 앤솔러지에서 그녀에 대해 서술해놓은 다음과 같은 내용을 찾아볼 수 있다.

> "은총의 꽃이라 불리는 사포를 흥분시킨 아름다운 춤의 도시 미틸레네를 여행하는 이방인이라면 로크리스 땅에서 사포와 맞먹는 위대한 시인이 탄생했다는 사실을 알게 될지니, 그 이름은 바로 노시스다

(Anth. Pal., vii, 718)."

　노시스는 아름다운 풍자시를 통해 자신의 친구들을 찬양했는데, 그 가운데 일부는 아직까지 전해 내려오고 있다. 그중에는 "세상에 사랑보다 더 달콤한 것은 아무것도 없으며,"라는 구절이 포함되어 있고(Anth. Pal., v, 170), 또한 비너스의 은총이 없다면 아무도 그 꽃이 얼마나 소중한지 알지 못할 것이라는 대목도 있다.

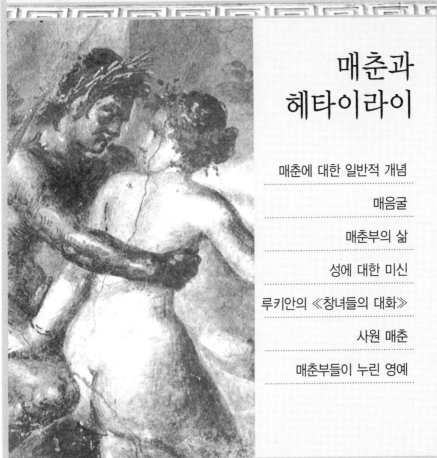

4

매춘과
헤타이라이

매춘에 대한 일반적 개념

그리스의 예절과 문화를 소개하는 과정에서 전적으로 새로운 토대 위에 작업을 해야 하는 문제가 반복해서 생긴다면, 혹은 특정한 장에서 예비적인 참고자료가 없다면, 그리스 매춘의 본질에 대한 설명을 생략하는 것이 그리 큰 허물은 되지 않을 것이다. 그러나 사실은 그 반대라, 필자는 이 문제를 다룬 작품들이 매우 방대하여 그 가운데 상당 부분을 제대로 평가하지 못하고 넘어가는 점에 대해 사과의 뜻을 표명해야 할 듯하다. 그런 이유로 쉽게 구해볼 수 있는 자료들만 훑어보려 하는데, 물론 그것은 전체적인 개념을 파악하는 데 필요한 것들로만 선정했다. 그리고 나서 나중에 기회가 닿는 대로 지금까지 잘 알려져 있지 않은 고대 작가들의 자료들을 자세히 분석해볼 생각이다.

고대 그리스에서는 매춘이 아무런 선입관 없이 받아들여졌다. 요즘 말로는 '인생의 파트너' 또는 '친구' 쯤으로 옮길 수 있을 '헤타이라이(hetaerae)' 라는 단어는 단순히 돈을 받고 몸을 파는 여자들만 의미한 것이 아니다. 많은 사람들은 자신의 글이나 말에서 아무런 거리낌없이 이 단어를 사용하고 있고, 따라서 그리스 문학에서 그들이 차지하는 역할은 매우 크다.

매춘부에 대한 저술의 양은 대단히 방대한 것으로 알려져 있는데, 전반적으로 다 마찬가지지만 특히 코린트나 아테네 같은 특정한 도시에서는 더욱 그러했다. 심지어는 비잔티움의 위대한 문법가이자, 언어학자였던 아리스토파네스(Ath., xiii, 567a ; A. Nauck, Arist. Byz. Grammatici Alexandrini fragmenta, 1848)조차 아무런 거리낌없이 아테네 창녀들의 생활사를 조사하여 발표할 정도였다. 아테나이우스가 정리한 목록에 의하면, 호머의 유명한 제자였던 칼리스트라투스(Ath., xiii, 591d)와 언어학자 아폴로도루스, 암모니우스, 안티파네스, 고르기아스 등을 언급할 수 있을 것이다(Apollodorus, see Susemihl, II, 41, 54 ; Ammonius, ib. II, 155, 43 ; Gorgias, Ath., xiii, 567a, 583a, 596f).

이 모든 저술들은 제목말고는 거의 알려진 것이 없다. 그러나 루키안이 쓴 재기 넘치는 《창녀들의 대화》라는 작품은 우리에게까지 전해지고 있으며, 이밖에도 다음과 같은 작품들이 번역되거나 요약되어 전해지고 있다.

알키프론의 《창녀의 편지》도 아직까지 전해진다. 또한 일화를 모은 작품집인 마콘의 《크레이아이(Chreiae)》는 이 장의 끝 부분에서 언급할 예정이다.

매춘에 대한 다양한 표현들

그리스 사람들은 돈을 받고 몸을 파는 여자들을 '창녀'라는 다소 천박한 단어로 부르고 싶지 않을 때는 '동지' 또는 '동료'라는 의미가 강한 단어를 사용했다. 그밖에도 여러 가지 표현이 있는데 폴룩스나 헤시키우스와 같은 사전 편찬자들은 수십 가지 단어들을 열거하고 있다. 그중에서 헤시키우스가 수집한 단어들은 다음과 같다.

'노출된 여자'를 일컫는 '아포파르시스(apopharsis)', '다리 위를 어슬렁거리는 여자'라는 뜻의 '게퓌리스(gephyuris)', '공적인 여자'를 뜻하는 '데미에(demie)', '달리기하는 여자'라는 뜻의 '드로마스(dromas)', 그리고 창녀들은 남자를 '유혹'한 다음 '쫓아내는' 경향이 있으므로 '카살바스(kasalbas)'와 '카살베(kasalbe)' 같은 단어를 쓰기도 한다. 또한 '카살바제인(kasalbazein)'이라는 단어는 '창녀처럼 학대하다'라는 뜻을 가지고 있다(이상은 《Wasps》, 1164에 나오는 헤르미푸스의 글을 참고하라). 그밖에도 '창녀'와 비슷한 표현으로는 '카사우라(kasaura)' '카사우라스(kasauras)' '카사우리스(kasauris)' '카소리스(kasoris)(Lycophron, 1385)' '카소리티스(kasoritis)(Antiphanes in Eustathius, 741, 38)'와 '캇사(kassa)(Lycophron, 131)' 등이 있다.

이외에 헤시키우스가 열거한 창녀를 뜻하는 단어로는 '매음굴에 붙어 사는 여자'를 뜻하는 '카타클레이스토스(katakleistos)', '겉 치레'라는 의미의 '뤼프타(ryupta)', 그리고 '주사위'를 뜻하는 '로가니오스(loganios)'도 있다. 아마도 이는 남자들이 창녀를 가 지고 놀다가 던져버린다는 의미인 듯하다. '마클라스 (maklas)(Anth. Pal., v, 301, 2)'와 '마클리스(maklis)' '마클로 쉬네(maklosyune)(Homer, Iliad, xxiv, 30)' '마클로테스 (maklotes)(Schol. Lycophron, 771 ; Etym. Mag., 524, 24)'와 '마클룬(maklun)' 등은 '창녀를 상대로 즐긴다'라는 의미를 가지 며 '마클레우에인(makleuein)'은 '매춘을 하다'라는 뜻으로 쓰였 다(Manetho, iv, 184). 이상의 개념들은 모두 여자에게 쓸 수 있는 표현들이고, 남자의 경우에는 '라그노스(lagnos)'가 그와 같은 뜻 으로 쓰였다고 한다(Lobeck on Phrynichus, 184). 이 단어는 토 끼를 뜻하는 '라고스(lagos)'라는 단어와 연관을 갖고 있는 것이 분 명한데 이 단어 자체가 '씨앗을 방사하는 탐욕(Aristotle, Hist. anim., vi, 21)'이라는 뜻을 내포하고 있기 때문이다.

이밖에도 헤시키우스는 다른 표현들을 등장시킨다. '새끼'를 뜻 하는 '폴로스(polos)'가 있는가 하면, 유불루스(CAF., II, 193)는 매춘부를 '아프로디테의 새끼'라고 부르기도 했다. 또는 '살라박코 (salabakko)'가 창녀를 뜻하는 단어로 쓰이고 있는데(Aristoph., Knights, 765, Thesmoph., 805) 이는 전반적으로 아티카 사람들 을 지칭하는 말로 사용되기도 했다. '신디스(sindis)'라는 단어는 카프카스의 발치에 있는 신디 땅 출신의 여자들을 가리키는 말이므로, 곧 창녀라는 뜻으로 쓰였다. '스포데실라우라(spodesilaura)(Eustathius, 1921, 58)'는 원래 거리의 청소부를 뜻하는 단어였다. 헤시키우스는 '스타테(state)'라는 단어는 반죽통을 뜻하는 것이기 때문에 잘못 쓰여진 것이 분명하다고 설명한다. '스테기티스(stegitis)'는 원래 방 안의 가구를 가리키는 단어였다. '카마이튀페(kamaityupe)(Timocles in Athenaeus, xiii, 570 f)'는 원래 '땅바닥에 드러눕다'라는 뜻이었으며 '카마이튀페이온(kamaityupeion)'은 매음굴을 뜻하는 단어였다(Lucian, Nigrinus, 22). '카마이튀포스(kamaityupos)(Polybius, viii, II, II)'는 뚜쟁이와 창녀를 뜻하고 '카마이튀피스(kamaityupis)'와 '카메타이리스(kametairis)' '카메우나스(kameunas)' 등도 모두 창녀를 가리키는 단어들이다(Lycophron, 319).

그리스 사람들은 매음굴 주인이나 뚜쟁이, 기둥서방 등에 대해서도 다양한 이름을 붙여주었는데 그중에서 극도로 직설적인 표현들도 많이 찾아볼 수 있다. 언어학에 관심이 있는 독자라면 헤시키우스에 대한 모리츠 슈미트 판본(Jena, 1857)의 제4권이나 폴리-위소와-크롤의 《Realenzyklopadie》 등을 참고하는 것이 좋을 것이다.

매음굴

값싼 화대로 충분

매음굴에서 숙식하는 창녀들은 이른바 'filles de joie' 라 하여 사회적으로 가장 비천한 계층으로 분류되었다. 이들은 흔히 말하는 매춘부와 구분되지 않는다. 아테네의 경우, 매음굴을 처음 만든 사람은 현자 솔론이라고 알려져 있다.

매음굴의 창녀들은 거의, 또는 완전히 옷을 걸치지 않고 있었기 때문에 손님들은 자신의 취향에 따라 좋아하는 창녀를 선택할 수 있었다. 그것 자체도 그리 믿기 힘든 이야기는 아니지만, 그것을 뒷받침할 만한 증거들도 많이 있다. 아테나이우스의 말을 들어보자 (xiii, 568e ; Eubulus, frag. 84, CAF., II, 193).

"그대는 유불루스의 희극 《판니키스(Pannychis)》에 마치 에리다누스의 신성한 물속의 님프들처럼 투명한 옷을 입고 서 있는 창녀들에 대한 언급이 나온다는 사실을 모르는가? 그대는 약간의 돈만 주면 아무런 위험도 없이 쾌락을 살 수 있다."

희극 《난니온(Nannion)》에는 이런 대목도 나온다(frag. 67, CAF., II, 187).

"금지된 침대를 엉큼하게 훔쳐보는 자는 세상에서 가장 불행한 자가 아니던가? 밝은 햇살 아래 발가벗은 채 서 있는 여자들의 모습은 볼 수 있겠지만 말이다."

더욱이 아테나이우스는 이런 말까지 하고 있다.

"크세나르쿠스(frag. 4, CAF., II, 468)는 자신의 희극 《펜타틀론(Pentathlon)》에서 당신처럼 값비싼 매춘부들을 쫓아다니는 사람들을 다음과 같은 말로 비난하고 있다. '우리 도시의 젊은이들은 도저히 더 이상 참고 봐줄 수 없을 만큼 끔찍한 행동을 한다.' 매음굴에 가면 예쁜 여자들, 특히나 얇은 면사 같은 옷만 걸친 채 햇빛 아래 젖가슴을 드러낸 여자들을 볼 수 있다. 어떤 남자건 자기 취향에 따라 마음에 드는 여자를 골라 실컷 즐길 수 있다. 그곳으로 몰래 들어가기 위해 사다리를 이용하거나 창문을 타고 넘을 필요도 없다. 여자들이 먼저 남자를 집 안으로 끌어들이기 때문이다. 나이 든 남자에게는 '아빠'라는 호칭도 서슴지 않으며, 좀더 젊은 남자에게는 '오빠' '젊은이' 등으로 부르기도 한다. 낮이건 밤이건 가리지 않고 약간의 돈만 있으면 아무런 위험도 느끼지 않고 그런 여자들과 즐길 수 있다."

여기서도 화대가 그리 비싸지 않다는 언급이 나오지만, 희극 작가 필레몬은 그 액수를 1오볼(약 1달러 반) 정도라고 밝히고 있다. 이는 디오게네스 라이르티우스(vi, 4)에 나오는 다음과 같은 구절과도 그리 크게 차이나지 않는다.

"간음한 자가 도망치는 것을 본 안티스테네스는 이렇게 말했다. '멍청한 놈! 단돈 1오볼만 있으면 그따위 위험을 감수하지 않아도 되었을 것을!'"

물론 화대는 때와 장소에 따라, 또한 매음굴의 수준에 따라 차이가 나게 마련이지만, 어떤 경우에도 그 비용이 그리 비싸지 않았으리라고 추측할 수 있는 근거는 얼마든지 있다. 매음굴은 최하급, 다시 말해서 가장 값이 싼 형태의 매춘에 해당하기 때문이다. 물론 어떤 경우든 화대 이외에 일종의 '선물'이라는 것을 여자에게 집어주지 않으면 안 되었다. 필자가 수이다스의 주석을 제대로 이해했다면, 그 액수는 오볼 단위에서 드라크마, 심지어는 스테이터 단위에 이르기까지 아주 다양했던 것으로 짐작된다.

매음굴 주인(cf. Demosth., 59, 30 ; AEschin., I, 188 ; 3, 214)은 여자들이 받는 화대 중에서 일정한 금액을 이른바 '매춘세(Aeschin., I, 119)'라 하여 나라에 세금으로 바쳐야 했는데, 이 세금을 징수하는 특별 관리를 '포르노텔로네스(Philonides in Pollux, ix, 29 ; CAF., I, 255, Bockh, Public Economy of Athens)' 라고 불렀다. 이와 유사하게 손님이 여자에게 지불해야 하는 화대(Ath., xiii, 581a, xii, 526b)를 징수하는 특별 관리를 '아고라노미' 라고 불렀다. 매음굴은 전반적인 매춘 체계와 마찬가지로 '아스티노모이' 라고 불리는 시 관료의 감시 아래 영업을 했는데, 그들의 임무는 대중의 품위를 유지하고 분란을 조종하는 것이었다.

매음굴의 여인들

바닷가 부근의 도시에서는 대부분의 매음굴들이 항구 주변 지역에서 발견되었다. 폴룩스도 아테네를 예로 들며 이 점을 언급하고 있다(Pollux, ix, 5, 34). 그러나 헤시키우스에 의하면, 케라미쿠스라는 이름의 지역에도 여러 등급의 수많은 매음굴이 있었다고 한다. '도자기 지역' 이라는 뜻의 케라미쿠스는 시장에서부터 북서쪽으로 확대되어 이중의 성문을 뜻하는 디필론까지 퍼져간 다음, 이 성문을 넘어서 '외곽 케라미쿠스' 라는 이름으로 엘레우시스로 이어지는 성스러운 길까지 뻗어가게 된다. 종교적인 성향이 강한 이 길이 그 속에 즐비하게 서 있는 수많은 매음굴의 영향을 받지 않았다는 것은 흥미로운 일이 아닐 수 없다. '드로모스' 라고 불리는 이 길고 넓은 길을 통해 도시 안쪽으로 통하게 되는데 가로수가 심어진 그 양쪽 길에는 수많은 가게가 자리하고 있었다.

그리스의 저술가들은 매음굴 사이의 협약이나 그 장비, 혹은 내

에로틱한 장면이 새겨진 접시

부 경영에 대한 언급을 별로 하지 않고 있지만 우리가 잘 알고 있는 로마나 이탈리아의 매음굴과 크게 다르지 않았으리라는 짐작을 할 수 있다. 사실 요즘도 그리스-로마의 '쾌락의 집'을 찾아가는 것이 가능하다. 폼페이를 알고 있는 사람이라면 그것이 무슨 뜻인지 알 것이다. '비콜로 델 발코네 펜실레(Vicolo del Balcone Pensile)' 의 모퉁이 부근인 제4지역이 바로 폼페이의 젊은 남자들이 야생 귀리를 뿌리던 '일 루파나레(Il Lupanare)'인데, 거기에는 오늘날까지도 수많은 음란한 벽화와 비문 따위가 남아 있다. 길거리와 통하는 입구가 서로 분리되어 하나는 화랑을 통해 2층으로 올라가게 되어 있다는 사실도 흥미롭다.

호라케와 《프리아페아(Priapea)》의 저자(Horace, Sat., i, 2, 30 ; Priapeia, 14, 9)는 로마의 매음굴을 좋지 않은 냄새가 난다고 하여 불결하고 지저분한 곳으로 묘사했는데, 세네카에 의하면 (Controv., i, 2 : redoles adhuc fuliginem fornicis) 손님들이 그 냄새를 가져나가곤 했다고 한다. 유베날리스(vi, 131)가 매음굴에서 창녀 생활을 했던 여제 메살리나를 신랄한 풍자로 비꼰 것도 바로 이 대목이다. 물론 각 매음굴에는 많은 방이 있었다(Juneval, vi, 122, 127 ; Petronius, 8 ; Martial, xi, 45). 각각의 방문 위에는 방 주인인 여자의 이름이 쓰여 있었고(Martial, xi, 45 ; Seneca, Controv., i, 2), 어쩌면 그녀가 손님들에게 원하는 최저 가격이 적혀 있었을지도 모른다. 침대나 바닥 위에 펼쳐져 있는 이불이나 램프에 대한 언급을 한 필자들도 많이 있다(Martial, xiv, 39-42 ;

Horace, Sat., ii, 7, 48 ; Juneval, vi, 121 ; Tertull., Ad uxorem, ii, 6).

유베날리스의 글에서 나타나는 것과 마찬가지로 화대는 선불로 지불하게 되어 있었다(vi, 125 : excepit blanda intrantes atque aera poposcit). 페르시우스는 창녀를 '노나리아이'라고 부르는데 (Persius, i, 133, Scholiast : nonaria dicta meretrix quia apud veteres a nona hora prostabant, ne mane omissa exercitatione illo irent adulescentes), 이는 매음굴이 "젊은 남자들이 운동을 하지 않고 여자를 찾아오는 일을 막기 위해" 오후 4시 이후에나 문을 열 수 있었기 때문이다.

아가씨들은 지나가는 행인을 유혹하기 위해 가게 앞에 앉거나 서서 손님들을 기다렸다. 자기 방에 손님을 맞아들인 아가씨는 문을 닫고, 문앞에다 '오쿠파타' 즉, '손님 있음'이라는 쪽지를 내붙인다 (Plautus, Asinaria, iv, i, 15). 특정한 시간—아마도 새벽 무렵이겠지만—이 되면 매음굴이 문을 닫는다는 사실 역시 유베날리스의 글에서 미루어 짐작할 수 있다(vi, 127). 폼페이의 '쾌락의 집'에서 명백한 증거가 발견되지는 않았지만, 아마도 각각의 방에는 손님들을 자극하는 음란한 그림들이 걸려 있지 않았을까 싶다.

성적인 문제와 관련된 고대인들의 입장이 매음굴을 찾아가는 것을 반대할 만한 요소를 가지고 있지 않았다는 사실은 몇몇 고대 작가들의 글에서 의심의 여지없이 명확히 드러난다. 호라케 역시 그리스인의 성생활에 대한 내용을 언급한 유명한 한 풍자시에서 이런 말을 했다(Sat., i, 2, 31).

> "한번은 아주 유명한 어떤 남자가 매음굴을 찾아가서는 이렇게 말했
> 다. '늙은 카토의 감각적인 견해를 영원히 찬양하라. 욕망이 젊은 남
> 자들의 핏줄 속에 든 피를 들끓게 만드는 순간, 그들은 모두 이곳으
> 로 달려와 더 이상 정숙한 유부녀를 유혹하지 않을 테니까.'"

로마의 매춘에 대한 여담을 잠시 나누고 본론인 그리스로 돌아가
기로 하자. 거리를 배회하는 수많은 창녀들, 그리고 매춘을 일종의
부업 정도로 생각하는 여인들은 매음굴의 창녀와 고급 매춘부 사이
의 중간 지대를 형성하고 있었다. 길거리에서 행해지는 매춘은 더
이상 언급할 필요가 없을 듯하다. 그것은 일정한 형태를 띠고 이루
어졌고, 현대와 비교해도 크게 다른 점이 없기 때문이다. 물론 그
본성상 창녀가 손님을 다루는 방식 혹은 그 역의 관계는 다양한 형
태로 나타날 수밖에 없다. 팔라티네 앤솔러지에 흥미로운 사례들이
보존되어 있는데, 그 가운데 하나를 소개하고자 한다(Anth. Pal.,
v, 101).

남자 : 안녕하시오, 아가씨.
여자 : 안녕하세요.
남자 : 당신 앞에 걸어가는 저 여자가 누구요?
여자 : 그건 왜 묻습니까?
남자 : 이유가 있으니까 묻지.

여자 : 내 안주인이에요.

남자 : 괜찮을까?

여자 : 원하는 게 뭔데요?

남자 : 하룻밤.

여자 : 뭘 줄 수 있죠?

남자 : 황금.

여자 : 그럼 마음을 가져가세요.

남자 : 이만큼(액수를 보여준다).

여자 : 그렇겐 안 돼요.

아스클레피아데스의 풍자시(v, 185)에는 그가 친구를 시장에 보내어 장을 봐오라고 하는 대목이 나온다. 창녀와 함께 만찬을 즐기기 위한 음식을 사오도록 한 것인데, 작은 물고기 열 마리와 큰 물고기 세 마리, 그리고 참새우 스물네 마리 등을 사오게 했다. 물론 그는 장미꽃다발 여섯 개를 부탁하는 것도 잊지 않는다.

포세이디푸스의 풍자시(v, 183)에는 네 명의 청년과 네 명의 창녀가 벌이는 주연에 대한 이야기가 나온다. 포도주가 커다란 항아리 하나로도 부족하자, 청년들은 심부름하는 소년을 포도주 장수인 아리스티오스에게 보내 항아리를 더 가져오게 했다. 이런 장면은 특히 도자기 그림 같은 데서도 몇번이나 반복해서 나타난다.

길거리를 배회하던 창녀들이 남자를 붙잡는 방법은 요즘과 별로 다를 것이 없기 때문에 특별히 독창적인 이야깃거리는 없다. 우연히 그런 길거리 창녀의 신발 하나가 지금까지 보존되어 있다. 그 신발의 밑창에는 '따라오세요' 라는 글씨가 쓰여 있다. 따라서 창녀가 길거리를 돌아다니면 바닥의 부드러운 흙에 그 글씨가 찍혀 나오기 때문에 지나가던 행인들이 안심하고 그녀를 쫓아갈 수 있었다.

아스클레피아데스(v, 158)는 헤르미오네라는 이름의 아가씨를 만났을 때의 일을 언급하고 있다. 그는 꽃무늬가 수놓아진 거들에 '언제나 나를 사랑해주세요. 하지만 내가 다른 사람의 품에 안겨 있다고 질투하지는 마세요.' 라는 글귀가 쓰여 있는 것을 보고 깜짝 놀랐다고 한다. 이 정도면 아무래도 길거리 창녀라고 보기는 힘들고, 고급 매춘부가 아니었을까 싶다.

사람들의 왕래가 잦은 곳이면 어디나 길거리 창녀들이 배회하곤 했다. 항구나 항구로 이어진 도로에서 특히 많은 창녀들을 찾아볼 수 있었다. 창녀들은 손님을 자기 방으로 데리고 가기도 했고, 음침한 모퉁이 같은 곳에서 은밀한 쾌락을 즐기기도 했다(Catullus, lviii). 또는 무덤의 비석 사이(Martial, i, 34, 8)나 공중 목욕탕(Martial, iii, 93, 14) 등을 이용하는 경우도 있었다. 물론 선술집이나 여인숙 등도 충분히 이용할 수 있었다. 특히 항구 지역에 있는 술집과 여인숙은 언제든지 그런 목적으로 쓰일 수 있었다. 감미로운 음악소리와 함께 사랑과 돈을 맞바꾸는 향연이 진행되었으리라는 사실은 더 이상 언급할 필요가 없을 듯하다.

매춘부의 삶

매춘부들의 사회적 지위

고급 매춘부는 길거리 창녀와 비교할 때 상당한 지위를 차지하고 있어서 그리스의 사생활에서 차지하는 비중도 만만치 않았다. 그들은 매음굴의 창녀와는 사회적인 인식이나 교육 수준이 전혀 달랐다. 그 점을 헬비그는 이렇게 설명한다.

"그들 가운데 상당수는 세련된 교육을 받아 재치있는 대화를 이끌어갈 정도의 수준에 올라 있었다. 그들은 또한 장군이나 정치가, 문인과 예술가 등 당대의 뛰어난 인물들을 매료시키는 방법과 그들의 사랑을 유지할 수 있는 방법을 알고 있었다. 그들은 당시 그리스 사람들의 대다수가 존경해 마지않던 세련된 지적 수준과 감각적 쾌락을 겸비한 여인들이었다. 고대 그리스의 역사에 길이 남을 중요한 인물들은 하나같이 크건 작건 유명한 고급 매춘부의 영향을 받고 있었음을 입증할 수 있다. 그 시대 사람들 중에서 거기에 대한 반감을 표현하는 이는 아무도 없었다.

폴리비우스 시대(xiv, II)에도 알렉산드리아에서 가장 아름다운 집들이 유명한 플루트 연주자와 고급 매춘부의 이름 앞에 바쳐졌으며 그런 여인들을 묘사한 인물상이 위대한 장군이나 정치가와 나란히 사원이나 기타 공공 건물을 장식했다. 사실 위대한 인물들과 친숙하게 지냈던 창녀들을 기리기 위한 조각상이 화환과 함께 제단이나 사원을 장식하는 경우까지 있었다."

그러나 그보다도 더욱 인상적인 대목이 있다. 그들이 주로 큰 마을이나 대외 교역의 중심지에서 번성했다는 사실은 조금도 이상할 것이 없다. 특히 두 바다를 사이에 낀 지협에 위치한 상업도시 코린트에서 더욱 그랬다. 고대 무역과 상업의 중심 도시라 할 수 있는 이 코린트는 지형이 가지고 있는 경제적인 풍요는 물론 풍성한 자연의 혜택까지 누리고 있었다. 폼페이의 매음굴에서 발견된 비문에 'HIC HABITAT FELICITAS(여기에 행복이 산다)'라는 글귀가 쓰여 있었던 것은 코린트에도 얼마든지 해당하는 말이었을 것이다(이 비문이 발견된 곳은 정확하게 말해서 매음굴은 아니었고, 창녀들이 흔히 손님들을 데리고 가 사랑을 나누던 요리사의 방이었다). 인간의 상상력은 코린트에서 행해지던 음란을 생각하기만 해도 만족을 느낄 수 있을 정도였기 때문에 이 거대한 도시의 값비싼 쾌락의 소용돌이에서 빠져나오는 길을 찾아내지 못한 사람들이 많았다. 결국 그런 사람들은 명성과 건강과 재산까지 모두 탕진하게 마련이었으므로, 다음과 같은 시구가 탄생한 것도 전혀 이상한 일이 아니다.

"코린트 여행은 모든 남자에게 이로울 게 없다."

이 도시의 매춘부들은 실로 그 수를 헤아릴 수조차 없을 정도였다. 두 개의 항구 지역에는 수준 높은 매음굴부터 밑바닥에 이르는 매음굴까지 모든 등급의 매음굴들이 밀집되어 있었고, 수많은 창녀들이 거리를 돌아다녔다. 혼외 정사에 어느 정도 초점을 맞추기 위해 악명 높은 비너스의 사원 주변에 매춘 학교가 설립되기도 했는데, 무려 천 명 이상의 창녀들이 이곳에서 자기 직업에 대한 훈련을 쌓으며 친구들을 기쁘게 해줄 준비를 갖추었다고 한다.

성채의 울퉁불퉁한 땅에 실러의 시 《이비쿠스의 두루미》라는 작품으로 유명해진 아크로코린투스라는 요새가 있었는데, 튼튼한 벽돌을 쌓아올린 그 테라스에 아프로디테의 신전(cf. Pausan., ii, 5)이 우뚝 솟아 있어 동쪽이든 서쪽이든 바다에서 그곳을 향해 접근해오는 뱃사람들의 눈에까지 보였다고 한다. 한때 수많은 신전의 아가씨들이 이방인들을 맞이했던 그 지점에, 지금은 터키의 사원이 서 있다.

기원전 464년, 올림피아의 그리스 사람들은 다시 한 번 거대한 축제를 즐겼는데, 테살로스의 아들이자, 고귀하고 부유했던 코린트의 크세노폰이 경기장과 펜타틀룸에서 승리를 거두었다. 그리스의 모든 시인들 중에서 가장 강력한 힘을 가졌던 것으로 알려진 핀다르는 그 승리를 축하하기 위해 장엄한 승리의 노래를 지었다. 아직까지 보존되어 있는 이 시는 시인이 직접 지켜보는 앞에서 낭송되었던 듯하다. 물론 승자가 장엄하게 시민들을 만나거나 화환을 바치기 위해 제우스의 신전을 향해 행진할 때도 그 노래를 낭송했을 것이다(Pindar, Olympia, xiii). 크세노폰은 고된 투쟁으로 들어가기 전에, 자신이 승리를 거둘 경우, 백 명의 처녀를 신전에 바치겠다고 약속했다(Ath., xiii, 573 ff). 핀다르는 올림피아 《송시(Ode)》 외에도 사원에서 매춘부들이 춤을 추며 부를 수 있는 노래를 한 곡 썼는데(W. von Christ, frag. 122), 그런 대접을 받은 매춘부들은 그리스 역사상 전무후무하다. 불행하게도 이 《송시》는 서두만이 전해 내려오고 있을 뿐이다.

"풍족한 코린트를 찾아온 많은 소녀들이여, 페이토(페르수아시온)의 충성스런 참례자들이여, 신선한 향의 금빛 눈물을 보내준 이들, 천상에서 달콤한 용서를 선사해줄 사랑의 어머니, 아프로디테로 날아가도록 인도해줄 영혼을 가진 이들이여. 아, 그대들이 사랑의 기쁨으로 부드러운 젊음의 과실을 따 모을 수 있도록 애원하노니……. 키프리아의 여왕이여! 크세노폰은 자신의 맹세를 지키기 위해 기꺼이 백 명의 처녀를 이곳으로 데리고 왔으니."

매춘이라는 문제를 그토록 아무런 선입관 없이 대할 수 있었던 곳이라면 문학에서 역시 아프로디테의 여사제를 부담없이 다루었으리라는 점에는 의문의 여지가 없다. 그리스 사람들 사이에는 매춘부의 문학이 상당한 비중을 차지하고 있었다. 루키안의 《창녀들의 대화》와 같은 유명한 작품들은 아직까지 완전하게 보존되어 있고 그밖의 것들도 상당한 부분이 남아 있다. 루키안은 매춘부들의 다양한 생활상을 생생하게 우리에게 전해준다.

　대부분의 생애를 알렉산드리아에서 보냈으며, 비잔티움의 문법학자 아리스토파네스의 스승이었다는 사실에서 활동 연대를 짐작할 수 있는 시키온(기원전 300-260년 사이에 번성했다) 출신의 마콘은 《크레이아이(알아둘 가치가 있는 모든 것을 의미한다)》라는 제목 아래, 디아도키 법정에서 진행된 모든 종류의 일화들을 약강격의 3보격으로 소개하고 있다. 이 책에서는 매춘부가 중요한 역할을 하고 있으며, 없어진 부분들도 아테나이우스의 상세한 발췌를 통해 확인할 수 있다. 마콘 외에 아테나이우스도 매춘부들의 생활을 여러 책에서 자세하게 다루었다. 그중에서 몇몇 부분들을 소개할까 한다.

유명한 매춘부들의 재치있는 일화

　희극의 여주인공으로 무대에 오르기도 했던 사람들부터 시작해보자. 물론 이것은 그들이 진짜 배우로 무대에 등장했다는 의미는 아니다. 그 당시에는 여자 역할도 모두 남자들이 대신했기 때문이다. 따라서 여기서는 희극 시인들이 자기 작품의 실제 인물이라고 소개한 매춘부들을 의미하는 것이다.

　클레프시드라(CAF., II, 182)는 거의 전해 내려오는 것이 없는 유불루스 희극의 여주인공이었다. 그녀의 원래 이름은 메티케이고, 클레프시드라라는 이름은 친구들이 붙여준 별명이다. 이 이름은 물시계를 뜻하는데, 그녀가 이런 별명으로 불린 것은 '시계처럼 정확하게' 남자들과 관계를 맺었기 때문이었다.

페레크라테스는 코리안노라는 매춘부의 이름을 따서 같은 제목의 희극을 썼다. 남아 있는 부분들을 통해 볼 때 이 희극은 아프로디테의 여사제들이 포도주를 얼마나 좋아했는지를 묘사하고 있는 듯하다. 여기서도 희극의 오랜 주제가 드러난다. 같은 여자를 상대로 사랑에 빠진 아버지와 아들이 서로 그 여인의 호감을 차지하기 위해 애쓰는 내용이 바로 그것이다. 그 작품은 많은 부분이 전해지지는 않지만, 아들과 아버지가 열렬히 자신의 마음을 설명하는 대목이 무척 인상적이다.

유니쿠스는 《안테이아(Anteia)》라는 희곡을 썼는데(CAF., I, 781) 그 작품은 단 한 구절밖에 전해 내려오지 않기 때문에 그런 이름을 가진 매춘부나 작품 자체에 대해서는 별로 할 말이 없다. 남아 있는 그 한 구절은 다음과 같다.

"내 귀를 붙잡고 키스해주오(p.16 참조)."

그밖에도 매춘부의 이름을 딴 희극은 디오클레스의 《탈라타(Thalatta)》(CAF., I, 767), 메난데르의 《파니온(Phanion)》(CAF., III, 142), 알렉시스의 《오포라(Opora)》(CAF., II, 358) 등이 있지만, 더 이상의 사항은 알려져 있지 않다.

메난데르는 또 한 사람의 매춘부를 희곡에 등장시켜 무대에 올렸는데, 그리스 매춘의 하늘에 처음으로 떠오른 장엄한 별과도 같은 인물이라 할 수 있는 타이스(CAF., III, 61)가 바로 그녀이다. 알렉산더 대왕의 정부였던 아테네의 타이스는 자신의 아름다움을 정치적인 문제에 남용한 많은 매춘부 가운데 한 사람이다.

니네베의 폐허에서 그리 멀지 않은 곳에서 벌어진 가우가멜라 전투(기원전 331년)에서, 알렉산더는 월등한 전력을 가진 페르시아군에 패주하고 말았다. 다리우스 국왕에게 간신히 구원을 받은 알렉산더는 바빌론으로 진군하여 수사라는 도시를 점령한 다음, 옛 페르시아의 수도인 페르세폴리스로 입성했다. 거기서 그는 수많은 매춘부들을 불러놓고 승리의 축연을 벌였는데, 그중에서도 단연 가장 아름다운 여인이 바로 타이스였다. 포도주와 뜨거운 열정에 취한 남자들이 서서히 이성을 잃어가기 시작할 무렵, 타이스는 왕 앞에서 이제야말로 과거의 모든 영광스러운 행동들이 불멸의 업적으로 승화할 때가 되었노라고 울부짖었다. 이 말을 듣고 알렉산더는 페르시아의 궁궐을 불태우라고 명령했는데, 이는 페르시아인들이 크세르크세스 시대에 아테네의 아크로폴리스 사원을 불태운 행위에 대한 복수였다. 왕과 함께 승리의 향연을 즐기던 젊은이들은 잔뜩 술에 취한 채 모두들 그 제안에 찬성했고, 이어서 끔찍한 생각이 하나 떠올랐다. 노랫소리와 플루트 소리, 그리고 피릿소리와 함께 횃불이 피어오르자 타이스는 흥분한 바칸트처럼 행렬의 선두에 나섰다. 바로 거기에 아카이메니데스 왕조의 자랑스러운 수도가 서 있었다. 알렉산더가 제일 앞에 있던 불 붙은 횃불을 집어던지자, 타이

이수스의 싸움

스가 두번째 햇불을 집어던졌다. 이어서 사람들이 사방에서 달려들어 햇불을 집어던지자, 그 멋진 건물은 이내 화염으로 휩싸여버렸다(Diod. Sic., xvii, 72 ; Plut., Alex., 38).

알렉산더가 죽은 후 그의 정부이자 매춘부였던 타이스는 이집트의 왕 프톨레미 1세와의 결혼을 통해 여왕의 지위에까지 오르게 된다. 그녀가 메난데르의 희극의 여주인공으로 등장했다는 사실은 앞에서도 소개한 바 있다. 하지만 안타깝게도 남아 있는 분량이 극히 미미하기 때문에 우리는 그 내용을 추측에 의존할 수밖에 없다. 이 희곡의 아주 유명한 한 구절이 아직까지 전해 내려오고 있다. 고대에 많은 사람들이 인용하고, 바울 사도가 고린도전서에서도 인용했던 "사악한 대화가 좋은 태도를 망친다."라는 말이 그것이다. 다른 사람들에 의하면, 이 말은 에우리피데스에게서 유래되었다고 하는데, 아마도 메난데르의 희극에서 타이스에 의해 언급되었을 가능성도 있다. 또는 그녀가 에우리피데스와 서로 잘 아는 사이여서 메데아의 시에 나오는 다소 거친 질문들에 재치있게 대답했으리라고 볼 수도 있다(Ath., xiii, 585e). 그녀가 땀냄새를 풍기는 연인을 찾아가는 길에 어디를 가느냐는 질문을 받자 이렇게 대답했다.

"판디온의 아들 아이게우스와 함께 살러 갑니다."

이 재치있는 대답의 핵심은 이중적인 의미를 가지고 있다. 에우리피데스의 작품에서, 쫓겨난 메데아는 아테네의 아이게우스 왕을 도피시킬 것이라고 말한다. 이는 그와 함께 살기 위해서, 즉 그의 보호를 받으며 살기 위해서다. 하지만 타이스는 같은 말을 에로틱한 뉘

앙스로 이용한 것이다. 두번째 핵심은 그녀가 아이게우스라는 이름을 그리스어로 '염소'를 뜻하는 'aix, aigos'라는 단어에서 이끌어 왔다는 점이다. 염소는 아주 좋지 못한 냄새를 풍기는 짐승이다.

타이스의 이러한 명언은 자연스럽게 보다 노골적인 창녀들의 이야기로 이어진다. 고전 문학에서도 매춘부는 흔히 등장한다. 특히 당대의 유행에 민감한 부인들 앞에서 필수적인 사교 교육으로 사랑의 기술을 섭렵했던 오비드의 경우가 대표적이다. 그런 표현들은 많은 시인들의 인용을 통해 부분적으로 전해지고 있다(cf. Ovid, Ars, iii, 311).

아테네의 라미아(Ath., xiii, 577c)는 데메트리우스 폴리오르케테스 시대의 가장 유명한 매춘부 가운데 한 사람이었다. 공식적인 직업이 플루트 연주자였던 그녀는 많은 사람들의 사랑을 독차지했고, 시키오이안을 위한 화랑을 재건한 것도 바로 그녀였다. 그리스의 매춘부들 중에서 그런 업적을 남긴 여자는 그리 드물지 않다. 필레몬에 의하면, 코티나(Ath., xiii, 574c)는 황소를 묘사한 청동상을 스파르타에 바쳤으며, 그밖에도 이와 유사한 사례는 얼마든지 찾아볼 수 있다.

한 번은 데메트리우스가 리시마쿠스에 사신들을 보내야 할 일이 있었다. 사신들은 리시마쿠스와 정치적인 문제에 합의를 본 다음, 사담을 나누다가 그의 팔과 다리에 커다란 흉터가 있는 것을 발견했다. 리시마쿠스가 옛날에 사자와 싸우다가 물린 상처라고 말하자 사신들은 일제히 웃음을 터뜨렸다. 그들의 왕인 데메트리우스도 목덜미에 그와 비슷한 흉터가 있기 때문이었다(Plutarch, Demetr., 27).

그나타이나(Ath., xiii, 579e-580f., 583ff.)를 숭상하는 사람들은 그녀에게 조그만 포도주병을 하나 보내며, 그것이 16년 묵은 포도주라고 말했다. 그때 그나타이나는 이렇게 대답했다.

"그렇게 오랜 세월을 견디느라 이렇게 작아졌군요."

아테나이우스에도 그나타이나에 대한 언급이 많이 나온다. 그 중에는 별다른 상황 설명 없이도 충분히 이해할 수 있을 만큼 간결하고 재치있는 대목들이 상당수 포함되어 있다.

그나타이나는 자신의 손녀딸인 그나타이니온 덕분에 직업을 유지할 수 있었다. 어느 날 아흔 살이 다 된 어떤 유명한 이방인이 크로노스 축제를 즐기기 위해 아테네에 머무르고 있다가, 우연히 길거리에서 손녀를 데리고 가는 그나타이나를 발견하게 되었다. 첫눈에 그녀에게 반해버린 이방인은 하룻밤을 같이 지내는 데 얼마면 되겠느냐고 물었다. 그나타이나는 그 노인의 값비싼 옷을 보고 돈 많은 사람이라는 사실을 알아차리고, 1천 드라크마(약 40파운드)를 요구했다. 그러자 노인은 너무 비싸다며 반으로 깎아달라고 부탁했다.

"좋아요, 할아버지." 그나타이나는 이렇게 대답했다.

"원하는 만큼만 주세요. 어차피 내 손녀에게는 나에게 준 돈의 두 배를 내게 될 테니까요(Ath., xiii, 581)."

사랑의 여왕, 라이스와 프리네

라이스라는 이름의 매춘부는 두 명이 있다. 둘 다 각종 일화와 풍자시에 자주 등장 하는 인물들이지만, 명확하게 구분되지 않는 경우가 많다. 나이가 많은 라이스는 코린트 토박이로 펠로폰네소스 전쟁 시대에 살았던 인물인데, 미모는 물론 커다란 탐욕으로도 유명했다. 그녀를 숭배했던 사람들 중에는 철학자 아리스티푸스도 포함되어 있다. 프로페르티우스의 표현에 의하면(ii, 6, 1), 한때 그리스 전체가 그녀의 집 문 앞에서 아우성을 쳤다고 한다.

젊은 라이스는 시실리의 히카라에서 태어났으며, 알키비아데스의 친구인 티만드라의 딸이었다. 그녀의 애인으로는 화가 아펠레스(Ath., xiii, 588c)와 웅변가 히페레이데스가 지목되고 있다. 후에 그녀는 히폴로쿠스 혹은 히포스트라투스를 따라 테살리로 건너가는데(Pausan., ii, 2, 4 ; Plutarch, Amor., 21, 768a), 그곳에서 그녀의 아름다움을 질투하는 여인들에 의해 살해당한 것으로 알려진다(Ath., xiii, 589b ; App. Anth. Pal., 342).

여기에서는 라이스라는 이름과 관련된 일화 몇가지를 소개해볼까 한다. 단, 둘 가운데 어떤 라이스인지를 구분하려는 부질없는 시도는 생략하겠다.

라이스가 매춘부가 되기 전의 일이다. 처녀의 몸이었던 그녀는 코린트 근처의 유명한 샘이 있는 페이레네로 물을 길러갔다. 그녀가 물동이에 물을 길어 집으로 돌아오는데, 우연히 그녀의 아름다운 자태를 목격한 화가 아펠레스는 도무지 그녀에게서 눈을 뗄 수가 없었다. 그후 아펠레스는 그녀를 자기 친구들에게 소개했는데, 다들 처녀를 남자들의 술잔치에 데려와서 무엇하려고 그러느냐고 비웃었다. 여자를 데려오려면 차라리 매춘부를 데려오는 게 낫다는 이야기였다. 그러자 아펠레스는 이렇게 대답했다.

"친구들, 그렇게 놀랄 것 없네. 난 조만간 그녀를 매춘부로 만들 생각이니까."

라이스의 아름다운 젖가슴은 유난히 유명해서, 여기저기에서 유명한 화가들이 그녀의 성스러운 가슴을 자신들의 화폭에 담기 위해 그녀를 찾아왔다.

철학자인 아리스티푸스는 라이스를 만나는 것에 대해 사람들의 핀잔을 자주 듣곤 했는데, 한 번은 다음과 같은 유명한 대답을 남겼다.

"라이스는 내 여자지만, 나는 라이스의 남자가 아닐세."

나아가 아리스티푸스는 해마다 포세이돈 축제가 벌어지는 두 달 동안 아이기나 섬에서 라이스와 함께 살았다. 그러자 그의 하인이 디오게네스는 아무 대가도 치르지 않고 공짜로 라이스를 데리고 노는데, 주인님은 무엇 때문에 그렇게 많은 돈을 들여 라이스와 즐기느냐고 불평을 늘어놓았다. 그 말을 들은 아리스티푸스는 하인에게 이렇게 대답했다고 한다.

"나는 라이스와 함께 즐기기 위해서 그녀에게 많은 돈을 들이는 걸세. 다른 사람이 그녀와 함께 즐기지 못하도록 하기 위해서가 아니란 말이야(Ath., xii, 544d, 555bd ; xiii, 588c, 599b)."

디오게네스 자신은 정작 그런 우월감 같은 것을 가지고 있지 않았다. 그가 한번은 아리스티푸스에게 다소 거친 말투로 이렇게 말한 적이 있다.

"자네는 어떻게 창녀하고 그토록 친밀한 관계를 맺을 수가 있나? 견유학파의 철학자가 되든지, 아니면 그녀와의 교제를 포기하든지 둘 중에 하나를 선택하게."

그러자 아리스티푸스는 이렇게 대답했다.

"자네는 예전에 다른 사람이 살던 집에 들어가 사는 것을 이상하게 생각하나?"

디오게네스는 "천만에." 하고 대답했다.

"그렇다면 이전에 다른 사람들이 많이 탔던 배에 오르는 것을 이상하다고 생각하나?"

아리스티푸스가 다시 물었다.

"물론 그렇지 않지."

"그렇다면 이전에 많은 남자들의 품을 거친 여자와 함께 사는 것에 대해서도 불만이 있을 수 없겠군(Ath., xiii, 588e)."

프리네, 정확하게 표현하자면 므네사레테는 테스피아이의 조그만 보이오티아 마을 출신이다. 그녀는 아테네의 매춘부들 중에서도 가장 아름답고 유명한 여자였지만, 동시에 위험한 여자이기도 했다. 희극 시인 아낙실라스(Ath., xiii, 558c (CAF., II, 270))가 그녀를 카리브디스에 비유한 것도 그런 이유 때문이다. 카리브디스는 배의 주인은 물론, 배 전체를 삼켜버린 인물이다.

프리네가 그토록 유명해진 것은 상상할 수 없을 정도의 아름다움 때문만이 아니라 사실 여부를 확인할 길 없는 일종의 스캔들 때문이기도 하다. 한 번은 프리네가 고발을 당해 법정에 끌려나간 적이 있었다. 유명한 웅변가인 히페레이데스가 그녀의 변호를 맡았는데, 아무리 생각을 해도 그녀가 승소할 가능성은 전혀 없는 것 같았다. 그때 갑자기 그에게 한 가지 묘안이 떠올랐다. 아름다운 프리네의 옷을 찢어 눈부신 젖가슴이 드러나게 한 것이다.

> "그러자 재판관들도 그 거룩하고 성스러운 프리네의 아름다움에 압도되어 감히 아프로디테의 예언자이자 사제인 여인을 사형에 처할 엄두를 내지 못했다(Ath., xiii, 590d ; cf. Hypereides, frag. 174, 181)."

아테나이우스는 계속해서 이렇게 쓰고 있다.

"하지만 프리네는 사실 사람들의 눈에 흔히 띄지 않는 곳이 더욱 아름다웠다. 그녀의 벗은 몸을 구경하기란 쉬운 일이 아니었다. 프리네는 몸에 꽉 끼는 키톤을 즐겨 입었을 뿐만 아니라 공중 목욕탕은 한 번도 이용하지 않았다. 그러나 포세이돈 축제를 맞아 모든 그리스 사람들이 엘레우시니아에 모여들 때, 그녀는 수많은 사람들이 보는 앞에서 옷을 벗고 머리를 풀어헤친 채 바다에 들어가곤 했다. 아펠레스가 바다에서 떠오르는 아프로디테를 보고 싶어했기 때문이었다. 유명한 조형 예술가 프락시텔레스 역시 그녀의 숭배자 가운데 한 사람으로, 그녀를 모델로 하여 크니두스의 아프로디테를 창조하기도 했다

(Ath., xiii, 590 f)."

프리네는 프락시텔레스에게 어떤 작품을 가장 아름답게 생각하느냐고 물은 적이 있다. 그러나 프락시텔레스는 좀처럼 그 질문에 대답하려 하지 않았다. 프리네는 한 가지 꾀를 생각해냈다. 어느 날 프리네가 프락시텔레스와 함께 있을 때, 하인 하나가 헐레벌떡 뛰어오더니 프락시텔레스의 작업실에 불이 나서 작품들이 거의 불타 버렸다고 호들갑을 떠는 것이었다. 프락시텔레스는 깜짝 놀라 벌떡 일어나더니 이렇게 소리쳤다.

"사티르스와 에로스가 망가졌으면 다 망가진 거나 다름없다!"

그러자 프리네는 미소를 지으며 프락시텔레스를 진정시켰다. 그녀는 그가 어떤 작품에 가장 높은 점수를 주는지 알아보기 위해 일부러 그런 소동을 꾸몄다고 털어놓았다(Pausan., i. 20, 1). 이 이야기는 프리네의 재치있는 두뇌 회전을 보여주는 일화다.

그 직후 프락시텔레스는 프리네에게 조각 한 점을 선물로 줄 테니 마음에 드는 것을 고르라고 말했다. 프리네는 에로스를 골랐지만 자기가 갖지 않고 자신의 고향인 테스피아이에 있는 에로스의 신전에 그 작품을 보냈다. 그 결과 조그만 신전은 오랜 세월을 두고 순례자들의 발길이 끊이지 않는 명소가 되었다. 요즘 우리의 관념으로는 뛰어난 예술가들이 매춘부에게 자신의 작품을 선물하곤 했던 관례를 이해하기가 쉽지 않은 노릇이다. 그런 행동은 개인적인 허영심과도 많은 관계가 있다는 사실을 부정할 수 없다.

프리네가 테베의 망가진 성벽을 재건해줄 용의가 있었다는 사실에서도 그 점이 입증된다. 테베 사람들이 그 성벽에 '알렉산더에 의해 파괴되었으나 매춘부 프리네에 의해 재건되었다.'라는 문구를 새기는 데 동의했다면 말이다. 고대의 저술가들은 프리네가 '황금의 기초'를 가지고 있었다는 사실을 누차 강조하고 있다(Ath., xiii, 591d).

테스피아이 사람들은 프리네가 선물한 에로스 상에 대해 무척 고마워했으며, 프락시텔레스에게 황금으로 장식된 프리네의 조각상을 만들어달라고 부탁까지 했다. 그 조각상은 델포이 신전의 아르키다무스 왕과 필리푸스 조각상 사이의 펜텔릭 대리석 기둥에 설치되었는데, 견유학파인 크라테스말고는 아무도 거기에 이의를 제기하는 자가 없었다. 크라테스는 프리네의 조각상이 그 위치에 놓여진다는 것은 그리스의 수치라고 공격했다(Ath., xiii, 591b).

발레리우스 막시무스(iv, 3, ext. 3)도 또 하나의 사례를 들려준다. 아테네의 젊은 남자들이 엄격한 도덕관으로 유명한 철학자 크세노크라테스를 두고 과연 그가 프리네의 매력에 흠뻑 빠져드는지 어떤지 두고보자고 내기를 걸었다. 드디어 어느 호화로운 연회에서 프리네는 크세노크라테스 옆자리에 앉게 되었다. 이미 크세노크라테스는 어느 정도 술을 마신 상태였고, 이 아름다운 매춘부는 자극적인 말과 신체적인 접촉을 통해 자신의 매력을 한껏 드러냈으나 철학자의 마음을 움직이게 만드는 데 실패했다. 남자를 유혹하는 매춘부의 기술이 대쪽 같은 성품을 가진 철학자의 마음을 움직일 수는 없었던 것이다. 애가 탄 프리네는 다소 도발적인 언행을 시도해보았지만, 크세노크라테스를 유혹하기는커녕 화가 난 그에게 실컷 두들겨 맞고 말았다. 함께 내기를 건 청년들이 다가와 당신이 졌으니 돈을 내놓으라고 요구하자, 프리네는 단호하게 고개를 가로저었다.

"나는 살과 피를 가진 인간을 유혹할 수 있다고 내기를 한 것이지, 결코 아무런 감각도 없는 목석을 두고 내기한 것이 아니에요."

이상의 언급을 통해서도 우리는 고대 그리스, 특히 아티카 시대의 매춘부들은 남다른 재치와 순발력, 그리고 사교적인 재능을 갖추고 있었음을 분명히 알 수 있다. 그러니 한 나라의 우두머리가 되는 자들조차 매춘부들과 어울리는 것을 조금도 꺼려하지 않았으며, 나아가 그것을 못마땅하게 생각하는 사람도 거의 없었다는 사실을 충분히 이해할 수 있다.

쏟아지는 불평과 비난

강력한 힘을 가진 정치가이자, 한 가정의 가장이었던 페리클레스의 아스파시아에 대한 사랑(Plutarch, Pericles, 24)은 모르는 사람이 없을 정도로 유명한 일화지만, 아스파시아 역시 일개 매춘부에 지나지 않았다. 물론 우리가 알고 있는 고대 그리스의 매춘부들 중에서는 그녀가 사회적으로나 지적으로나 가장 높은 지위를 차지하고 있는 여인이긴 하지만 말이다.

밀레토스에서 태어난 아스파시아는 일찍이 아테네로 건너와 타고

난 미모와 총명함, 그리고 풍부한 사교적 재능을 유감없이 발휘한 끝에, 오래지 않아 당대의 가장 중요한 인물들을 자신의 집으로 불러들일 수 있는 여자가 되었다. 위대한 철학자 소크라테스조차 그녀와의 교제를 조금도 부끄러워하지 않았으며, 특히 플라톤이 메넥세누스에서의 장례 연설을 소크라테스의 입을 빌어 아스파시아에게 돌린 사실은 주목할 만한 가치가 있는 일이다. 페리클레스는 아스파시아와 결혼하기 위해 아내와 이혼을 했으며, 심지어는 플루타크가 그녀의 고향인 밀레토스를 서로 차지하기 위해 아테네와 사모스 사이에 전쟁이 일어났다고 기록하고 있을 정도로, 아스파시아가 발휘한 정치적 영향력은 실로 대단했다.

어쨌건 페리클레스가 아스파시아를 유난히 총애했다는 사실은 그의 정적들로 하여금 그를 공격할 수 있는 좋은 빌미를 제공해주었다. 사람들은 여자의 몸으로 정치적인 문제에 대한 발언을 하는 것을 용납할 수 없었다. 그 여자가 아테네 출신이 아니라 외국에서 들어왔을 경우에는 더욱 그러했다. 특히나 그녀는 이오니아 출신이 아닌가(Ath., v, 220b). 당시의 그리스인 사이에서 이오니아 여자들은 유난히 도덕 관념이 희박한 여자들로 악명 높았다. 페리클레스와 아스파시아의 결혼은 아테네 사람들의 관념으로는 이른바 '강혼(降婚)'에 지나지 않았다. 그녀를 합법적인 아내라기보다는 한 사람의 첩, 즉 두번째 부인 정도로 치부했던 것이다.

또한 그녀는 희극 시인들에게 극심한 조롱을 받았고, 페리클레스를 '올림피아의 황제'라고 부르는 사람들은 아스파시아에게 '헤라'

라는 별명을 붙여주었다. 그러나 희극 시인들은 위대한 정치가에 대한 그녀의 영향력을 조롱하기 위해 그녀를 어떤 때는 옴팔레, 또 어떤 때는 데이아네이라 등에 비유하여 무대에 올리곤 했다. 강했던 헤라클레스가 그들의 영향 때문에 나약해진 것과 마찬가지로 페리클레스 역시 외국에서 온 한 여자의 독단적인 고집 때문에 힘을 잃고 있음을 풍자한 것이었다.

오늘날까지도 그녀에 대한 온갖 무책임한 소문들이 끊이지 않고 있다. 아테나이우스의 기록에 의하면(xiii, 569 f), 그녀는 정기적으로 매음굴에 나가기까지 했다고 한다. 심지어는 아리스토파네스조차 아스파시아의 '쾌락의 집'을 둘러싸고 큰 전쟁이 발발한 사실을 암시하기 위해 《아카르니안스(Acharnians)》라는 작품에서 디카이오폴리스의 입을 빌어 이렇게 말하고 있다.

> "그러나 몇명의 젊은 코타부스 연주자들이 술에 취한 채 메가라로 몰려가서는 시마이타를 훔쳤다. 그러자 흥분한 메가라 사람들은 그들의 무례한 행위에 대한 대가로 아스파시아의 매춘부 두 사람을 훔쳐가 버렸다. 바로 이것이 전쟁의 발단이 된 것이다. 그후 머리끝까지 화가 치민 올림피아의 페리클레스는 메가라 사람들이 우리의 영토나 시장, 우리의 바다나 육지에 머물지 못하게 하는 법령을 반포했다."

아스파시아가 불경죄와 매춘 혐의로 고발당하자, 페리클레스는 그녀를 변호하여 석방시켜주었다. 페리클레스가 죽고 나자, 아스파시아는 낮은 신분 출신이면서도 커다란 영향력을 행사할 수 있는 인물이 된 리시클레스와 결혼했다.

키루스는 포카이아에서 온 자신의 정부 밀토에게 아스파시아라는 이름을 붙여주었다. 그녀는 키루스가 자신의 동생 아르탁세르크세스를 상대로 전쟁을 벌일 때 그와 동행했는데, 키루스가 쿠낙사에서 패배의 수모를 겪고(기원전 401년) 페르시아의 왕 아르탁세르크세스의 포로가 되자, 그녀는 그에게도 유혹의 손길을 뻗었다. 후일 그녀는 그와 그의 아들 다리우스 사이에서 일어난 분쟁의 원인이 된다. 결국 아버지가 포기하지만, 그 조건으로 그녀는 아나이티스의 여사제가 된다. 아들은 다시 아버지에게 반기를 들지만, 끝내 그는 자신의 목숨을 잃음으로써 그 대가를 치루어야 했다.

이상 그리스 매춘부들의 생활상에 대한 언급을 마무리하기 위해 몇가지 사소한 언급을 덧붙일 필요가 있다. 이것들은 그리스 문학 전체를 통해 심심찮게 발견되는 자료들로, 제일 먼저 언급할 부분은 팔라티네 앤솔러지에 나오는 대목이다.

마이키우스(Anth. Pal., v, 130)는 필라이니스라는 매춘부를 찾아가지만, 그녀의 눈에서 흐르는 눈물이 진실을 있는 그대로 드러내고 있었음에도, 그녀는 끝내 연인의 불륜을 인정하지 않으려 한다. 그것은 매춘부가 자신의 연인에게 충실하지 않거나, 결국은 등을 돌려버리는 것만큼이나 흔한 일이었다.

아스클레피아데스는 니코라는 매춘부가 밤에 자기를 찾아오겠다고 굳게 약속해놓고도 그 약속을 지키지 않았다며, 그녀에 대한 배신감에 불평을 늘어놓는다.

"약속을 깨뜨린 여인! 어느새 밤도 다 지나가고 있지 않은가. 소년들이여, 이제 불을 꺼라! 그녀는 결코 오지 않을 것이다(Anth. Pal., v, 150, 164)."

만약 우리가 아스클레피아데스의 이 풍자시를 같은 시인의 다른 작품과 결부시킬 수 있다면, 매춘부 니코에게는 그 당시 피티아스라는 이름의 딸이 있었다. 딸 역시 어머니와 비슷한 일을 하고 있었는데, 말하자면 가족 내에서 거래가 이루어지는 것이다. 따라서 우리는 그나타이나와 그나타이니온 사이에 평행선을 그어야 한다. 그러나 시인은 피티아스를 상대로 좋지 못한 경험을 가지고 있었다. 그녀는 그와 약속을 했음에도 불구하고, 정작 그가 와보니 문이 굳게 닫혀 있었다. 그래서 그는 밤의 여신에게 자기가 당한 모욕을 증언해달라며 언젠가 피티아스 역시 연인의 닫힌 문 앞에서 자신과 똑같은 치욕을 당하게 해달라고 기도했다.

그리스의 시에서는 매춘부가 불륜을 저지르거나 연인을 배신하는 등의 사례를 얼마든지 찾아볼 수 있다. 헤딜루스(혹은 아스클레피아데스)의 풍자시에는 유프로, 타이스, 보이디온이라는 세 사람의 매춘부가 세 사람의 뱃사람에게서 셔츠를 제외한 모든 것을 훔치고 자신들의 욕심을 다 채운 다음 문 밖으로 쫓아내버렸다는 이야기가 나온다. 결국 그 세 명의 뱃사람들은 배가 난파당했을 때보다도 더 알거지가 되어버린 것이다.

따라서 헤딜루스는 그의 풍자시에서 매춘부에 대한 다음과 같은 결론을 내렸다.

"아프로디테의 해적들을 조심하라. 그들은 마녀 사이렌보다도 더 위
험한 존재들이다(Anth. Pal. v, 161)."

돈을 주고 사랑을 살 수 있게 된 이후로 에로틱한 문학에서는 이
러한 불평이 수도 없이 되풀이되는 모티브로 등장한다. 다른 예를
하나만 더 들어보자면, 크레밀루스가 《플루투스(Plutus)》(149 ff.)
에서 다음과 같이 언급한 내용이 있다.

"코린트의 매춘부에 대해서는 이런 이야기가 있다. 가난한 남자가 사
랑을 달라고 하면 거들떠보지도 않다가, 돈 많은 남자가 나타나면 대
번에 엉덩이를 갖다댄다."

매춘부들이 황금에 민감했음을 드러내는 또 하나의 예는 매춘부
인 피루메나가 크리톤에게 보내는 편지에서 찾아볼 수 있다
(Alciphron, i, 40).

"무엇 때문에 힘들여 긴 편지를 쓰나요? 내가 원하는 건 50냥의 금
화지 편지가 아니에요. 나를 사랑한다면 돈을 주세요. 하지만 만약
나보다 당신의 돈을 더 사랑한다면, 더 이상 나를 귀찮게 하실 필요
가 없어요. 안녕!"

앤솔러지에서 당시 매춘부들이 요구한 액수에 대한 정보를 얻을
수 있다는 것은 대단히 다행스러운 일이다. 안티파테르의 풍자시를

통해 대략적인 결론을 추출해본다면, 아테네의 매춘부 유로파는 대개 1드라크마 정도면 만족했던 것 같다. 하지만 그녀는 언제나 자신의 고객에게 최대한의 만족을 안겨주기 위해 모든 수고와 배려를 아끼지 않았다. 침대 위에는 항상 깨끗하고 부드러운 시트를 깔아놓았으며, 날이 조금이라도 추우면 아끼지 않고 난방을 했기 때문에 그녀의 방은 언제나 청결하고 따뜻했다.

바수스(Anth. Pal., v, 125)는 화대가 점점 올라가는 것에 대해 불만을 터뜨리며 "나는 제우스가 아니다."라고 하는 명언을 남겼다. 자신은 제우스와 달리 사랑하는 사람을 위해 무한정 돈을 쏟아부을 수 없을 뿐만 아니라, 유로파를 데려가기 위해 황소로 변신하거나, 레다를 행복하게 해주기 위해 백조로 변신하는 등 신만이 보여줄 수 있는 기술을 구사할 의도도 능력도 없다는 사실을 분명히 하고 있다. 그 대신 매춘부 코린나에게 '통상적인' 2오볼의 화대를 집어줄 뿐 그것으로 끝이었다. 그것은 물론 터무니없이 낮은 가격이지만, 그것을 가지고 전반적인 결론을 이끌어내는 것은 상당히 조심할 필요가 있다. 이것은 매춘부들이 커다란 탐욕을 부렸다는 반복되는 불만과도 일치하지 않기 때문이다.

멜레아게르는 매춘부를 "내 침대 속의 사악한 짐승"이라고 부른바 있으며(v, 184, 6), 마케도니우스 히파토스(v, 244, 8)는 매춘부를 "침대 속에 행복을 가져다 주는 아프로디테의 고용인"이라고 말하기도 했다.

만약 매춘부들의 일상적인 수입이 평균적으로 별로 많지 않았다면, 앞에서 살펴본 것처럼 수시로 값비싼 선물을 할 수 있을 만큼의 돈을 벌 수 없었을 것이다. 이 부분에 대해서도 팔라티네 앤솔러지에서 나름대로의 특징을 발견할 수 있다.

시모니데스(v, 159 ; Polemon in Ath., xiii, 574c)는 두 사람의 매춘부를 언급하고 있는데(물론 그 풍자시가 정말로 그의 작품이라는 전제하에서 하는 이야기지만), 그들은 아프로디테에게 거들과 자수품을 선물했다고 한다. 시인은 상인과 이야기를 나누며 자신의 지갑은 그 값비싼 선물을 산 돈이 어디서 나왔는지 알고 있다고 말한다.

특히 매춘부들이 프리아푸스에게 많은 선물을 바쳤음을 알 수 있는데, 그는 감각적인 사랑의 신이었으므로 이상한 일은 아니다. 작자 미상의 한 풍자시에 의하면(Anth. Pal., v, 200, 201), 아름다운 알렉소가 신성한 밤의 축제를 기리기 위해 "마치 여인처럼 다정하게 감싸안아 주는 프리아푸스"에게 크로커스와 미르라, 담쟁이덩굴 등으로 만든 화환을 양털로 둥글게 묶어서 바쳤다고 한다. 또 한 사람의 무명 시인은 매춘부 레온티스가 새벽별이 뜰 때까지 스테니우스와 쾌락을 즐긴 후, 자기가 연주하던 수금을 아프로디테와 뮤즈에게 바쳤다고 한다. 혹, 이 스테니우스라고 하는 사람이 시인이어서 레온티스가 그의 시를 듣고 쾌감을 느꼈던 것일까? 아마 그런 해석도 틀리지는 않을 것이다. 어차피 정확한 해답은 우리로서는 알 길이 없다.

아스클레피아데스를 비롯한 많은 시인들의 풍자시에도 매춘부의 선물에 대한 언급이 등장한다(v, 202, 203, 205 등등).

역시 이름이 알려지지 않은 또 한 사람의 시인은 매춘부 니코에 대한 아름다운 풍자시를 남겼다(v, 205). 그녀는 아프로디테에게 이융크스를 선물했는데, 이것은 "남자를 머나먼 바다 건너편으로 유혹할 수 있으며 잠자고 있는 청년을 유혹할 수 있는, 황금과 자수정과 양털로 아름답게 치장된 바퀴"였다고 한다.

넓은 의미의 화장품 역시, 매춘부의 생활에서 대단히 중요한 비중을 차지한다. 고대의 자료에서 이에 대한 언급은 수없이 찾아볼 수 있지만, 그중에서도 특별히 특징적인 사례를 몇가지 소개할까 한다.

첫째로 파울루스 실렌티아리우스의 풍자시(Anth. Pal., v, 228)에는 젊은 남자들이 매춘부를 찾아갈 때 어떤 옷을 입고 갈 것인지에 대해 유달리 많은 신경을 기울였다는 점이 언급되어 있다. 머리를 단정히 다듬는 것은 물론, 손톱을 깎아 광택을 내고 주로 보라색 계통의 옷을 입었다고 한다.

루키안(xi, 408)은 젊게 보이기 위해 얼굴의 주름살을 가리고 머리칼을 염색하는 등 수단과 방법을 가리지 않는 늙은 매춘부를 비웃으며 이렇게 말하고 있다.

> "힘들여 화장할 필요 없어요. 그런다고 헤쿠바에서 헬렌이 나오지는 않을 테니까요."

루킬리우스(xi, 68)의 풍자시 중에도 매춘부에 대한 신랄한 비난의 구절이 나온다.

"니킬라, 많은 사람들은 당신이 머리칼을 염색했다고 생각하지요. 하지만 사실은 시장에서 새카만 머리칼을 샀다는 것을 나는 알고 있습니다."

아리스토파네스의 단편에는 여성들이 아름다움을 가꾸기 위해 이용한 물건들이 일일이 나열되어 있다(frag. 320, in Pollux, vii, 95 ; CAF., I, 474). 그 목록은 다음과 같다. 손톱깎이, 거울, 가위, 기름 물감, 소다수, 가발, 자줏빛 장식, 밴드, 리본, 붉은 물감, 백랍, 몰약, 속돌, 가슴 보조대, 둔부 밴드, 면사포, 해초 물감, 목걸이, 눈썹용 물감, 양모 의류, 황금 머리핀, 머리 망사, 거들, 망토, 모닝 드레스, 양쪽 가장자리에 보라색 수를 댄 드레스, 자락이 달린 드레스, 시프트 드레스, 빗, 귀고리, 보석이 달린 목걸이, 포도송이 모양의 귀고리, 팔찌, 머리 장식, 발찌, 발목에 차는 고리, 장식용 체인, 반지, 미용 석고, 머리 지지대, 노리개, 보석, 목 레이스, 꼬인 귀고리, 기타 우리로서는 의미도 알 수 없는 수많은 물건들이 언급되어 있다.

희극 작가 알렉시스(1권, p.131 참조)는 매춘부들이 자신의 매력을 한층 돋보이게 하기 위해, 또한 그러면서도 전혀 그런 방법을 이용하지 않은 척하기 위해 얼마나 교묘한 기술을 발휘했는지를 자세히 설명하고 있다.

매춘부라는 직업은 신중한 화장법을 요구할 뿐만 아니라, 남자의 약점을 정확하게 포착해낼 수 있는 현명한 처신을 요구하기도 한다. 그래야만 남자의 약점을 물고 늘어져 가능한 한 많은 액수의 돈으로 바꿔놓을 수 있기 때문이다. 흔히 시간이 흐름에 따라 매춘부의 교과서가 구전되었을 것이라고 말하는 사람들도 있지만, 당시에도 이미 글로 정리된 교재가 있었다. 지금까지 전해지는 문헌은 없지만, 고대의 각종 저술들로 미루어볼 때 이런 책들이 어떻게 구성되어 있었을지 짐작해보는 것은 얼마든지 가능한 일이다.

매춘에 대한 강의

프로페르티우스의 시(iv, 5)는 널리 알려져 있는데, 한 뚜쟁이가 아가씨에게 남자에게서 가능한 한 많은 돈을 울궈내는 방법을 강의하는 장면이 묘사되어 있다.

"무엇보다도 중요한 것은 충성심 따위를 까맣게 잊어버리는 일이다. 거짓과 위선의 기술을 터득해야 하며, 겸손에 대해서는 조금도 신경 쓸 필요가 없다. 언제나 다른 애인이 있는 척 행동해야 하며, 그래야 남자에게 긴장감을 불어넣어 질투심을 유발할 수 있다. 이따금 애인이 화를 내며 머리칼을 잡아당겨도 문제될 것 없다. 그럴수록 돈을 뜯어낼 수 있는 기회는 점점 많아진다.

미신에는 많은 핑곗거리가 있다. 남자에게 오늘은 이시스의 날, 혹은 기타 성적인 행동을 하지 말아야 할 종교적인 축일이라고 말하여 그를 애타게 하라.

남자가 보는 앞에서 다른 남자에게 편지를 쓰는 척하거나 목이나 가슴 등에 나 있는 이빨자국을 보여줌으로써 다른 애인이 그런 짓을 했다고 믿게 하라. 메데아의 끈질긴 사랑을 사랑의 모범으로 삼지 말고 매춘부 타이스와 메난데르의 희극에 등장하는 방법들을 사랑의 지침으로 삼으라.

너의 문지기에게도 단단히 주의를 주어야 한다. 한밤중에 누군가가 찾아와 문을 두드리면, 돈이 많아 보이는 사람에게만 문을 열어주어야 한다. 가난해 보이는 사람에게는 절대로 문을 열어주어서는 안 된다.

또한 군인이나 뱃사람처럼 신분이 낮은 사람들이라고 해서 무조건 거부하지 마라. 그들은 비록 손이 거칠고 예의가 없기는 하지만 돈을 가지고 있는 경우가 많다는 점을 명심하라. 심지어는 노예들에게도 주머니에 돈이 있다는 사실이 확인되면, 그들이 광장에 팔릴 물건으로 나왔다는 사실을 비웃지 마라. 아름다운 시와 노래로 여자를 하늘 높이 띄워줄 수 있는 시인이라 해도, 당장 너에게 줄 선물이 하나도 없다면 무슨 소용이 있겠는가? 아직 피가 뜨겁고 얼굴에 주름살이 없을 동안, 너무나도 빨리 사라져버릴 젊음을 최대한 이용하여 모든 기회를 포착하라."

오비드의 《아모레스(Amores)》(i, 8)에도 그와 비슷한 뚜쟁이의 지침이 등장한다. 소개말 바로 다음에 우리의 귀에 익은 이름들이 등장하는데, 시인은 늙은 뚜쟁이가 아가씨에게 '매춘에 대한 강의'를 하는 것을 우연히 엿듣게 된다.

"젊은 남자가 너를 사랑한다는 것은 물론 너의 미모 때문이다. 만약 네가 미모만큼 재산이 있었더라면 나도 손해볼 게 없었을 텐데! 하지만 시간은 소중한 것이고, 그 남자는 부자인 동시에 얼굴도 미남이다. 그러면 너는 그의 매력에 얼굴을 붉힐 것인가? 하얀 피부가 빨갛게 상기되면 한층 보기가 좋을 것이다. 그러나 수치심 때문에 얼굴이 붉어지는 것은 너와는 어울리지 않는 일이다. 그런 부끄러움 따위는 존경받을 만한, 고리타분하고 겸손한 옛시대의 여자들에게나 주어버려라.

기억해야 할 것이 또 하나 있다. 겸손은 노처녀의 특권이다. 그러나 순결의 본보기라 할 만한 페넬로페조차도 남자의 진정한 힘을 칭찬했다. 어차피 시간이 흐르면 자신도 모르는 사이에 나이를 먹어 금세 쓸모 없어진다는 사실을 명심하고, 가능한 한 오랫동안 자신의 아름다움을 이용할 수 있도록 최대한의 노력을 아끼지 마라. 물론 애인도 많을수록 좋다. 지금 너의 애인은 가난하고 욕심 많은 시인이지만, 가장 중요한 것은 남자에게서 될 수 있는 대로 많은 돈을 뜯어내는 것이다. 그런 조건이라면 심지어 노예라 할지라도 행복하게 만들어줄 수 있다.

내 앞에서 그의 가문이나 번듯한 외모를 자랑할 생각일랑 아예 하지도 말아라. 네가 해야 할 일은 조금씩 조금씩 그를 빨아먹는 일이다. 사랑으로 그를 유혹하는 것은 좋지만, 그로 하여금 반드시 대가를 치르게 해라. 끊임없이 그에게 자기가 원하는 것을 얻을 수 있다는 희망을 안겨주는 것은 좋지만 그것도 반드시 대가를 치를 경우에 한정된다. 아무리 노력해도 나올 것이 없을 때는 차라리 아픈 척이라도 하는 게 낫다. 눈물이나 맹세를 아끼지 마라. 중요한 것은 언제나 너와 너의 자매와 어머니와 유모에게 무언가를 줄 수 있게 하는 것이다. 절대로 그 핑계를 생각해내는 일에 싫증을 내서는 안 된다. 애인에게 질투심을 불어넣는 것을 잊지 마라. 그래야만 사랑이 한층 강해진다.

만약 그가 너에게 주지 않는 것이 있다면 그에게서 꾸기라도 해라. 온갖 사탕발림으로 필요한 것을 끌어내기만 하면, 절대로 되갚을 필요는 없다. 앞으로 너는 영원히 나의 가르침을 고맙게 생각하게 될 것이다."

여기서 시인은 더 이상 참지 못하고 분노를 터뜨린다.

"사악한 뚜쟁이 여편네 같으니라구. 너의 그 쪼그라진 몸을 가질 수만 있다면!"

그러면서 그는 오비드가 희극과 엘레지에서 라틴어로 인용해온 구절을 포함해 온갖 욕설을 그 여인에게 퍼붓는다.

마지막 문장에는 라틴의 자료가 그리스식으로 해석되어 있다는 나의 주장을 뒷받침할 만한 근거가 포함되어 있다. 여기서 두 명의 로마 시인(프로페르티우스와 오비드)이 우리에게 제시하는 것은 그리스인들의 공통적인 재산, 그리스의 생활방식인데, 이는 희극으로 특징지워지고 알렉산드리아의 사랑 노래의 전통을 이어받아 드디어는 로마 시에까지 전해지게 된 것이라 할 수 있다.

그리스의 매춘 지침에 대해서는 앞에서도 개략적으로나마 헤론다스의 경우를 분석할 기회가 있었다(1권, p.99-103). 또한 이 주제와 관련된 자료들이 풍부하게 담겨 있는 루키안의 《창녀들의 대화》에 대해서도 언급한 바 있다.

이 작품의 여섯번째 대화에는 어머니가 자신의 딸에게 주는 다음과 같은 지침이 포함되어 있다.

크로빌레 : 그러니 코린나, 처녀 대신 여자가 되는 게, 네가 생각했
던 것처럼 그렇게 끔찍하기만 한 일은 아니라는 사실을
이제 깨달았을 게다. 너는 잘생긴 젊은 남자와 함께 시
간을 보낸 대가로 처음으로 1미나를 선물받지 않았느냐.
나는 그 돈으로 너에게 멋진 목걸이를 사줄 생각이란다.

코 린 나 : 네, 엄마. 그게 불처럼 밝은 어떤 돌멩이라는 사실도 알
게 되었어요.

크로빌레 : 그야 물론이지. 그러니 이제부터 네가 반드시 알아야 할
것들을 배우도록 하려무나. 우리에게는 달리 생계를 이
어갈 수단이 없으니 말이다. 너는 네 아버지가 세상을
떠난 후 2년 동안 우리가 얼마나 비참한 삶을 살았는지
알지 못할 게다. 네 아버지가 살아 있을 때는 우리도 부
족한 것 없이 풍족한 생활을 누렸지. 대장장이였던 네
아버지는 피라이우스에서 가장 유명한 기술자였단다. 입
달린 사람들은 하나같이 필리누스에도 네 아버지만한 대
장장이는 아무도 없을 거라고 말하곤 했지. 하지만 네
아버지가 죽고 나자 나는 처음에는 그의 남겨진 부젓가
락과 모루와 망치를 팔아서 생긴 2미나를 가지고 살아야
했단다. 그 후로는 옷감을 짜거나 물레질을 해서, 또 더
러는 날실을 짜서 간신히 먹을 것을 장만할 수 있었지.
그러면서도 나는 인내와 희망을 잃지 않고 너를 키웠단
다.

코 린 나 : 돈에 대한 이야기를 하시려는 건가요?

크로빌레 : 아니다. 하지만 나는 네가 나를 먹여 살릴 수 있는 나이
가 되기를 기다렸단다. 네가 큰 부자가 되어 너 자신을
스스로 돌보고 값비싼 휘장을 두르고 하인들을 부리며
살게 되기를 기다린 것이란다.

코 린 나 : 도대체 무슨 말씀을 하시는 거예요, 엄마?

크로빌레 : 젊은 남자들과 어울리게 되면, 그들과 함께 술을 마시
고 그들과 잠자리를 같이하거라. 물론 그들과 함께한 대
가로 돈을 받아야 한다.

코 린 나 : 다프니스의 딸 리라처럼 말인가요?

크로빌레 : 그렇지.

코 린 나 : 하지만 그녀는 창녀잖아요.

크로빌레 : 그건 조금도 끔찍한 일이 아니다. 너도 그녀만큼이나 부
자가 되고 애인도 많이 생길 거다. 도대체 무엇 때문에
우는 거냐? 이 세상에 창녀가 얼마나 많은지 모르니? 그
들이 얼마나 많은 돈을 버는지 몰라서 그래? 나는 다프
니스가 성숙하기 전에 누더기를 입고 있던 시절부터 그
녀를 알고 있었단다. 너도 그녀가 어떻게 해서 많은 황
금과 수놓인 드레스와 네 명의 하녀를 거느리게 되었는
지를 알지 않니.

코 린 나 : 리라는 어떻게 해서 그렇게 되었어요?

크로빌레 : 첫째로는 옷을 잘 차려입은 것을 들 수 있겠지. 뿐만 아
니라 언제나 행동을 조심스럽게 하고 모든 사람들을 친
절하게 대해주었어. 너처럼 조그만 일에도 깔깔거리며
웃음을 터뜨리는 대신 언제나 부드럽고 매력적인 미소를
짓곤 했단다. 두번째로 그녀는 남자들을 아주 현명하게

다루었어. 자기를 만나러 오는 남자, 자기를 불러오라는 명령을 받은 하인에게도 절대 거짓말을 하지 않았음은 물론 그렇다고 그들에게 전적으로 매달리지도 않았지. 누군가에게서 조그만 선물을 받고 저녁식사에 초대되어 갈 경우에도 절대로 술을 마시지 않았어. 그건 좀 이상한 일이지. 남자들은 그런 여자를 별로 좋아하지 않거든. 또 그녀는 탐욕스럽게 음식을 집어먹는 대신 손가락 끝으로 가볍게 건드리기만 했지. 음식을 먹을 때도 우적우적 한입 가득 집어넣고 씹는 게 아니라 소리나지 않게 조심스럽게 먹었단다. 물을 마실 때도 한 모금씩만 마셨지.

코 린 나 : 그러면 목이 무척 마르지 않았을까요?

크로빌레 : 그렇다면 더욱더 조심을 해야지. 그리고 그녀는 절대로 필요 이상의 수다를 떨지 않았어. 다른 손님들에게 쓸데없는 농담을 던지는 대신 언제나 조용히 자신을 고용한 사람을 말없이 바라보곤 했지. 그래서 다들 그녀를 좋아했던 거야. 잠자리에 들 시간이 되어도 그녀는 절대로 음탕하거나 외설스러운 행동을 하지 않아. 단지 상대방을 영원한 자신의 애인으로 만들기 위해 노력할 뿐이란다. 그것 역시 사람들의 칭찬을 받을 만한 행동이었지. 너도 이런 것들을 배우게 되면, 우리는 행복하게 살 수 있을 게다. 게다가 너는 남다른 미모를 가지고 있으니……. 더 이상 말하지 않겠다.

코 린 나 : 엄마, 우리를 고용한 사람들은 모두 다 어제 나와 동침한 유크리투스 같은 사람들인가요?

크로빌레 : 다 그런 것은 아니야. 더러는 그보다 훨씬 더 멋진 남자
들도 있지. 하지만 때로는 그보다 못생긴 사람들도 더러
있단다.

코 린 나 : 그런 사람들하고도 같이 자야 되나요?

크로빌레 : 물론이지 얘야. 왜냐하면 그들은 너한테 더 큰 선물을
줄 것이기 때문이란다. 잘생긴 남자들은 언제나 인물값
을 하게 마련이야. 이제 머지않아 사람들은 모두들 너를
가리키며 이렇게 수군거리게 될 거야. '너도 코린나라는
여자를 봤니? 크로빌레의 딸 말이야. 그녀는 돈을 많이
벌어서 자기 어머니를 행복하게 해준다면서?' 너도 이런
말들을 듣고 싶지 않니? 나는 틀림없이 네가 그렇게 되
리라고 믿고 있단다. 자, 이제 가서 목욕을 하렴. 오늘도
유크리투스가 너를 찾아올 테니 말이다. 틀림없이 오겠
다고 약속을 했거든.

첫번째 대화에는 매춘부 글리케라와 타이스 사이의 대화가 기록
되어 있다. 그들은 유명한 관리에 대한 이야기를 나누고 있는데, 그
관리는 아름다운 아브로토논과 사랑을 나누다가 나중에는 글리케
라에게 반해버린 사람이었다. 하지만 지금 그는 아주 못생긴 여자
에게 흠뻑 빠져 있다. 글리케라와 타이스는 편안한 마음으로 그 여
자의 못난 구석을 일일이 지적한다. 머리숱이 너무 적다는 둥, 입술
이 푸르뎅뎅하다는 둥, 목이 가늘고 핏줄이 드러나 보기가 싫다는
둥, 코가 지나치게 길다는 둥……

하지만 그들은 그 여자의 늘씬한 몸매와 매혹적인 웃음소리는 정

당하게 평가하고 있다. 그들은 그 관리의 취향이 잘못되었다는 사실을, 오로지 그가 그 못생긴 여자의 어머니가 건 마술에 걸렸다는 사실로 설명할 수 있을 뿐이었다. 그 여자의 어머니는 유명한 마녀인데, 달을 끌어내릴 수 있는가 하면 닫힌 문 밖으로 날아갈 수 있는 능력을 가진 여자였다.

성에 대한 미신

성 문제에 있어서 미신은 가장 중요한 비중을 차지한다. 매춘에 있어서도 이것은 마찬가지다. 어떤 계몽된 개념보다도 미신적인 개념이 더 지배적이었다는 사실 때문에 오비드는 《사랑의 기술》(Ars., ii, 99)이라는 저서에서 '테살리안 예술'에 대한 경고를 하고 있다.

> "그 유명한 히포마네스(1권, p.411), 마술의 박하, 엑소시즘의 주문, 사랑의 미약 등과 같은 온갖 잡동사니들은 아무런 효력도 없다. 이것은 메데아와 키르케의 예에서도 분명히 드러난다. 그들은 둘 다 유명한 여자 마법사였음에도 불구하고 그녀들의 남편인 야손과 오디세우스의 외도를 막지 못했다."

하지만 오비드의 이러한 선각자적인 목소리는 고립을 면치 못했고, 대중들은 굳건하게 미신을 신봉하였다. 특히 사랑에 의지하여 생계를 유지할 수밖에 없는 매춘 여성들은 결코 그러한 미신으로부터 완전히 자유로울 수 없었다.

어차피 완벽한 설명은 불가능하다 할지라도, 여기서는 그리스인들의 미신에 대한 약간의 보충 설명을 덧붙이고자 한다. 물론 어디까지나 성생활과 관련된 분야에 국한되는 설명이긴 하지만 말이다.

미신과 관련된 특이한 풍습

플리니에 의하면, 질경이의 즙은 아들을 출산하는 데 탁월한 효능이 있는 것으로 알려졌다고 한다. 아들을 낳고 싶은 부부는 이 즙을 하루에 세번씩, 40일 동안 복용해야 한다. 글라우키아스(in Pliny, xx, 263)는 엉겅퀴도 이와 비슷한 효능을 지닌다고 기록하였다.

테스모포리아 축제 기간 동안 여인들은 성적인 충동을 약화시키는 것으로 알려진 아그누스(Pliny, xxiv, 59 ; Dioscorides, Mat. Med., i, 134)를 침대 밑에 깔고 자야 하는 것으로 믿었다. 크세노크라테스에 의하면(in Pliny, xx, 227), 당아욱의 즙을 뿌리 세 가닥과 함께 먹으면 여자의 열정을 증진시킬 수 있다고 한다. 당아욱 씨앗을 조그만 봉지에 넣어 왼쪽 팔에 묶어두면 몸이 더러워지는 것을 막을 수 있다.

디오스코리데스(Dioscorides, m.m., iii, 131 ; Pliny, xxvi, 95 ;

xxvii, 65)는 남자아이를 원하는 남자들은 양배추의 큰 뿌리를 먹어야 하고, 여자아이를 원하는 여자들은 작은 뿌리를 먹어야 한다고 말한다. 그것을 신선한 염소 젖에 타서 마시면 성적인 충동이 커진다. 그냥 마른 채로 먹을 때는 성적인 충동을 줄일 수 있다. 그것을 페솔루타라고 하는 식물과 함께 먹으면(Pliny, xxi, 184) 고자가 된다. 사티리움(Diosc., M.M., iii, 134 ; Pliny, xxvi, 98, 96)도 손에 들고 다니면 자극제 효과를 거둘 수 있다. 그 뿌리는 양배추와 비슷한 효능을 갖는 것으로 알려졌다.

시클라멘의 뿌리(Theophrastus, Hist. Plant, ix, 9, 3 ; Diosc., M.M., ii, 193 ; Pliny, xxv, 114)는 출산을 촉진시키는 효능을 가지고 있다. 임산부가 그 위를 밟고 지나가면 낙태를 하게 된다. 그 뿌리는 사랑의 미약으로 이용되기도 한다. 수련을 먹은 사람은 12일 동안 성기능을 상실하는 대가를 치뤄야 한다(Pliny, xxv, 75). 쑥을 침대 밑에 넣고 자면 성적인 충동이 강해지는 것을 느낄 수 있다(Pliny, xxi, 162). 피임을 하기 위한 방법들도 많이 알려져 있는데 아스파라거스 뿌리를 부적처럼 지니고 다니면 불임이 된다(Diosc., 151).

브리아라는 식물의 재(Pliny, xxiv, 72)를 황소 오줌과 섞어 마시면 성기능이 상실된다. 주술사들은 그것을 고자의 오줌과 섞어 마셔도 같은 효과를 볼 수 있다고 주장했다.

테오크리투스(iii, 28)에 의하면, 양귀비는 사랑의 앞날을 점칠 수 있는 신비한 효능을 가진 식물이라고 한다. 그 이파리를 손바닥이

나 팔뚝의 맨살 위에 올려놓고 손으로 가볍게 쳤을 때 철썩 하고 큰
소리가 나면 좋은 징조라고 해석할 수 있다.

'사악한 늑대(엉덩이 근육 사이의 출혈)'를 막기 위해서는 둔부에
베르무트를 발라야 한다(Scholist on Aristoph., Knights, 1578 ;
Cato De Agricultura, 159 ; Pliny, xxvi, 91). 테오프라스토스는
석류 가지가 성불구를 치유해준다는 믿을 수 없는 이야기를 전하고
있다(Pliny, xxvi, 99). 또 다른 방법으로는 당나귀의 오른쪽 고환
을 팔찌에 끼우고 다니면 된다(Pliny, xxviii, 261).

임산부가 토끼의 고환이나 자궁이나 위의 내막을 먹으면(Pliny,
xxviii, 248) 아들을 낳는다. 토끼의 태아를 먹으면, 불임을 영원히
제거할 수 있다. 농가 마당의 암탉이 울면, 그 집 주인이 마누라한
테 쥐어 살게 된다(Schwarz, Menschen und Tiere im
Altertum, 《고대의 인간과 짐승》 1888). 수탉은 레토의 산고를 덜
어준 적이 있으므로 여인의 출산을 도와주는 역할을 할 수 있다
(AElian, Hist. An., iv, 29). 임산부의 산고를 덜어주는 또 하나의
방법으로는 한 번도 땅에 닿은 적이 없는 개의 태반 피부로 산모의
엉덩이를 건드려주는 것이 있다. 수태 직후에 수탉의 고환을 먹은
여인은 틀림없이 아들을 낳게 된다(Pliny, xxx, 123). 개가 오줌을
눈 자리에 소변을 본 사람은 '허리의 활력이 말라버려서' 고자가
된다(Pliny, xxix, 102 ; xxx, 143).

세간에는 또 하이에나가 해마다 한 번씩 성별이 바뀐다는 미신이
있었는데(Pliny, viii, 105) 아리스토텔레스(De Generatione

Animalium, iii, 66)는 이러한 미신에 반대했다. 보름달이 뜬 후 암컷 게를 잡아서 물과 고운 소금과 섞어 바르면 뾰루지나 자궁의 상처에 잘 듣는다는 미신도 있었다(Pliny, xxxii, 134).

남자를 고자로 만들고 싶으면, 성기에 쥐똥을 바르면 된다(Pliny, xxviii, 262). 여자가 식용 물고기의 일종인 '물루스'를 몸에 지니고 다니면, 생리 때 분비된 피가 독성을 잃는다(xxviii, 82). 갈가마귀가 그 부리로 어떤 여자와 성행위를 했다는 미신도 있었다. 따라서 까마귀를 임산부가 있는 집 안에 들여놓으면, 산고가 한층 심해진다. 임산부가 갈가마귀의 알을 먹으면, 낙태를 해서 입으로 태아를 토해내게 된다(Pliny, x, 32 ; Aristotle, De gen. an., iii, 66 ; Pliny, xxx, 130). 수태기의 여자가 아리스톨로키아라는 식물을 넣고 구운 송아지 고기를 먹으면 아들을 낳는다(Pliny, xxviii, 254). 우유가 수태 가능성을 높여준다는 미신도 있었다(Pliny, xxviii, 253).

인체의 은밀한 부분에 대한 미신도 중요한 비중을 차지한다. 이 문제에 대해서는 레이스(Realenzyklopdiae, i, 85 ff.)가 방대한 자료를 수집해놓았는데, 그 가운데 다음과 같은 것들이 있다.

여자가 자신의 생식기를 마치 '아무것도 아닌 시시한 것'인 양 바깥으로 노출시키면 마법이 풀리며, 그 다음부터는 생식기가 일종의 부적과도 같은 역할을 할 수 있다. 특히 진눈깨비가 내리거나 폭풍우가 몰아치는 바닷가 등 악천후 속에서 성기를 노출시키면 한층 큰 효과를 거둘 수 있다. 또한 해충을 제거하는 등의 농업상의 목적을 위해 이런 '마법'을 사용할 경우, 생리가 진행중일 때가 아니면 절대로 효과를 거둘 수 없다. 생리 중일 때만 여자에게 부여된 사악한 권능이 최상의 효과를 이끌어낼 수 있기 때문이다.

플리니 역시 다른 많은 사람들과 마찬가지로 생리중인 여인이 발휘할 수 있는 영향력에 대한 기록을 생생하게 묘사하였다. 생리중인 여자가 풀을 건드리면, 그 풀은 금방 시들어버린다. 오이나 호박이 말라 죽는가 하면, 한 번 쳐다보기만 해도 맛이 시큼하게 변해버린다. 그런 여인의 손길이 닿으면 갓 피어난 덩굴도 말라버리고, 빨래통에 담가두었던 리넨은 까맣게 변해버리며, 면도날은 이가 빠지고, 놋쇠는 녹이 슬며, 생리중인 여인이 자신의 모습을 비춰본 거울은 누렇게 변색되어버린다. 그러나 그렇게 변색된 거울도 생리중인 여인이 계속 쳐다보고 있으면, 도로 원래처럼 변한다.

특히 난생 처음으로 생리를 하는 여자, 혹은 순결을 잃은 후 처음으로 생리를 하는 여자는 한층 큰 힘을 발휘한다. 그럴 경우에는 공격할 대상과 실제로 접촉되지 않은 경우에도 놀라운 효과를 발휘한다. 예를 들어, 처녀의 생리혈을 월계수와 함께 들판에 묻으면, 우박을 예방할 수 있다. 그런 여자의 생리혈이 묻은 천을 개암나무 밑에 묻으면 나무가 말라 죽는다. 그것을 문 앞에 걸어두면, 모든 사악한 마술을 집 안에서 몰아낼 수 있다.

생리중인 여자의 소변은 공포의 대상이지만, 모든 소변은 강력한 힘을 발휘하기 때문에 마법을 푸는 데 효능을 발휘한다. 히에로클레스는 《게오포니카(Geoponica)》에서 말의 병을 고칠 때는 생리중인 여자의 소변보다도 남자의 소변이 더 효과적이라고 말하기도 한다. 예를 들어, 포르피리의 친구의 노예는 새들의 말을 알아들을 수 있었는데, 그의 어머니가 어느 날 밤 그가 잠든 동안 그의 귀에 소변을 보는 바람에 그런 능력이 사라져버렸다고 한다. 플리니는 방금 막 배설한 소변을 이용하는 것이 한층 효과적이라고 주장하는데, 본인이 자기 소변을 이용하는 것이 가장 바람직하다고 덧붙인다. 정수리에 소변을 떨어뜨리면, 지네한테 물린 상처를 즉각 치료할 수 있으며, 뱀에게 물렸을 때는 자기 자신의 소변이나 아직 사춘기에 이르지 않은 소년의 소변을 마셔야 한다. 개암은 닷새 동안 오줌에 담가두었다가 땅에 심어야 잘 자란다. 월경 때문에 생긴 얼룩은 그 여인의 소변이 아니고는 그 무엇으로도 지울 수 없다. 고자의 소변은 여성의 불임에 탁월한 효능을 발휘한다.

아이스키네스에 의하면, 대변은 소변만큼 강력한 힘을 발휘하지는 못하지만 불에 구워서 각종 질환의 치료에 이용할 수 있으며, 갓난아기가 자궁 속에 배설한 똥은 불임에 큰 효능이 있다.

여인의 젖, 특히 아기를 둔 어머니의 젖 역시 각종 질병의 치료에 대단히 효과적인데, 아들을 낳은 지 얼마 안 된 여인의 젖을 먹은 개는 절대로 광견병에 걸리지 않는다고 한다. 딸을 낳은 어머니의 젖은 아름다움을 가꾸는 데만 효과가 있지만 어머니와 딸의 젖으로 만든 고약을 바른 사람은 평생토록 모든 눈병에서 해방될 수 있다. 이러한 각종 민간요법들이 유럽의 오지에서는 비교적 근래까지 전해 내려왔다는 사실은 대단히 흥미롭다.

그리스인의 남성 생식기에 대한 생각은 뒤에서 다시 한 번 다룰 기회가 있을 듯하다. 따라서 여기서는 꼭 필요한 부분만을 몇가지 짚고 넘어가기로 한다.

'바스카이네인(baskainein)' 이라는 단어는 라틴어의 동사 '파시나레(fascinare)' 에서 유래했는데, 둘 다 '홀리게 하다' 라는 의미를 가지고 있음과 동시에 '마법을 풀다' 라는 뜻도 가지고 있다. 고대 사람들이 가장 두려워한 마법은 이른바 '사악한 눈' 이었다. 눈은 언제나 다른 사람들에게 노출될 수밖에 없기 때문에 때로는 사악한 의도를 가진 사람들의 눈길을 피할 수가 없는 경우가 생긴다. 눈의 모양이나 위치가 평범하지 않은 사람들은 이러한 영향력을 행사할 수 있다는 것이 일반적인 믿음이었다. 오늘날까지도 남부 지방에서는 '사악한 눈' 을 대단히 위협적인 것으로 생각하는 경향이 있다.

따라서 눈을 보호하는 방법은 수없이 많이 알려져 있다. 그 중에서도 가장 보편적인 것은 갑작스러운 두려움이나 동요를 통하여 그런 눈길을 피해버리는 것이다. 생식기의 그림이나 형상이 사악한 눈길로부터 벗어나는 데에 가장 효과적이라고 인식되었다. 물론 이런 생각은 '수치심 때문에 얼른 시선을 돌려버리기를 기대' 해서가 아니라 '적대적인' 눈길은 외설스러운 장면에 홀려 있으므로 그런 것만 쳐다보게 되기 때문이다. 따라서 나머지 것들은 아무런 해도 입지 않는다.

이러한 사실은 특히 사악한 눈을 두려워하는 지방의 조형 예술에서 생식기—특히 남성의 생식기를 선호한다—를 즐겨 묘사한 이유를 설명해준다. 따라서 어디서나 음경을 찾아볼 수 있다. 집 안이나 대문, 공공 장소, 꽃병이나 램프처럼 일상적으로 쓰는 물건들, 드레스, 장신구, 반지, 버클 등등 어디에나 음경이 등장한다. 심지어는 손잡이를 달아서 음경 자체를 들고 다니기도 했다. 때로는 발톱과 날개가 달린 동물의 형상으로 만든 음경, 혹은 조그만 종을 매단 음경이 한층 큰 효능을 발휘한다고 여겨지기도 했는데, 그것은 종의 짤랑거리는 소리가 모든 종류의 마법이나 잡귀를 쫓아준다고 믿었기 때문이다. 자세한 내막을 알지 못하는 현대인이라면 부끄러워서 어쩔 줄을 모르겠지만 음경 모양을 한 부적이 흔히 눈에 뜨이는 것도 다 그런 이유 때문이다. 요즘도 남부 지방에서는 음경 모양의 부적을 흔히 찾아볼 수 있으며 원한다면 살 수도 있다.

고대에서는 여성의 생식기 모양을 한 부적은 훨씬 덜 보편적이었다. 이것은 얼마든지 설명될 수 있는 문제다. 그리스인들은 남자에게 더 큰 힘을 부여했고, 따라서 남성의 성기가 사악한 눈을 물리치는 데 더 큰 효능을 발휘하는 것도 당연한 일이었다. 여성의 생식기는 직접적으로 표현되기보다는 상징적으로 나타나는 경우가 많은데, 대개는 '피코(fico)'라는 형태를 띤다.

이러한 부적들은 다양한 크기로, 다양한 재료로 만들어졌다. 이것을 하나만 따로 떼어 가지고 다니는 경우도 있었지만, 더러는 여러 개를 합쳐서 지니고 다녔다. '티끌 모아 태산'이라는 진리가 여기서도 통용되는 셈이다. 또 이런 부적을 공공연히 가지고 다니는 사람이 있는가 하면 은밀히 지니고 다니는 사람들도 있었는데, 어쨌든지 그것을 가지고 있다는 사실 자체만으로도 충분한 효과를 발휘할 수 있다고 믿는 사람들이 많았다.

물론 미신은 직접적인 성생활에서도 커다란 비중을 차지한다. 이른바 '매듭 짓기(임신을 예방하기 위한 모든 마법)'는 고대의 현명한 여인들 사이에 잘 알려져 있었다. 여자들은 자기가 미워하는 경쟁 상대에게 마법을 걸 수가 있었다. 이를테면 머리카락이 빠지게 하는 등 그 사람의 매력을 없애버리는 것이다(Ovid, Amor., i, 14, 39).

질투심이 강한 여자들은 최고의 힘을 가진 남자를 일시적으로 또는 영원히 훔쳐올 수도 있었다. 그런 목적을 달성하기 위해 사용되는 방법은 아주 다양하다. 때로는 주문이 이용되기도 하고, 또 때로는 독당근으로 만든 마취제가 사용되기도 한다(Ovid, Amor., iii, 7, 27). 이것을 희생자의 술에 섞어놓는 것이다. 또 때로는 밀랍으로 만든 꼭두각시가 사용되는데, 마법에 걸릴 사람의 모습을 본뜬 인형을 만든 다음, 바늘로 간이 있는 부위를 찌르는 방법이다. 그렇게 하면 그 남자는 고자가 된다(Theocritus, 30, 10 ; Horace, Odes, i, 13, 4, ; 25, 13). 고대 사람들은 육욕이 자리하는 곳을 간이라고 생각했다.

사람을 고자로 만드는 것을 포함한 은밀한 힘은 커다란 위협으로 간주되었고(cf. e.g. Anth. Pal., v, 205 ; Horace, Sat., i, 8, 30), 알렉산드리아의 클레멘트에 의하면(Stromata, vii, 4, 843), 많은 사람들이 그 힘을 유난히 두려워했다고 한다.

주문의 방법과 그 효과

이러한 미신이 얼마나 광범위하게 퍼져 있었는가 하는 문제는 미신의 힘으로 냉정한 사람에게서 사랑을 일깨울 수 있으며, 불모의 것을 결실로 인도할 수 있다는 믿음을 체계적인 기록으로 남겼다는 사실만 봐도 충분히 짐작할 수 있다. 그런 내용을 담은 책들은 점점 늘어났으며, 연인의 도움으로 모든 어려움을 극복한 사람들은 미신의 품에서 피난처를 발견할 수밖에 없었을 것이다. 이와 관련된 사례를 추적하다 보면, 관심 있는 독자들은 이른바 '비학(秘學)'이라고 하는 것이 최근에 들어서 훌륭한 근거를 획득하기 시작했다는 사실을 알 수 있을 것이다. 강신술(降神術)이나 접신론(接神論) 등은 불안한 인간 사회에 구원을 제시하는 주술적인 방법들이다. 대도시에서 흔히 발견되는 각종 비교(秘敎)의 유적들은 그 신봉자들에게 커다란 비밀을 드러내 보여준다.

현명한 여인들은 등이 굽은 수고양이의 도움을 받아 카드가 쓰러지는 모습을 보고 앞날을 예언할 수 있었으며, 그러한 일이 좋지 못한 것이라고 불평할 필요도 없었다. 고대 그리스에서도 그와 마찬가지로 자연의 힘을 정확하게 이용할 수 있으면, 혹은 신들과 직접 접촉할 수 있는 훈련을 쌓으면, 건강이나 부, 그리고 무엇보다도 사랑 등 온갖 좋은 것들을 획득할 수 있다고 믿었으며, 더욱이 경쟁자를 아프게 하거나 죽게 하는 것도 가능하다고 믿었다. 그 이전에는 주문의 형식이 훨씬 더 간단하고 단순했지만, 헬레니즘 시대로 접어들면서는 동방의 비학이 전파되면서 한층 복잡한 양상을 띠기 시작했고, 급기야는 기록으로 정리되어 전수되기에 이르렀다. 각종 주문을 집대성한 책들이 약 열두 권 가량 전해 내려오고 있는데, 대부분 고대 말기에 정리된 것으로 알려져 있다. 그 책들 가운데 가장 중요하고 흥미로운 것은(Richard Wunsch, Aus einem griechischen Zauber-papyrus, Bonn, 1911) 현재 파리 국립 도서관에 소장되어 있는 책으로, 이것이 기원후 4세기경에 쓰여진 것으로 미루어 그때까지도 고대의 미신이 아직 완전히 사라지지 않고 있었음을 짐작할 수 있다.

그 원고는 문화사를 고찰함에 있어서 대단히 중요한 비중을 차지하기 때문에 몇가지 사례를 소개하고자 한다. 언어학을 전공하지 않은 독자들을 위해서 간단한 설명을 덧붙이는 경우도 있을 것이다. 물론 우리가 중점을 두어 살펴볼 견본들은 이른바 사랑의 마법이라고 하는 것들이다. 여기에는 여자의 사랑을 획득하는 처방도 포함되어 있는데 이는 여신 헤카테의 도움을 받아 자신이 원하는 대로 짝사랑하는 여자에게 영향력을 행사하는 방법이다. 그리스 동방 마술에서는 헤카테가 달의 여신 셀레네와 동일시되는데, 후자는 다시 지하 세계의 여신인 아르테미스와 페르세포네와 동일시된다. 헤카테는 세 가지 기능에 맞추어 세 가지 형태로 나타난다. 따라서 헤카테는 '세 갈래 길'의 여신으로 불리기도 하며, 세간의 미신에 의하면, 이미 까마득한 옛날부터 유령의 형태로 살아왔다고 한다. 이러한 사랑의 마법이라는 관념의 근저에는 여신이 여자로 하여금 자기를 원하는 남자에게 '고문을 가하는' 역할을 한다는 생각이 깔려 있다. 하지만 여신이 그런 일을 하도록 하기 위해서는 먼저 여자가 특정한 주문을 외워야 한다. 따라서 그 여자에게도 죄가 있다고 판단하는 것이다. 우리로서는 그런 터무니없는 생각에 웃음을 터뜨릴 수도 있겠지만, 요즘도 수많은 남자들이 신에게서 무엇을 기대하고 있는지 잊지 말아야 한다. 그런 관습이나 풍습을 떠나서도 아직까지 많은 사람들이 자신의 신을 섬기며 이런저런 요구사항들을 내걸고 있지 않은가.

완벽한 그리스의 마법은 다음과 같은 부분들로 이루어진다. 먼저 주문의 강력한 효능을 칭송하는 대목이 나온 다음, 피해자나 수혜자에게 무엇이 필요한지를 말한다. 이때는 주문을 위해 바치는 제물이 어떻게 처리되어야 하는지도 언급된다. 그 다음에는 이른바 '로고스의 공식'이 이어지는데, 이때는 주문과 함께 제물의 불길에 향을 던져야 한다. 그런 다음 주문이 주문을 외우는 자에게 화를 입히지 못하도록 하기 위한 일련의 주의사항들이 이어지고, 그 다음에는 부적을 준비하라는 지시와 함께 두번째 주문이 시작된다. 그것은 자신이 원하는 효과를 거둘 수 있도록 재차 확인하는 과정인데, 이때 여신의 권능을 칭송하는 찬가가 읊어지기도 한다. 혹은 그에 대한 대응으로 여자의 사악한 욕구를 내세우는 시가 읊어지기도 하는데, 이는 위에서도 말한 것처럼 여신이 그 여인으로 하여금 '고문'을 할 수 있도록 허용하는 과정이다. 이러한 찬가는 영웅시나 서사적 6보격, 혹은 약강격의 학대시 등의 형태를 띠고 있는데, 특히 빨래하는 여인이 시인 아르킬로쿠스를 상기함으로써 유명해진 이후로 이러한 학대시가 많이 이용되었다.

"저리 가시오. 그대는 내 빨래통을 뒤집어놓고 있구려(Dracon. Straton., 162, Herm.)."

이제 주문을 수록한 책의 내용을 직접 들여다보기로 하자.

"(찬미) 달의 여신을 불러내는 헌신의 연기를 준비하라. 그렇게 해야 아무런 저항 없이 (주문에 걸리는 자의) 영혼과 같은 날에 달의 여신이 내려올 수 있다. 그것은 (적을) 침대에 앓아눕게 하거나 확실하게 죽여버릴 수도 있다. 그것은 멋진 꿈을 내려주며, 대부분의 주문에서 효과적으로 스스로를 드러낸다. 헬리오폴리스의 성직자인 판크라테스는 하드리아누스 황제 앞에서 이런 의식을 거행하여 자신의 성스러운 마법의 힘을 입증해보였다. 마법을 거는 데는 한 시간 가량이 걸리며 상대방을 앓아눕게 하는 데는 두 시간, 죽음에 이르게 하는 데는 여섯 시간이 걸린다. 그것은 황제 자신을 꿈속으로 밀어넣었으며, 그 동안 그는 자기 주변의 모든 것들이 마법에 걸리는 것을 똑똑히 목격했다. 예언자의 기술에 놀란 그는 두 배의 사례금을 치르게 하였다."

"(처방) 들쥐 한 마리를 샘물에 넣어 '우상화' 시키고(간단히 말해서 죽인다는 이야기인데, 이 '죽인다'라는 표현이 나쁜 주문을 담고 있으므로 쓰지 않는 것이다) 투구벌레 두 마리는 흐르는 물에 넣어서 우상화시킨다. 그런 다음 가재 한 마리와 순결한 염소에게서 떼어낸 비곗덩어리, 개의 얼굴을 한 원숭이 똥, 따오기 알 두 개, 고무 하나에 2드라크마씩, 도금양의 진, 크로커스 등을 준비한다. 이탈리아 높

은 산의 박하 하나에 4드라크마씩, 그리고 향과 벌레 먹지 않은 양파
도 필요하다. 이것들을 모두 절구 속에 넣고 조심스럽게 빻은 다음,
납으로 만든 그릇에 넣어둔다. 그것을 사용하고 싶을 때는 다락으로
가지고 올라가서 달이 떠오를 때 다음과 같은 기도를 드리면, 즉시
셀레네가 모습을 나타낸다."

"(기도) 나를 뒤덮고 있는 우울한 구름의 장막을 걷어주시고, 아크티
오피스 여신으로 하여금 내 앞에 밝은 빛을 드리우게 하옵소서. 그리
고 N.N.(여기에는 주문을 걸고자 하는 여자의 이름을 넣는다)에게서
수치스러운 모욕을 당한 저를 굽어살피시어 내 거룩한 기도를 들어
주소서. 그녀는 남자의 가장 성스러운 신비를 배신했습니다. 그녀는
이런 말까지 했습니다. '나는 위대한 여신이 하늘의 보금자리를 떠나
맨발로 지상에 내려와서는 칼을 휘두르는 것을 보았어요.' N.N.은 또
이런 말도 했습니다. '나는 그 여신이 피를 마시는 것도 보았어요.'
그녀는 그렇게 말했지만 나는 따라하지 않았습니다. 아크티오피스 에
레스키갈 네부토수알레티 포르포르바사 트라기암몬(동방의 마법의
영향을 받은 여신들의 이름)이여! 어서 N.N.에게 달려가 그녀의 잠을
빼앗고, 그녀의 영혼에 횃불을 던지며, 쉼없는 광기로 그녀를 벌하소
서. 끝까지 그녀를 쫓아가 언제 어디에 있든 나에게로 데려다 주소
서!"

"이렇게 기도를 드린 다음 제물을 바치고 큰 소리로 울부짖는다(이는
여신의 관심을 붙잡아두기 위함이다). 그러고 나서 다락에서 내려오
면 대번에 부름받은 영혼이 나타난다. 하지만 이때 문을 여는 것은
무엇이든 죽어버릴 것이다(가만히 기다리고 있는 여신을 화나게 하기
때문이다)."

"누군가를 병들게 하고 싶으면 같은 기도를 외운 다음 이렇게 덧붙인
다. 'N.N.의 딸인 N.N.을 병들게 하옵소서.' 만약 그녀를 죽이고 싶

으면 이렇게 말한다. 'N.N.의 코에서 숨결을 거두어가소서.' 그녀에게 꿈을 보내고 싶으면 이렇게 기도한다. 'N.N.이 숭배하는 여신의 모습으로 그녀를 찾아가소서.' 자기 자신이 꿈을 꾸고 싶으면 이렇게 말한다. '여신이시여, 내가 잠든 동안 나에게 오셔서 이런저런 충고를 해주옵소서.' 그렇게 하면 여신은 그를 찾아와 모든 것을 가르쳐줄 것이다. 하지만 아무 때나 이런 주문을 써서는 안 되고, 꼭 필요하고 절박한 이유가 있을 때만 사용해야 한다."

"(부적) 주문을 외우는 당사자가 사고를 당하지 않도록 하는 주의사항들도 있다. 무분별하게 그런 주문을 사용하는 사람이라면, 여신은 그 사람을 공중으로 들어올려 높은 곳에서 땅바닥에 던져버릴 수도 있다. 따라서 부적에 대한 설명을 할 필요도 있는데, 이는 반드시 은밀하게 보관해야 한다. 주문을 외우는 동안 최고급 파피루스 한 장을 오른쪽 팔에 붙이고 있어야 한다. 그 파피루스에는 다음과 같은 글을 적어놓는다. '물라티 케르누트 아마로 물란드론! 남자건 여자건 그 사악한 영혼으로부터 나를 지켜주옵소서.' 하지만 반드시 남들의 눈에 뜨이지 않게 해야 한다는 점을 명심하라."

원본에는 6보격의 찬가와 약강격의 학대시가 언급되어 있다. 찬가는 오르페우스와 아주 흡사한데, 그 어휘들은 대단히 엄숙하고 신비적이며, 밀라노 원형 지붕을 드리우는 여명처럼 경외심을 자아낸다. 하지만 약강격의 시는 앞에서도 언급한 것처럼 분노를 담고 있다. 주문에 걸릴 상대방이 여신을 모욕했다는 내용 때문이다. 심지어 기원후 4세기경에도 무지한 사람들은 이런 미신의 힘을 믿고 있었다는 사실을 우리는 깊이 음미해볼 필요가 있다. 자세한 사항에 대해서는 장황한 설명을 덧붙이지 않는 한 좀처럼 이해하기 힘들 것이다. 그러나 당시에는 사람의 살과 피를 먹고 마시는 것이 신성하게 받아들여졌다는 점을 기억해야 한다. 따라서 우리가 방금 극히 일부분을 살펴보았을 뿐인 주문서들은 대단히 귀중한 자료적 가치가 있다. 더욱이 얼마나 많은 사람들이 이러한 주문을 통해 자신의 소망을 이루었을지 누가 알 수 있겠는가?

요즘 세상에 이런 처방에 따라 마법을 걸려고 하는 사람은 아마 없을 것이다. 하지만 그것은 사실이 아니다. 단지 그 형태가 바뀌었을 뿐이다. 실러의 다음 글은 영원한 진리를 담고 있다.

"신들은 어리석음에 대항하여 부질없는 싸움을 벌이고 있다."

루키안의 《창녀들의 대화》

창녀들의 질투

사랑의 마법에 대한 이상과 같은 고찰 이후, 우리는 루키안의 《창녀들의 대화》로 돌아갈 필요가 있다. 두번째 대화에서 미르티온이라는 매춘부는 자신의 애인인 팜필루스가 선박 중개업자의 딸과 결혼을 하기 위해 자신을 버리려 한다고 불만을 터뜨린다. 그러니 그가 내뱉었던 사랑의 맹세들은 모두 수포로 돌아가 버렸고, 더욱이 그 당시 미르티온은 임신 8개월째로 접어들고 있지 않았던가. 그것은 말 그대로 "매춘부에게 일어날 수 있는 최악의 사태"였던 것이다. 그러나 미르티온은 그 아이를 내다 버리지는 않을 생각이었다. 특히 남자아이일 경우에는 더더욱 그럴 수 없었다. 그 대신 미르티

온은 그 아이에게 팜필루스라는 이름을 붙여 자신의 아픈 마음을
달래며 키워갈 생각이었다. 진짜 팜필루스는 지지리도 못생긴 여자
를 자신의 아내로 선택했다.

한편 팜필루스는 그런 생각을 하고 있는 미르티온이 터무니없이
어리석다는 반응을 보였다. 그 전날 술을 지나치게 많이 마시지도
않았는데 왜 그렇게 엉뚱한 생각을 하는지 모르겠다는 눈치였다.
이윽고 모든 것이 오해로부터 비롯되었다는 사실이 드러났다. 미르
티온의 방정맞은 하녀 도리스는 팜필루스의 집에 화환이 걸려 있고
그 안에서 흥겨운 잔치가 벌어지는 소리가 흘러나오는 것을 듣고는
얼른 미르티온에게 달려갔다. 그리고는 그 선박 중개업자의 딸이
첩으로 들어가게 되었다는 사실을 알렸다. 그녀는 너무나 마음이
급했던 나머지, 팜필루스의 집과 그 이웃집을 혼돈했던 것이다. 물
론 이제 두 연인은 행복한 결말을 맞을 수 있게 되었다. 루키안은
오해가 풀리면서 두 사람 사이에 어떤 기쁨이 잉태되는지에 대해서
는 독자의 상상력에 맡기고 있다.

세번째 대화의 핵심은 질투다. 여기에 그 전문을 옮겨본다.

어머니 : 필린나, 도대체 너 미치기라도 한 거냐? 어제 파티에서는
왜 그런 짓을 했어? 아침에 디필루스가 눈물이 글썽글썽한
눈으로 나를 찾아와서는, 네가 자기에게 얼마나 못되게 굴
었는지를 이야기해주더구나. 넌 술에 잔뜩 취해서 식사 도
중에 벌떡 일어나서는 미친 듯이 춤을 추었다지? 디필루스
가 아무리 말리려 해도 소용이 없었다더구나. 게다가 너는

매춘부들의 사랑

그 사람의 친구인 람프리아스에게 키스까지 했어. 디필루스가 화를 내자 너는 대뜸 람프리아스에게 달려가 그의 품에 안겨버렸어. 그걸 본 디필루스는 화가 치밀어 숨도 제대로 쉴 수가 없었다고 하더구나. 심지어 넌 디필루스와 동침하는 것조차 거부했어. 그 사람이 눈물을 흘리고 있는 동안 너는 옆 침대에 누워서 노래까지 불러댔다며?

필린나 : 어머니, 그는 자기가 한 짓에 대해서는 하나도 이야기하지 않았군요. 그가 그토록 모욕적인 행동을 했다는 사실을 알면, 어머니도 더 이상 그를 두둔하지는 못할 거예요. 물론 그는 자기가 먼저 나를 버리고 타이스와 이야기를 나누었다는 사실은 이야기하지 않았겠죠? 타이스는 람프리아스의 친구인데, 그가 조금 늦게 도착한 틈을 타서 그런 짓을 한 거예요. 내가 불쾌한 기색을 보이며 그러지 말라는 몸짓을 했더니 그는 대뜸 타이스의 귀를 붙잡고는 그녀의 목을 뒤로 젖혀서 미친 듯이 키스를 해대는 것이었어요. 하마터면 타이스의 입술이 찢어질 뻔했다니까요. 그걸 본 나는 울음을 터뜨리기 시작했지만, 그는 오히려 웃음을 지으며 타이스의 귀에다 대고 뭐라고 속삭이더군요. 틀림없이 내 이야기를 했을 거예요. 그 직후에 타이스도 미소를 지으며 나를 바라보았으니까요. 그들이 람프리아스가 다가오고 있는 것을 보았을 때는 이미 실컷 키스를 하고 난 다음이었어요. 그래도 나는 꾹 참고 디필루스 곁에 앉아 있었죠. 그런 나에게 그가 비난을 할 수 있으리라고는 도저히 믿어지지 않아요. 식사를 마치자 타이스가 갑자기 자리에서 일어나더니 맨발로 춤을 추기 시작하더군요. 마치 이

세상에 발목이 자기만큼 아름다운 여자는 아무도 없을 거라는 듯이 말이에요. 그녀가 춤을 다 추고 나니 람프리아스는 아무 말도 하지 않고 가만히 있는데 디필루스가 나서서는 침을 튀겨가며 저렇게 발목이 아름다운 여자는 처음본다는 둥, 어쩌면 그렇게 음악소리와 호흡을 잘 맞출 수가 있느냐는 둥, 마치 칼라미스의 소산드라를 칭송하기라도 하는 것처럼 온갖 찬사를 늘어놓는 것이었어요. 어머니도 타이스가 어떤지는 같이 목욕을 해보아서 잘 아시잖아요. 그러자 타이스는 대뜸 거만한 눈초리로 나를 바라보며 이렇게 말했어요. '자기 다리가 예쁘다고 생각하는 사람 있으면 어디 나와서 춤 좀 춰보지 그래?' 그런 타이스에게 내가 뭐라고 할 수 있었겠어요? 그래요, 내가 일어나서 춤을 춘 건 사실이에요. 하지만 어떻게 그러지 않을 수 있었겠어요? 그랬다가는 타이스는 한층 더 우쭐해져서 자기가 제일 잘난 것으로 알 텐데 말이에요.

어머니 : 질투심에 눈이 멀어서 쓸데없는 짓을 했구나. 그나저나 그 다음에 어떻게 되었는지 어서 말해보렴.

필린나 : 다른 사람들은 모두 나의 그런 행동을 인정해주었어요. 하지만 디필루스만은 의자 등받이에 척 기대고 앉아서는 내 춤이 끝날 때까지 하염없이 천장만 올려다보고 있는 거예요.

어머니 : 하지만 네가 람프리아스와 키스를 하고 그를 껴안은 것은 사실이 아니냐? 왜 대답을 못해? 그런 행동은 도저히 용서할 수 없어.

필린나 : 난 그저 디필루스를 언짢게 만들고 싶었을 뿐이었어요.

어머니 : 게다가 그 사람과 잠자리도 같이하지 않고, 그는 눈물을 흘리고 있는데 노래를 불렀다구? 딸아, 너는 우리가 가난한 사람들이라는 사실을 모르느냐? 그 사람이 우리에게 얼마나 많은 돈을 주었는지 잊어버렸니? 아프로디테가 그를 우리에게 보내주지 않았다면, 우리가 얼마나 추운 겨울을 지내야 했을지 모른단 말이냐?

필린나 : 그래서 어쨌단 말이죠? 그것 때문에 내가 그런 모욕을 그냥 참아야 하나요?

어머니 : 화를 내는 건 좋다만, 모욕을 당했다고 똑같이 복수하려하면 안 된다. 연인들 사이에서는 설혹 상대방에게 모욕을 주는 일이 있어도 금방 화해를 하고 자기가 잘못했다고 사과를 하지 않더냐. 그나저나 넌 언제나 남자들에게 너무 딱딱하게 구는 경향이 있어. 줄을 너무 팽팽하게 잡아당기면 결국 끊어지고 만다는 속담을 명심하도록 해라.

네번째 대화는 멜리타가 연인이 자신에게 충실하지 않다는 불평을 하는 데에서 출발한다.

그녀는 자신의 친구인 바키스에게 한없이 하소연을 늘어놓으며, 젊은 남자가 아무런 이유도 없이 자기를 멀리하려 한다고 불만을 터뜨린다. 그는 케라미쿠스의 벽에서 다음과 같은 글을 발견했던 것이다. "멜리타는 헤르모티무스를 사랑한다." 그 바로 밑에는 "선장 헤르모티무스는 멜리타를 사랑한다."라는 글까지 쓰여 있었다. 하지만 그건 도무지 터무니없는 낙서에 지나지 않았다. 그녀는 헤르모티무스라는 이름의 선장을 알지도 못하는 처지였다. 바키스는

멜리타에게 마법과 주문을 통해 바람난 연인의 마음을 되돌려주고
깨진 사랑을 다시 꿰맞출 수 있는 신통력을 가진 나이 많은 여자 가
운데 한 사람을 찾아가 보라고 충고했다. 다행히 바키스 자신도 예
전에 그와 비슷한 문제 때문에 늙은 마녀에게 도움을 받은 적이 있
었다. "시리아 출신의 정열적이고 거친 성격의 여자"인데, 비용도
그리 많이 들지 않는다는 것이었다. 그 마녀가 요구하는 것은 빵 한
덩어리와 1드라크마뿐이었다. 바키스는 계속해서 말을 이었다.

"그밖에도 소금과 7오볼, 약간의 설파, 그리고 횃불 등을 탁자 위
에 준비해두어야 해. 포도주도 한 병 가져가면 그녀가 혼자서 마시
곤 하지. 또 네 애인의 물건 가운데 뭔가가 하나 있어야 돼. 옷이나
장화, 머리칼 같은 것이면 뭐든지 좋아."

"그래, 그 사람의 장화를 갖고 있어."

"그녀는 그것을 못에 걸어두고 설파의 연기를 쏘이지. 그러면서
소금을 불속에 던져넣기도 해. 그녀는 내 이름과 애인의 이름을 중
얼거리기도 하지. 그런 다음 가슴 속에서 조그만 바퀴 같은 것을 꺼
내서는 빙글빙글 돌리면서 이상야릇한 말로 주문을 외우기 시작하
는데, 듣기가 상당히 거북한 그 주문은 시간이 갈수록 점점 더 빨라
진단다. 아무튼 그러고 나서 조금 있으니까 변심했던 애인이 되돌
아왔어. 더 이상의 것에 대해서는 아무것도 요구할 수 없어. 그녀는
나에게 내 애인을 유혹했던 포이비스에 대한 증오를 나타내는 주문
을 가르쳐주었어. 포이비스가 남기고 지나가는 발자국을 유심히 보
고 있다가 지나간 직후에 그녀의 왼쪽 발자국을 내 오른발로 밟고

지나가는 거야. 물론 오른쪽 발자국은 왼발로 밟고 지나가야 하지. 그러면서 이렇게 중얼거리는 거야. '나는 너를 밟고 지나가고 있다.' 물론 나는 그렇게 했지."

이 말을 들은 멜리타는 어서 그 마녀가 있는 곳을 가르쳐달라고 친구에게 떼를 썼으며, 동시에 하녀에게 마법을 거는 데 필요한 물건들을 모조리 준비하라고 지시했다.

다섯번째 대화는 레즈비언의 사랑에 대한 것인데, 지금의 우리의 주제와는 걸맞지 않는 내용이다. 여섯번째 대화는 이미 소개한 바 있다(p.96).

일곱번째 대화는 한 어머니와 무사리온이라는 이름의 딸이 주고받는 대화다. 어머니는 자신의 딸에게 매춘을 강요하는 돈밖에 모르는 뚜쟁이로 묘사되는 반면, 아직 세상 물정을 모르는 어린 딸은 이상적인 사랑에 대한 믿음을 간직하고 있는 순진한 소녀다. 그녀는 얼굴이 잘생긴 미남 애인과 결혼하고 싶어서 안달인데, 불행하게도 그 애인은 거지라 해도 좋을 만큼 무일푼이다. 이 순진한 딸의 마음은 어머니의 교활한 행동과 대비되어 한층 아름답게 묘사되어 있다. 지면상의 제약 때문에 그 대화를 온전히 옮기지 못하는 것이 안타까울 뿐이다.

여덟번째 대화는 20년 경력을 가진 암펠리스라는 매춘부와 18년 경력의 크리시스라는 매춘부 사이에서 진행된다. 애정 문제에 대한 질투가 얼마나 부질없는 것인가에 대한 이야기를 잠깐 나눈 다음, 암펠리스가 자기 애인을 다룬 이야기를 들려준다. 그 남자는 언제나 하룻밤에 5드라크마(약 5실링)밖에는 주지 않는 사람이었다. 그러나 암펠리스는 그에게 질투심을 불어넣어, 여덟 달 동안 그녀를 독점하는 대가로 무려 1탈렌트(약 250파운드)를 받아냈다는 것이다.

아홉번째 대화는 별로 중요하지 않아서 요약조차 할 필요가 없을 듯하다.

열번째 대화에서는 학생들도 이따금 매춘부를 찾아가는 일이 있었다는 이야기가 나온다. 이 문제에 대해서는 뒤에서 다시 언급할 기회가 있을 것이다. 이것은 다른 이유 때문에라도 그리스 도덕의 역사에 있어서 대단히 중요한 문제이기 때문이다.

열한번째 대화에서는 카르미데스라는 청년이 트리파이나라는 매춘부와 함께 침대 위에 누워 있는 장면을 발견할 수 있다. 하지만 이 젊은이는 사랑의 쾌락에 몸을 맡기는 대신 어린아이처럼 눈물만 흘리고 있다. 트리파이나는 오랜 설득 끝에 마침내 그에게서 그 이유를 듣는 데 성공했다. 말하자면, 그는 필레마티온이라는 매춘부에게 흠뻑 반해 있는데, 도저히 자신의 욕구를 채울 수가 없다는 것이었다. 그의 아버지가 용돈을 아주 조금밖에 주지 않기 때문에 필레마티온이 요구하는 만큼 돈을 지불할 수가 없는 형편이었다. 필레마티온은 그런 그를 거들떠보려고도 하지 않고, 모스키온이라는 다른 남자에게 자기 방문을 열어주었다고 한다. 그것은 카르미데스의 마음을 한층 더 아프게 하기 위한 행동이었다. 그래서 카르미데스는 찢어질 듯 아픈 마음을 안고 트리파이나를 찾아온 것이다. 트리파이나는 그런 카르미데스의 고민을 해결해줄 수 있는 방법을 알고 있었다. 그녀는 아무렇지도 않은 태연한 표정으로 이렇게 말했다.

"필레마티온은 온갖 화장술과 갖은 기술을 이용하여 젊고 아름다운 외모를 자랑하는 데 성공했지만, 사실 그녀는 나이가 이미 마흔다섯에 이르렀어요. 난 그런 '납골당' 같은 여자와 사랑을 나눈다고 해서 진정한 행복을 맛볼 수 있으리라고는 도저히 기대할 수가 없군요."

그런 사실을 알게 된 카르미데스는 대번에 마음이 변해버렸다. 트리파이나가 자기 몸을 만지는 것을 막기 위해 둘 사이에 쌓아놓았던 이불을 치우고, 재빨리 그녀의 품속으로 뛰어들었다. 그리고는 "필레마티온 같은 여자는 악마나 데리고 가라지!" 하고 외치며 트리파이나를 뜨겁게 사랑하기 시작했다.

그리스의 매춘부에 대한 이야기를 듣고 나면, 우리는 그들과의 교제가 일회적인 만남으로 끝나는 것이 아니라, 보다 오랜 기간 동안 관계가 지속되는 경우가 많다는 사실, 또한 어느 한 쪽이 상대방에게 충실하지 않을 경우에는 분쟁이나 질투가 커다란 비중을 차지하게 된다는 사실을 알 수 있다.

열두번째 대화 역시, 일련의 질투와 관련된 이야기를 담고 있다. 이오이사라는 매춘부는 자신의 애인인 리시아스가 자신의 면전에서 다른 매춘부를 더 좋아하는 듯한 태도를 보였다는 사실을 두고 장황한 잔소리를 늘어놓는다. 그녀의 불평을 잠시 들어보자.

"당신은 사과를 한 입 깨물어서는 프랄리스의 가슴에다 뱉었어요. 그것도 내가 빤히 지켜보고 있는 앞에서 말이에요. 하지만 프랄리스는 그 사과 조각에 키스를 한 다음 자기 가슴 속에다 집어넣더군요. 나는 당신한테 한 번도 돈을 요구한 적이 없어요. 게다가 당신이 내 곁에 있을 때는 '손님이 있어요.' 라는 팻말을 방문 앞에 내걸어놓고, 다른 손님은 전혀 받지 않았어요. 그런 나에게 당신이 그렇게 행동할 수 있는 거예요? 뿐만 아니라 나는 수많은 구혼자들을 모두 물리쳤어요. 물론 그중에는 돈 많은 남자들도 많이 있었죠. 그것도 다 당신을 위해서였어요. 하지만 이것 하나만은 분명히 기억해두세요. 처벌과 복수의 여신이 존재한다는 사실 말이에요. 어느 날 내가 목을 매달거나, 우물 속에 몸을 던져 죽어버렸다는 이야기를 들으면, 물론 당신은 일말의 죄책감을 느끼겠죠. 하지만 이내 당신은 자기가 무슨 장한 일이라도 한 것처럼 뿌듯한 성취감을 느낄거예요. 왜 그런 눈으로 이를 악물고 나를 바라보는 거죠? 정 그렇다면 여기 있는 내 친구 피티아스에게 누구 생각이 옳은지 판결을 내려달라고 해보죠."

피티아스는 물론 자기 친구 편을 들었다.

"그 사람은 사람이 아니라 목석일 뿐이야." 이것이 피티아스의 견해였다. "네가 그 사람의 버릇을 망쳐놓은 거라구."

이윽고 리시아스도 자신의 마음을 털어놓기 시작했다. 자신도 최근 이오이사가 다른 남자의 품에 안겨 있는 것을 목격했으니, 당신도 나에게 그런 말을 할 자격이 없다고 쏘아붙였다. 리시아스가 자기 친구의 등에 올라타고, 이오이사의 방 창문을 넘어 그녀의 침대로 다가가려 했을 때, 그는 이오이사가 혼자 누워 있지 않다는 사실을 발견했다. 그녀는 "수염도 없고, 계집애처럼 생긴 젊은 남자, 몸에 털이라고는 하나도 나지 않은 녀석과 함께" 누워 있었던 것이다.

이 사소한 질투의 드라마는 모든 사람을 만족시키는 방향으로 결말이 내려진다. 리시아스가 목격한 그 젊은 남자는 다름아닌 피티아스였다. 피티아스는 슬픔에 빠진 친구를 혼자 내버려둘 수 없어 하룻밤을 그녀와 함께 보낸 것이었다. 그러나 리시아스는 그 말을 곧이곧대로 믿으려 하지 않았다. "불과 일주일 전만 해도 머리칼이 하나도 없던 사람이 어떻게 지금은 이렇게 머리숱이 많을 수 있느냐?" 하는 것이 그의 의문이었다. 그러자 이오이사는 웃음을 터뜨리며 대답했다.

"그건 쉽게 증명할 수 있어요. 피티아스는 어떤 병에 걸려서 머리를 빡빡 깎아야 했어요. 그 대신 가발을 쓰고 있는 거죠. 피티아스, 지금 네 머리칼이 가발이라는 사실을 보여줘. 나와 함께 있던 젊은이가 바로 너였다는 사실을 보여주라구."

이어서 화해의 술잔치가 벌어졌고, 그 잔치에는 애꿎게 질투의 대상이 되었던 피티아스도 참여했다. 피티아스는 리시아스가 그 누구에게도 그녀의 가발에 대한 이야기를 하지 않겠다고 굳게 약속하자 무척 기뻐했다.

배신과 증오의 결말

열세번째 대화에서는 허영심이 강한 밀레스 글로리오수스라는 한 장교가 아무런 실속도 없이 허풍만 떠는 모습을 보여주고 있다. 그는 쉴새없이 자신의 영웅적인 행동에 대한 이야기를 떠들고 다녔지만, 정말로 그 말을 지지해주는 사람은 역시 머리가 텅 빈 것으로 알려진 그의 친구 크세니다스뿐이었다.

"그래, 그건 모두 사실이야." 크세니다스가 말했다.

"너는 내가 너의 소중한 삶을 위험할 정도로 지나치게 많이 노출시키지 말라고 애원했다는 것을 알고 있잖아. 만약 너한테 무슨 일이라도 생기면 나는 도저히 살아갈 수가 없을 거야."

그 친구의 칭찬은 로도몬타데 장군을 격려했다. 하지만 이제 갑자기 신랄한 심리적 풍자의 효과가 나타나기 시작한다. 어떤 무식한 매춘부 하나가 그의 영웅적인 행동을 경외하기는커녕, 그 같은 대량 학살자와는 아무런 관계도 맺지 않겠다고 선언한 것이다. 이 대화의 결과를 루키안에게서 직접 들어보기로 하자.

레온티쿠스 : 하지만 나는 한껏 용기를 내어 파플라고니안처럼 무장을 한 채 싸움터로 뛰어들었지. 순금으로 된 갑옷을 입은 내가 뛰어들어가자 우리편에서는 물론 적진에서도 커다란 고함소리가 터져나오더군. 크세니다스, 말 좀 해봐. 모두들 나를 누구랑 비교했지?

크세니다스 : 누구는 누구야, 테티스와 펠레우스의 아들인 아킬레스지.

레온티쿠스 : 싸움이 시작되자 적은 내 무릎 위를 살짝 긁어놓는 아주 사소한 상처밖에 입히지 못했지. 하지만 나는 내 창

과 방패를 용감하게 휘둘러 그 자의 가슴을 꿰뚫었다
구. 그가 쓰러지자 나는 다시 그에게 달려들어 내 칼로
녀석의 목을 잘라버렸지. 그리고는 승리의 전리품으로
그의 갑옷을 벗겼어. 그의 머리를 내 창에 매달고 피를
뚝뚝 떨어뜨리며 우리 진영으로 돌아왔다구.

힘 니 스 : 그런 잔혹한 이야기만 늘어놓으려면 차라리 가버리세
요, 레온티쿠스. 사람을 죽이고 그렇게 기뻐하는 당신
같은 사람은 보고 싶지도 않아요. 당신 같은 사람하고
는 잠자리를 같이하기는커녕 술도 함께 마시고 싶지 않
아요.

레온티쿠스 : 돈을 두 배로 주면 되잖아.

힘 니 스 : 그럴 수 없어요. 난 당신 같은 살인자와 어울릴 수 없어
요.

레온티쿠스 : 두려워하지 마, 힘니스. 파플라고니아에서는 그런 행동
을 했지만 지금의 나는 평화로운 사람이야.

힘 니 스 : 천만에, 당신은 아주 혐오스러운 인간이에요. 내가 어떻
게 당신 같은 사람과 사랑을 나눌 수 있겠어요? 나는
죽어도 그럴 수 없어요. 차라리 사형 집행인의 품에 안
기는 게 낫겠어요.

레온티쿠스 : 만약 당신이 군복을 입고 창과 방패를 든 내 모습을 보
았다면, 틀림없이 나에게 반해버리고 말았을 거야.

힘 니 스 : 그런 소리를 듣기만 해도 소름이 돋고 속이 거북한걸
요. 나는 당신이 죽인 사람들의 시체와 유령을 보는 것
같아요. 특히 당신이 목을 잘랐다는 그 파플라고니안
장교의 모습이 눈에 선해요. 당신이 무기를 들고 있는

모습, 당신이 죽인 사람이 피를 흘리며 누워 있는 모습을 보았다면 내가 어떻게 했을 것 같아요? 나는 아마 겁에 질려 그 자리에서 쓰러져버리고 말았을 거예요. 난 닭 잡는 것조차 보지 못하는 성격이거든요.

힘니스는 이어서 "잘 가세요. 가서 얼마나 더 많은 사람을 죽이든 말든 마음대로 하세요." 하고 쏘아붙이고는, 그 허풍쟁이에게서 등을 돌리고 자신의 어머니에게로 갔다. 반면 레온티쿠스는 크세니다스의 도움을 받아 힘니스와의 관계를 어떻게든 잘 풀어보려고 노력했다. 그러나 크세니다스는 레온티쿠스의 영웅적인 행동이라고 하는 것이 사실은 단순한 사기에 지나지 않는다는 것을 알고 있었고, 그래서 힘니스에게 그의 이야기가 한껏 과장된 것에 지나지 않는다는 사실을 털어놓음으로써 그녀의 마음을 돌려놓으려 했다.

열네번째 대화는 환경에 대한 지식이 얼마나 중요한가를 여실히 보여주는 내용을 담고 있다.

도 리 온 : 이제 내가 거지가 되니 당신은 내 앞에서 문을 닫아버리는구려. 하지만 내가 당신에게 커다란 선물을 안겨줄 수 있었을 때는 내가 그대의 연인이자 남편이자 주인이었지. 이제 더 이상 내가 망했다는 사실을 당신한테 숨길 수 없게 되었고, 당신은 그 비티니안 상인을 새로운 애인으로 맞이하지 않았소. 이제 당신에게는 아무런 가치도 없는 인간이 된 나는 당신의 닫힌 문 앞에서 울고 있

는 신세가 되었소. 그 대신 당신은 그 상인과 사랑을 나누며 밤을 지새우고 있소. 심지어는 그 사람의 아이까지 낳았다고 하지 않았소.

미르탈레 : 사랑하는 도리온, 당신이 나에게 많은 선물을 주었다는 말, 나 때문에 당신이 망했다고 하는 말은 정말이지 나를 가슴아프게 하는군요. 처음부터 차근차근 이야기해볼까요? 당신은 나한테 어떤 선물을 주었죠?

도 리 온 : 그거 좋은 생각이오. 우리 한 번 돌아봅시다. 먼저 당신에게 시키오니안 신발을 주었지. 그건 값이 무려 2드라크마나 나가는 물건이었소.

미르탈레 : 하지만 당신은 그 대가로 나와 이틀밤을 함께 지냈잖아요.

도 리 온 : 그 다음 내가 시리아에서 돌아왔을 때는 당신을 위해 2 드라크마나 하는 석고 향수병을 주었잖소.

미르탈레 : 하지만 나는 당신이 바다로 나가기 전에 무릎까지 내려오는 아름다운 셔츠를 주었고, 당신은 노를 젓는 동안 그 옷을 입고 있었죠. 두번째 친구가 나하고 하룻밤을 보낸 다음 그 옷을 놓고 갔어요.

도 리 온 : 그건 사실이오. 하지만 내가 사모스에 도착하자마자 에피우루스가 그걸 빼앗아갔소. 그게 자기 옷이라는 걸 틀림없이 알아볼 수 있다고 하면서 말이오. 우린 그것 때문에 심한 싸움을 벌였소. 그런 다음 나는 사이프러스에서 돌아오면서 당신에게 양파와 청어 다섯 마리, 농어 네 마리를 가져다 주었소. 게다가 조그만 버드나무 바구니에 담긴 비스킷 여덟 통, 황금 실이 달린 샌들도 당신

에게 주지 않았소. 아참, 그리고 커다란 치즈도 하나 있고.

미르탈레 : 그걸 돈으로 따지면 5드라크마 정도 되겠군요.

도 리 온 : 그래요, 미르탈레. 가난한 뱃사람의 수입과 비교하면 어마어마하게 많은 액수지. 이제 나는 노 젓는 자리의 오른쪽 책임자가 되었는데 당신은 더 이상 내 말은 들으려고도 하지 않는구려. 그밖에도 나는 며칠 전의 축제 때 아프로디테의 발 밑에 은화 한 닢을 바쳤소. 당신의 사랑을 받을 수 있게 해달라고 말이오. 어디 그뿐이오? 나는 당신의 어머니에게 신발을 사다 주느라 2드라크마를 또 썼고, 당신 하녀에게도 툭하면 2오볼, 4오볼씩 집어주지 않았소. 그걸 다 합치면 나 같은 뱃사람에게는 엄청난 재산이 되었을 거요.

미르탈레 : 양파와 청어 말인가요?

도 리 온 : 그렇소. 나로서는 더 이상 많은 것을 줄 수 없었소. 만약 내가 부자였다면 노 젓는 자리의 오른쪽 책임자가 되었을 것 같소? 하지만 당신의 그 비티니안 상인은 당신 어머니에게 꽃다발 하나 갖다주지 않았소. 그 사람이 당신에게 어떤 선물을 갖다주었는지 궁금해 죽을 지경이오.

미르탈레 : 그렇다면 좋아요. 먼저 그는 이 값비싼 속옷을 사주었어요. 이 커다란 진주 목걸이도 그 사람이 사준 거예요.

도 리 온 : 그 목걸이를 그 사람이 사주었다고? 하지만 당신은 그 사람을 만나기 훨씬 전부터 그 목걸이를 가지고 있지 않았소.

미르탈레 : 아니에요, 당신이 말하는 목걸이는 이것보다 굵기가 훨

씬 더 가늘고, 조그만 에메랄드 몇개밖에 박혀 있지 않은 거예요. 더구나 그는 이 목걸이와 멋진 카펫을 사주었고, 며칠 전에는 돈을 2미나(약 8파운드)씩이나 주었어요. 지난 번에는 내 방세를 대신 내주기도 했죠. 시시한 신발이나 치즈 따위를 갖다주는 당신하고는 비교도 할 수 없을 정도에요.

도 리 온 : 당신의 그 새 애인이 얼마나 한심한 친구인가에 대해서는 한 마디도 하지 않는구려. 그 사람은 쉰 살이 넘은 데다 앞머리가 다 빠진 대머리며 얼굴은 게처럼 붉그스름하지 않소. 혹시 그 사람의 이빨을 보기나 했소? 사실 그 자는 노래를 부르기 위해 입을 벌릴 때나 완벽한 신사처럼 행동하기 위해 노력할 때면 대단히 멋진 매력을 느낄 수 있더군. 게다가 피리를 불려 할 때면 정말이지 완벽한 멍청이처럼 보이더군. 하지만 나는 그런 사람을 애인으로 선택한 당신을 축하하고 싶소. 당신은 그만한 여자밖에 되지 않으니 말이오. 또 그런 자를 아버지로 두게 된 아이에게도 축하를 해야겠군. 나는 이제 머지않아 델피스나 킴발리온, 또는 우리 이웃집에 사는 플루트 연주자 같은 여자를 사귈 생각이오. 세상의 모든 남자들이 매춘부에게 카펫이나 목걸이, 2미나를 줄 수는 없는 노릇이잖소.

미르탈레 : 그래요, 당신이 어떤 여자를 만나게 될지 모르지만, 정말 좋겠군요. 당신이 사이프러스에서 가져다 준 양파나 그 썩어빠진 치즈는 정말 고마웠어요!

열다섯번째 대화와 마지막 대화에서는 질투의 잔혹한 결과를 엿볼 수 있다. 결국 코피가 터지거나 심한 상처를 입고서야 질투로 인한 싸움이 끝난다. 이 대화에도 역시 허풍쟁이 군인과 같은 영웅이 등장한다.

매춘이 시작되는 아프로디테 사원

루키안의 《창녀들의 대화》가 그리스의 화류계에 대한 많은 이야기들을 들려주는 것은 사실이지만, 흥미로운 기록을 상세하게 전해주는 다른 자료들도 많이 있다. 우선 아테나이우스의 다음과 같은 구절을 읽어보자(xiii, 573c).

"고대로부터 코린트에서는 하나의 풍습이 전해 내려오고 있다. 역사학자 카마일레온은 핀다르에 대한 자신의 저서에서 이 도시에서는 아프로디테를 찬미하기 위한 행렬이 끊이지 않았으며 많은 수의 매춘부들이 이 도시로 몰려들었다는 기록을 남기고 있다. 그들은 아프로디테에게 기도를 드림은 물론 제물을 바치며 잔치를 열기도 했다.

페르시아인들이 아프로디테의 신전으로 수많은 사람들을 이끌고 왔을 때도 이 풍습은 사라지지 않아서 매춘부들은 이곳으로 모여들어 자신의 조국을 위해 기도하곤 했다. 이러한 사실은 역사학자 테오폼푸스와 티마이우스에 의해서도 확인된다. 코린트 사람들이 매춘부의 이름으로 아프로디테에게 경배를 바친 후, 시모니데스는 다음과 같은 풍자시를 쓴 적이 있다.

'이 여인들은 사이프러스의 여신에게 그리스와 그들의 용감한 챔피언을 위한 열렬한 기도를 드리기 위해 모여들었다. 따라서 성스러운 아프로디테는 페르시아 뱃사람들에게 그리스의 아크로폴리스를 넘겨주는 것에 대해서는 생각조차 해보지 않았다.'

은밀한 사람들은 그들의 기도를 들은 후 매춘부들을 아프로디테의 신전으로 불러들이곤 했다.”

이어서 아테나이우스는 자신의 주장을 뒷받침하기 위해 크세노폰이 올림피아에서 승리한 뒤 백 명의 여인을 아프로디테의 신전에 바쳤다는 사실을 예로 들고 있는데, 이에 대해서는 앞에서(p.69) 언급한 바 있다.

여기서 종교와 사원 매춘에 대한 의문이 명확히 드러난다. 아비도스에는 아프로디테 포르네 사원이 있었고, 사이프러스 (Herodotus, i, 199)와 코린트(Ath., xiii, 573c ; Strabo, viii, 378)를 비롯한 다른 곳에도 있었다. 또한 데모스테네스의 조카인 역사학자 데모카레스(Ath., vi, 253a)에 의하면, 아테네 사람들은 자기네의 아프로디테 신전을 유명한 매춘부 라미아와 레아이나에게 바치기까지 했다고 한다. 아비도스의 아프로디테 신전은 한 매춘부 덕택에 그 여신에게 바쳐질 수 있었다. 아비도스 성이 외국 군대에 점령당했을 때, 이 매춘부는 보초들을 사랑과 술에 취하게 만들어놓은 뒤, 열쇠를 아군에게 건네주었다. 그래서 그들은 잠든 보초들을 공격하여 아비도스를 해방시킬 수 있었던 것이다. 코린트의 아프로디테 포르네 신전에 대해서 스트라보는 이렇게 말한다.

"아프로디테의 신전은 모든 것이 너무나 풍족하기 때문에 남자와 여자들이 아프로디테에게 바친 천 명 이상의 매춘부를 수용할 수 있었다. 이 여인들을 만나기 위해 수많은 이방인들이 몰려왔으므로, 도시는 점점 더 부유해지게 되었다. 뱃사람들이 이 여인들을 위해 하도 돈을 많이 쓰기 때문에 '남자가 코린트를 여행하는 것은 바람직하지 않다.' 라는 속담이 생겨날 지경이었다."

한 매춘부는 동료에게서 베틀을 돌리는 건설적인 일을 하지 않는다는 비난을 받자, 이렇게 대답했다.

"나는 잠깐 동안에도 베틀 짜는 일 따위는 얼마든지 할 수 있어."

종교적인 매춘은 이미 바빌로니아에서도 밀리타 비교(秘敎)의 형태로 존재했고, 지금의 예베일인 페니키아의 비블로스의 아프로디테라는 도시에서도 그와 비슷한 봉사가 존재했다.

결혼을 위한 매춘

헤로도토스(i, 195)는 바빌로니아의 풍습 가운데 다음과 같은 것을 가장 현명한 풍습으로 생각한다고 언급한 바 있는데, 자기는 일리리아의 에네티에서도 그런 일이 흔히 벌어지곤 한다는 소문을 들었다고 적고 있다.

1년에 한 번씩 모든 마을에서는 결혼 적령기에 다다른 수많은 처녀들이 약속된 장소에 모여든다. 이어서 남자들도 모두 그곳으로 모인다. 그때 대표가 한 사람 나와서 매매를 시작하는데, 처음에는 처녀들 중에서 가장 아름다운 여자가 팔려간다. 가장 아름다운 처녀가 엄청난 액수의 돈을 받고 팔려가면, 대표는 두번째로 아름다운 여자를 흥정에 붙이기 시작한다. 하지만 그렇게 팔려가는 처녀들은 노예의 신분이 아니라 합법적인 아내의 신분을 가지게 된다. 혼기를 맞이한 젊고 돈 많은 바빌로니아 청년들은 서로 가장 아름다운 여인을 차지하기 위해 경쟁을 벌인다. 그러니 가난한 사람들은 못생긴 여자를 차지할 수밖에 없다. 대표가 아름다운 여자들을 다 팔고 나면 못생긴 여자들, 신체적인 결함이 있는 여자들만 남게 되기 때문이다.

가난한 남자들은 최소한의 지참금만 받고 그런 여자들을 아내로 맞이한다. 그때 필요한 비용은 아름다운 여자를 팔 때 생긴 이익금으로 충당한다. 말하자면 아름다운 여자들의 지참금이 그렇지 못한 여자들을 위해 쓰여지는 것이다. 하지만 누구나 자신의 딸을 자기 마음에 드는 남자에게 그냥 넘겨줄 수는 없다. 사는 쪽에서도 반드시 그 여인을 자신의 아내로 삼겠다고 굳게 다짐하지 않고는 여자를 데려갈 수 없다. 나중에라도 그 부부가 서로 잘 어울리지 않는다는 것이 드러나면, 법은 그들의 결혼을 취소할 수 있으며, 그렇게 되면 지참금도 반환해야 한다.

　헤로도토스는 자기가 살던 시대에는 이런 풍습이 남아 있지 않았다고 덧붙이지만, 가난한 사람들이 돈을 받고 딸을 팔 수 있는 방법은 여전히 남아 있었다고 주장한다. 물론 리디아의 경우도 같았다고 언급했다(i, 93).

　"리디아에서는 모든 딸들이 지참금을 벌기 위해 매춘을 하는데, 그들
　이 정식으로 결혼을 할 때까지 이런 과정은 되풀이된다."

　딸을 남자에게 팔아넘기는 방식에 대한 헤로도토스의 언급, 특히 아름답고 잘생긴 여인뿐만 아니라, 못생긴 여인들까지도 그 대상이 되었다는 사실이 입증된다면, 이것은 가장 진실된 의미에서의 종교적 매춘이라 하지 않을 수 없다.

　바빌로니아의 가장 대표적인 악법은 다음과 같다.

　"모든 여인들은 일생에 한 번, 아프로디테 신전의 경내에 앉아 낯선
　사람과 관계를 맺어야 한다. 그 동안 완벽하게 자신의 몸을 보살펴온
　수많은 여인들이 밀폐된 마차를 타고 하인들의 안내를 받으며 사원
　으로 들어간다. 일단 신전으로 들어가고 나면 그들은 머리에 화환을
　쓰고 앉아 있어야 한다. 신전은 그렇게 나가고 들어오는 여자들로 북
　적거린다. 그들의 앞뒤, 좌우로 곧은 길이 뻗어 있기 때문에 이방인
　들은 사방에서 아무런 거침없이 다가올 수 있다. 한 번 신전에 자리
　를 잡고 앉은 여인은 이방인에게 금화 한 닢을 받고 신전 바깥에서
　관계를 맺을 때까지 집으로 돌아갈 수 없다. 이방인은 돈을 던져주며
　여인에게 이렇게 말한다.

'밀리타의 이름으로 그대를 요구하노라('밀리타'는 아프로디테의 시리아식 이름이다).'
이방인이 돈을 얼마나 줄 것인가는 순전히 그 사람의 마음에 달려 있다. 왜냐하면 그 돈은 여신의 소유이기 때문에 액수가 적다고 거절하면 죄를 범하는 셈이니 이방인은 아무것도 걱정할 필요가 없었다. 여인은 제일 먼저 자기를 선택한 남자를 따라가야 하며 절대로 거부할수 없다. 이방인에게 몸을 바치고 아프로디테에게 신성한 의무를 다한 여인은 거룩한 존재가 되어 집으로 돌아오고, 그때부터는 아무리많은 돈을 주어도 그 여인을 살 수 없다. 물론 아름답고 늘씬한 여자들은 재빨리 선택을 받을 수 있지만, 못생긴 여자들은 의무를 다하기위해 오랜 세월을 기다려야 한다. 심지어는 3년, 4년씩 기다리는 여인들도 많이 있다. 사이프러스 섬에도 이와 비슷한 법률이 있다(i, 199 ; Strabo, xvi, 745)."

헤로도토스의 기록은 이른바 '예레미의 서신'이라 불리는 바루크의 책에 의해 뒷받침된다(vi, 43).

"(칼데안) 여인들은 화환을 두르고 길거리에 앉아 밀기울을 태워 향기를 낸다. 하지만 지나가던 사람이 그들 가운데 누군가에게 관심을보일 경우, 그 여인은 그 사람과 함께 누워 자신의 친구를 비난한다. 그녀는 자기만큼이나 가치 있는 여자가 아니며, 또한 화환이 망가지는 것도 개의치 않는다고 말이다."

사이프러스에는 파포스와 아마토스에 아프로디테-아스타르테의 거룩한 도시가 있었는데, 라크탄티우스(i, 17)에 의하면, 그곳에서는 종교적인 매춘이 일반화되어 있었다고 한다. 스트라보(xii, 532)

의 기록을 보면 그러한 종교적 풍습이 아르메니아는 물론 아나이티스에까지 전해졌음을 알 수 있다.

> "메데스와 페르시아 사람들이 성스럽게 생각하는 것은 아르메니아 사람들이 경배하는 대상과 일치한다. 하지만 그들 가운데 가장 번성한 것은 아나이티스의 비교(祕教)다. 그녀를 위해 젊은 남녀 노예들이 매춘 행위를 한다. 그것은 놀라운 일은 아니지만, 그 지역에서 가장 유명한 인물들도 자신의 딸을 돈을 받고 팔아넘기곤 했으며, 법률은 처녀가 오랫동안 여신에게 봉사하지 않고는 절대로 합법적인 아내가 될 수 없도록 규정하고 있었다. 그밖에도 자신의 연인에게 대단히 상냥하게 대했기 때문에 그들 사이에 우정이 싹트는 경우가 많았으며, 특히 그들이 훌륭한 가문 출신일 때는 자기가 받은 것보다 훨씬 큰 선물을 주곤 했다."

이제 우리는 루키안의 다음과 같은 언급으로 종교적 매춘에 대한 증언을 마무리할 수 있을 듯하다(Dea Syria, 6).

> "나는 비블로스에서 거대한 아프로디테의 신전을 보았고, 그곳에서는 흔히 찾아볼 수 있는 주신제에도 익숙해졌다. 그곳 사람들은 수탱지에 의한 아도니스의 죽음이 자기네 나라에서 일어났다고 믿고 있다. 그때부터 그들은 해마다 자기네 수탱지를 죽이며 그의 죽음을 애도하곤 한다. 애도 기간이 끝나면 그들은 아도니스의 장례식을 거행하고, 그 다음날엔 그가 다시 살아난 양 마치 아피스가 죽었을 때 이집트 사람들이 한 것처럼 그를 하늘에 모시고 머리를 깎는다. 머리를 깎는 것을 거부한 모든 여인들은 다음과 같은 벌을 받아야 한다. 즉 하루 날을 정해서 자신의 몸을 팔지 않으면 안 되는데, 이 시장에는

이방인들만 출입할 수 있고 그들이 번 돈은 아프로디테의 사원에 바쳐진다."

사원 매춘을 이해하기 위해서는 아프로디테가 사랑의 기쁨을 허락했을 뿐만 아니라, 이 사랑의 기쁨을 명령하기까지 했다는 고대인들의 개념을 기억하지 않으면 안 된다. 만약 여자가 매춘을 통해 지참금을 번다면, 결혼은 결과적으로 신성한 행사가 아닐 수 없다. 따라서 돈을 받고 몸을 판 여인들은 그 수익금을 사원에 바쳐야 하고, 물론 그것 역시 신성한 행동으로 치부된다. 아름다움과 성숙함, 그리고 번식의 기능을 여인에게 부여해준 것이 바로 아프로디테이기 때문이다. 우리는 여자가 신방에 들어갈 때까지 순결을 간직하는 것보다는 결혼 전에 남편될 사람에게 그 순결을 바치는 여자에게 더 후한 점수를 주는 사람들, 혹은 시대를 많이 알고 있다.

다른 사람들 사이에서 발견되는 약속은, 매춘을 하는 여인들이 사랑의 여신의 사원에 지명되는 것이 사원을 찾아오는 사람들에게 몸을 바치기 위해서일 뿐만 아니라, 어느 정도는 자신의 춤과 음악적 재능을 이용하여 성스러운 여신을 기리는 축제를 한층 빛내기 위한 목적을 내포하고 있다는 것이다.

로마 시대까지도 시실리의 에릭스 산에 있는 비너스 에리키나 신전에서 그런 풍습이 남아 있었는데, 여기에 대해서 스트라보(기원전 63-기원후 23년)는 다소 유감스러운 어조로 이렇게 덧붙이고 있다.

"식민지에는 예전처럼 많은 남성 거주자들이 존재하지 않았고, 따라
서 신성한 여인들의 수도 눈에 띄게 줄어들었다(vi, 272)."

시실리가 로마의 점령하에 들어가고 난 뒤, 로마의 정치인들은
그 사원과 사원 소속의 매춘부들을 각별히 보호했고, 그 사원에 많
은 돈을 기부하기도 했다(그 비용은 17개의 시실리 마을에서 조달
한 것이 사실이다). 또한 그 지역에 200명의 군사를 파견하여 사원
과 매춘부들을 지키게 했다.

이러한 모든 사실에도 불구하고, 사원 매춘에 동의할 수 없는 사
람들은 고대 인도에도 이와 비슷한 제도가 있었다는 사실을 상기할
필요가 있다. 알다시피 고대 인도는 거의 그리스와 맞먹을 정도로
문명이 발달한 곳이었기 때문에, 양자를 서로 비교해보는 것도 나
름대로의 의미가 있을 것이다. 고대 인도의 매춘을 가장 자세하게
설명한 사람으로는 칼 그예러프가 단연 타의 추종을 불허한다. 덴
마크에서 태어난 그는 《Der Pilger Kamanita》라는 자신의 소설
(Frankfurt a. M., 1907 –p.84)을 통해 인도의 매춘을 상세하게
묘사했는데, 여기서 그 대목을 약간 축약한 형태로 소개하고자 한
다.

"내 고향 우제니는 눈부신 궁궐과 아름다운 사원 못지않게 시끌벅적
한 삶의 활기로도 유명한 곳이었다. 그 널따란 도로에는 낮이면 말
울음소리와 코끼리의 콧노랫소리가 끊이지 않았고, 밤이면 사랑을 노
래하는 음악소리와 매춘부들의 즐거운 노랫소리가 은은히 울려퍼졌

비너스와 아도니스

다.”

"그러나 우제니의 매춘부들 중에서도 남달리 유명한 여자가 하나 있었다. 궁궐에 사는 이 유명한 매춘부는 신을 위한 사원과 사람들을 위한 공원을 만들었고, 그녀의 응접실에서는 유명한 시인과 화가와 배우와 지체 높은 외국인들, 더러는 왕자들의 모습도 찾아볼 수 있었다. 커다란 축제가 벌어지면 각종 공연과 야외극이 꽃과 깃발로 장식된 거리를 수놓았다. 그런 순간이면 붉은 드레스를 입고 머리에는 향긋한 꽃으로 만든 화환을 쓴 매춘부들이 그들에게 배정된 좌석에 앉아 있는 것을 볼 수 있다. 우아한 표정으로 즐거운 몸짓을 보이거나 웃음을 지으며 거리를 걸어가는 그들의 모습도 눈에 뜨인다. 그럴 때면 쾌락을 갈구하는 사람들의 타는 듯한 눈빛이 거리를 환하게 밝히는 듯하다.”

"왕의 축복을 받고, 백성들의 존경을 받으며, 시인들의 찬양을 받는 그들은 우제니의 꽃이라 불린다. 따라서 우리는 이웃 마을에 사는 사람들의 부러움을 사게 되었다. 가장 유명한 미인들이 흔히 그곳을 찾아온다. 심지어는 그런 미인들이 왕의 명령으로 불려오는 경우도 있었다.”

매춘부들이 누린 영예

매력적인 사랑 이야기

고대 그리스에서도 사정은 별로 다르지 않았다. 매춘부의 삶은 자신의 생계 수단이자, 다른 사람들의 감각적인 욕구를 충족시켜주는 하나의 수단이었다. 뿐만 아니라, 그들과 관계를 맺고 있는 하인이나 평민들까지도 그 자체의 아름다움 덕분에 사람들의 인정을 받는다는 사실이 그리스 도처에서 아프로디테를 기리기 위해 벌어지던 아프로디테 축제에 의해 드러나고 있다. 아테나이우스(xiii, 574b)는 이 점을 자세하게 설명하고 있지만, 여기서 다시 한 번 그 설명을 되풀이하는 것은 지나친 낭비가 될 것이다. 또한 그는 그리스 매춘부의 대단히 매력적인 러브 스토리의 상당한 부분을 자세하게 가르쳐주고 있는데, 적어도 그 가운데 하나 정도는 언급할 필요가 있을 듯하다. 여기서는 미틸레네의 카레스(Ath., xiii, 575b)가 쓴 《알렉산더 이야기》 제10권에 나오는 이야기를 소개한다.

"꿈 속에서 오다티스가 자리아드레스를 만나는 순간, 두 사람은 서로 사랑에 빠져버렸다. 두 사람은 같은 꿈을 꾸었기 때문에 서로에 대한 열망은 그 무엇으로도 막을 수 없을 정도였다. 오다티스는 아시아에서 가장 아름다운 여인이었고, 자리아드레스 역시 대단한 미남이었다. 그래서 자리아드레스는 오다티스의 아버지 호마르테스에게 심부름꾼을 보내 그녀와의 결혼을 허락해달라고 요청했다. 그러나 오다티스의 아버지는 그의 청을 들어주지 않았다. 그의 집안은 아들이 귀했기 때문에 그는 딸을 자기 친척 가운데 한 사람과 약혼시키려 했다. 그 직후 호마르테스는 자기 친구나 친척들은 물론 왕자들까지 모두 초대하여 딸의 결혼 파티를 열었다. 물론 그녀에게 청혼을 한 남자에게는 그 사실을 알리지 않았다. 손님들이 얼큰하게 술에 취했을 무렵, 호마르테스는 딸을 불러들여 다른 손님들이 모두 들을 수 있게 큰 소리로 말했다.

'내 딸 오다티스여, 우리는 그대를 지금 시집보내려 한다. 이제 방 안을 한 바퀴 둘러보고, 그 황금 술잔에 포도주를 가득 채운 다음 그 잔을 네가 원하는 사람에게 건네주어라. 그러면 너는 그 사람의 아내가 될 것이다.'

그러나 손님들을 쭉 둘러본 오다티스는 눈물을 흘리며 그 방에서 뛰쳐나가고 말았다. 자리아드레스의 모습이 어디서도 눈에 띄지 않았기 때문이었다. 사실 그녀는 자신의 결혼이 거행될 예정이라는 소식을 몰래 자리아드레스에게 전했다. 그때 마침 자리아드레스는 돈에서 작전에 참여하고 있었는데, 자신의 전차를 모는 부하 하나만을 데리고 은밀히 강을 건너 800스타디아(약 100마일)나 되는 거리를 단숨에 달려왔다. 잔치가 벌어진 궁궐 근처에 이른 그는 전차와 마부를 남겨 두고 스키티안 복장을 한 채 걸어서 궁궐 안으로 들어갔다. 이윽고 그는 말없이 눈물을 흘리며 술잔을 채우고 있는 오다티스를 발견했다.

'여기, 내가 왔소, 오다티스. 당신이 그렇게도 갈망하던 자리아드레스가 여기 왔단 말이오.'

그가 바로 꿈 속에서 본 그 남자라는 사실을 깨달은 오다티스는 기쁨에 겨워 얼른 그에게 술잔을 건네주었고, 그는 그녀를 마차에 태우고 궁궐을 빠져나가기 시작했다. 이미 그들의 사랑에 대한 이야기를 들은 노예들은 아무 말도 하지 않았다. 호마르테스가 노예들을 다그쳐도 그들은 하나같이 오다티스가 어디 있는지 알지 못한다고 대답했다."

이 이야기는 아시아 미노르 거주민들이 자랑스럽게 떠들어대는 이야기 가운데 하나이고, 궁궐이나 사원, 심지어는 개인 주택의 화가들조차도 그 장면을 즐겨 그리곤 했으며, 유명 인사들 가운데 자기 딸에게 오다티스라는 이름을 붙인 사람들도 많았다.

설혹 이것이 매춘부를 직접적으로 언급한 이야기는 아니라 할지라도, 연인과의 사교적인 만남 속에서 매춘부들이 일컬어지는 방식을 묘사하고 있으므로, '에로틱한 이야기'라고 하기에는 부족함이 없을 것이다. 그러므로 경우에 따라서는 매춘부라 불리는 여인의 정조를 표현하고 있다고 해도 큰 무리는 없을 것이다. 나는 매춘부에 대한 이 장에서 중요한 사실들은 이미 모두 언급했기 때문에, 그

다지 널리 알려져 있지 않은 필자들의 작품에서 발췌한 내용들을 덧붙임으로써 이 장을 마무리할까 한다.

에피쿠루스의 제자인 이도메네우스(Ath., xiii, 576c ; xii, 533d –FHG., II, 491)는 자신의 저서 《데마고그(민중 지도자)에 대하여 (chronique scandaleuse)》에서 아테네의 위대한 정치인들에 대한 이야기를 들려준다. 그 당시만 해도 주정뱅이가 그리 흔치 않은 시절이었음에도 불구하고, 테미스토클레스라는 인물이 벌건 대낮에 유명한 매춘부 네 사람으로 하여금 마차를 끌게 하고, 자기는 그 마차에 올라앉은 채 시장 바닥을 누비고 다녔다는 것이다. 불행하게도 그 매춘부들이 어떤 의상을 입고, 어떤 행동을 했는지에 대해서는 나와 있지 않다. 또 다른 자료에 의하면, 매춘부들이 마차를 끈 것이 아니라, 그들도 테미스토클레스와 나란히 마차 위에 앉아 있었다고 하는 설도 있다.

여기서 우리는 테미스토클레스 자신이 트라키아 출신의 아브로토논이라는 매춘부의 아들이었다는 사실을 상기할 필요가 있다. 암피크라테스(Ath., xiii, 576c – FHG., IV, 300)는 자신의 저서 《유명한 남자들에 대하여》에서 이에 대한 풍자시를 쓴 바 있으며, 아브로토논은 트라키아의 유일한 매춘부였지만 위대한 테미스토클레스를 낳았다고 전하고 있다.

안티파네스(Ath., xviii, 587b)는 매춘부에 대한 자신의 저서에서 난니온이라는 매춘부가 흔히 '가면'이라는 별명으로 불렸다는 사실을 지적하고 있다. 그녀는 잘 다듬어진 얼굴에 값비싼 옷과 황금

장신구로 치장을 했음에도 불구하고, 알몸일 때의 그녀는 지극히 추악한 모습이었다. 그녀는 난니온의 딸인 코로네의 딸이었기 때문에 3대에 걸친 직업에 걸맞게 '테테(할머니)'라고 불리기도 했다.

철학자와 매춘부

크세노폰은 《메모라빌리아(Memorabillia)》(iii, II, I ; Ath., xiii, 588d)에서 소크라테스에 대해 이렇게 말하고 있다.

> "모든 사람들이 아테네의 매춘부 테오도타가 이루 말할 수 없이 아름다운 여자라고 떠들어댈 때, 그리고 화가들이 앞다투어 그녀를 모델로 그림을 그린다고 할 때, 소크라테스는 '소문만으로 아름다움을 판단할 수는 없으므로 직접 가서 그 여인을 보도록 하자.'라고 말했다. 그래서 그들은 테오도타를 찾아갔고, 어느 화가의 모델을 하고 있던 그녀를 만날 수 있었다. 크세노폰에 의하면 그때 그들은 자신들이 생각했던 것 이상으로 아름다운 여인을 보게 되었으나 소크라테스는 그 아름다운 매춘부를 비롯하여 참된 친구를 얻기 위한 최선의 방법을 제시하는 다른 사람들과 이야기를 나누어본 끝에 이렇게 말했다고 한다.
> '아름다움만으로는 모든 것을 이룰 수 없다. 착한 마음씨와 겸손한 태도 역시 반드시 필요하기 때문이다.'"

만약 그 위대한 현인이자, 가장 유명한 교육자인 소크라테스가 매춘부를 찾아가서도 보다 친밀한 관계를 맺지 않은 것이 문제라고 한다면, 즉 소크라테스의 에로틱한 태도(이에 대해서는 뒤에서 상세히 설명할 것이다)를 고려해볼 때 좀처럼 믿어지지 않는 사람이라면, 그와 극명한 대조를 이루는 다른 장면들을 살펴볼 필요가 있을 것이다. 그 당시에는 지식인들과 매춘부들의 어울림이 누구에게도 반감을 불러일으키지 않았다. 사람들은 공공연하게 그런 이야기를 주고받았으며, 심지어는 크세노폰처럼 까다로운 작가조차도 소크라테스에 대한 열광적인 애정을 표현하는 《메모라빌리아》에서 그런 사실을 솔직하게 언급하고 있다. 더구나 당시 그리스의 다른 지적인 인물들은 소크라테스보다 훨씬 더 심했다.

아테나이우스(xiii, 589c)에는 다음과 같은 구절이 있다.

> "아리스토텔레스에게는 헤르필리스라는 매춘부와의 사이에 니코마쿠스라는 아들이 있었으며, 그는 숨을 거두는 순간까지 그녀를 사랑했다. 헤르미푸스(FHG., III, 46)가 말한 대로 이 철학자의 욕구는 그녀에게서 자신이 필요로 하는 관심을 발견했고 미남자 플라톤은 콜로폰의 매춘부인 아르케아나사를 사랑하여 그녀에 대해서 쓴 풍자시에서 공공연하게 고백하지 않았던가?"

아테나이우스는 이 풍자시를 소개한 다음, 이미 언급한 것처럼 매춘부 아스파시아에 대한 페리클레스의 사랑을 이야기하고 있는데, 이 아스파시아는 소크라테스와도 역시 친근한 관계를 유지하고 있는 여자였다. 그런 다음 그는 이렇게 덧붙인다.

"대체로 페리클레스는 육체적인 쾌락에 탐닉하는 경향이 있었다."

그는 또한 자신과 동시대인인 스테심브로투스(FHG., II, 56)가 증언한 것처럼, 자기 아들의 아내와도 친밀한 관계를 맺고 있었다. 안티스테네스는 페리클레스가 하루에도 두번씩 아스파시아의 집을 드나들었다고 덧붙인다. 후일 그녀가 불경죄로 고발을 당했을 때, 페리클레스는 자기 자신의 생명이 위기에 처했을 때보다도 더욱 간절하게 눈물을 흘리며 극진히 그녀를 변호하기도 했다. 키몬이 자신의 여동생인 엘피니케와 불륜의 관계를 맺어 추방당할 위기에 처했을 때, 페리클레스는 그를 돌아올 수 있게 허락한 대가로 그녀를 자신의 첩으로 삼을 수 있는 허가를 받았다.

요즘의 우리로서는 과연 이러한 이야기들 가운데 어떤 것이 진실인지 판단할 근거가 없다. 그럼에도 불구하고, 적어도 그 당시에는 불법적인 성관계를 백안시하는 분위기가 없었다는 사실만은 분명히 알 수 있고, 또한 내가 여기서 그런 이야기들을 언급한 이유도 바로 그것이다. 그 대신 사람들은 그런 문제를 지극히 당연한 일로 간주하고 솔직하게 모든 것을 표현하고 있다. 그리스의 작가들 중에서 고대인들의 이러한 태도를 가장 여실히 보여주는 사람은 뭐니 뭐니 해도 데모스테네스(In Neaeram, 122)일 것이다.

"남자는 육체적인 쾌락을 위해 매춘부를 거느리며, 일상적인 봉사를 위해 첩을 두고, 자녀를 기르고 집안일에 충실한 가정주부를 필요로 하기 때문에 아내를 거느린다."

또한 아테나이우스(xiii, 592e)의 데모스테네스에 대한 다음과 같은 언급이 사실이라면, 데모스테네스 자신도 상당히 방탕한 생활을 했음을 알 수 있다.

"웅변가 데모스테네스 역시 일개 매춘부와의 관계를 통해 자녀를 둔 것으로 알려져 있다. 심지어 그는 재판을 받을 때도 사람들의 동정심을 유발하기 위해 그 자녀들을 법정에까지 데리고 나왔는데, 당시의 그리스 풍습으로는 그의 그러한 행위가 얼마든지 용납될 수 있었다."

이 위대한 웅변가의 애정 행각에 대해서는 뒤에서 다시 한 번 자세히 다룰 기회가 있을 것이다.

아테나이우스(xiii, 594b)는 유명한 매춘부 플랑곤에 대해 다음과 같은 이야기를 전해준다.

"그녀는 눈부신 아름다움을 간직하고 있었으므로 콜로폰에서 온 한 젊은이가 그녀에게 완전히 반해버렸다. 하지만 그 젊은이는 이미 사모스의 바키스를 사랑하고 있었다. 청년은 플랑곤에게 바키스의 아름다움에 대한 이야기를 들려주었는데, 정작 플랑곤은 별로 그 청년을 만나고 싶은 마음이 없었으므로 그 유명한 바키스의 목걸이를 자기에게 선물해달라고 요구했다. 바키스는 청년의 간절한 청을 뿌리치지 못하고 자신의 목걸이를 그에게 건네주었고, 청년은 다시 그것을 플랑곤에게 넘겨주었다. 그러나 플랑곤은 바키스의 넓은 아량에 감동한 나머지 목걸이를 바키스에게 돌려보냄으로써 청년이 다시금 그녀의 사랑을 받을 수 있도록 했다. 그때부터 두 매춘부는 떼려야 뗄 수 없는 절친한 친구 사이가 되었고, 청년은 그들 사이를 오가며 행복한 사랑을 나누었다."

이오니아 사람들은 그러한 아량을 대단히 자랑스럽게 생각했고, 그때부터 플랑곤을 '파시필레(만인의 친구)'라고 불렀다는 이야기가 아르킬로쿠스(frag. 19)의 풍자시에 소개되어 있다. 이 시에서는 파시필레를 수많은 까마귀들을 먹여 살리는 무화과나무에 비유하고 있기도 하다.

팔라티네 앤솔러지로부터 그리스 매춘부들의 생활상에 대해 몇가지 덧붙일 것이 있다.

루피누스의 풍자시에 의하면(Anth. Pal., v, 44), 지극히 위험한 두 사람의 매춘부, 즉 렘비온과 케르키리온이라는 매춘부가 사모스 항구를 위험하게 만들었다고 한다. 시인은 젊은 남자들에게 이 '여자 해적'들을 조심하라고 간절히 호소하고 있다.

파울루스 실렌티아리우스(v, 281)는 주연이 끝난 후 자신이 헤르모나사라는 매춘부의 집을 수리해준 일, 그녀의 대문을 꽃으로 장식해준 일에 대해 놀랍도록 진지한 태도로 설명하고 있다. 그러나 그녀는 그런 그에게 위층에서 물벼락을 내렸을 만큼 다정하지 못한 자세를 보여주었다. 그러자 그는 기껏 정성들여 손질한 머리가 엉망이 되었다고 투덜거린다. 하지만 그 매춘부의 의도는 완전히 실패로 돌아가고 말았다. 그녀가 물을 쏟은 주전자는 평소에 그녀가 달콤한 입술을 씻는 물이 담겨 있었기 때문에 사랑의 향기를 받은 그는 한층 더 사랑을 불태우게 되었던 것이다.

부와 권력이 함께한 그들의 생활

심지어는 무덤의 비석을 만드는 사람들조차 매춘부라는 직업을 공공연히 이야기할 정도였다. 여기에 대해서는 몇가지 풍자시를 예로 들 수 있는데, 가장 대표적이라 할 수 있는 아가티아스 (Scholiast on Anth. Plan. 80)의 풍자시를 살펴보도록 하자.

"나는 비잔티움이라는 도시에서 매춘부로 생활했는데, 모든 사람들에게 나의 사랑을 골고루 나누어주었다. 내 이름은 칼리르호이, 육체의 예술에 관한 한 풍부한 경험을 가지고 있다. 나에 대한 사랑을 잊지 못한 토마스는 내 무덤에 자신의 열정을 고스란히 드러내는 묘비명을 새겨주었다. 그의 마음은 녹은 밀랍처럼 부드럽게 녹아내렸다."

물론 그것이 전혀 불가능한 일은 아니지만, 또한 기원후 6세기에 아가티아스라는 풍자 시인이 이런 '묘비명' 을 썼다는 것은 상당히 의심스러운 일이기는 하지만, 그럼에도 불구하고 고대 그리스에서 매춘부를 대하는 태도가 어떠했는지에 대한 부정할 수 없는 증거는 얼마든지 더 찾아볼 수 있다.

아테나이우스는 이렇게 말한다(xiii, 594e).

"알렉산더 대제 치하의 바빌론 총독이던 마케도니아 사람 하르팔루스는 엄청난 황금을 빼돌린 후 아테네로 피신하여 피티오니케라는

매춘부와 사랑에 빠졌다. 하르팔루스는 조금씩 자신의 재산을 이 매
춘부에게 넘겨주었는데, 결국 그녀가 세상을 떠나고 난 다음에는 그
녀를 위해 장엄한 기념관을 세워주기까지 했다."

포세이도니우스의 증언에 의하면(FHG., III, 259), 그녀의 시신
이 땅 속에 묻힐 때 가장 유명한 예술인들이 모여 장송곡을 불렀으
며, 이 세상의 모든 악기가 총동원되어 음악을 연주했다고 한다.

디카이아르쿠스(FHG., II, 266)는 《트로포니우스 동굴로의 하
강》이라는 자신의 저서에서 이렇게 말하고 있다.

"이른바 '성스러운 길'을 통해 엘레우시스에서 아테네를 찾아온 여행
객들은 실로 놀라운 광경을 볼 수 있었다. 아테네에 도착했을 때 제
일 먼저 눈에 뜨이는 광경은 거대한 신전의 모습이다. 그 뒤로 아테
네 시가지가 펼쳐져 있다. 그곳의 길거리에는 그 근처에서는 도저히
찾아볼 수 없을 만큼 훌륭한 무덤이 있다. 여행객들은 아마 처음에는
그것이 밀티아데스나 키몬, 혹은 아테네의 다른 위대한 인물의 묘지
라고 생각했을 것이다. 또한 정부의 공금을 투자하여 그런 장엄한 묘
지를 만들었으리라고 믿었을 것이다. 하지만 그것이 피티오니케라는
매춘부의 무덤이라는 사실을 알았을 때, 그들의 심정이 어떠했겠는
가?"

나아가 테오폼푸스가 알렉산더에게 보낸 편지(FHG., I, 325)에
서, 그는 하르팔루스 총독의 음란함을 신랄하게 비난하고 있다.

"바빌로니아 사람들이 일개 매춘부인 피티오니케의 장례식 때 하르팔루스가 연출해낸 그 장엄한 광경을 어떻게 생각하고 있는지 생각해보십시오. 그녀는 원래 트라키아의 시노페의 하녀로 태어나 아이기나에서 아테네로 옮겨오면서 창녀가 되었으며, 따라서 사람들은 그녀를 보잘것없는 하녀라고 부를 뿐만 아니라 보잘것없는 매춘부라고 불러야 할 것입니다. 그럼에도 불구하고 그는 무려 200탈렌트(약 50,000파운드) 이상을 투자하여 두 개의 기념관을 건설했습니다. 우리가 가장 놀랍게 생각하는 것이 바로 이 부분입니다. 폐하의 왕국을 지키기 위해 시실리에서 숨겨간 사람들, 또한 그리스의 자유를 위해 목숨을 바친 사람들을 위해서는 그 누구도 기념관 따위를 만들지 않았습니다. 그러나 일개 매춘부에 지나지 않는 피티오니케를 위한 기념관이 아테네에 자리하고 있을 뿐만 아니라 바빌론의 기념관도 이미 오래 전에 완공되었다는 것은 실로 놀라운 일이 아닐 수 없습니다. 그는 약간의 돈만 주면 누구와도 잠자리를 같이 할 준비가 되어 있는 매춘부를 위해 그토록 거대하고 장엄한 신전을 지어 바침으로써, 또한 거기에 피티오니케-아프로디테라는 이름을 붙임으로써 스스로 성스러운 처벌을 비웃고 있을 뿐만 아니라 폐하의 명성을 짓밟고 있음을 만천하에 드러내보인 것입니다."

아테나이우스는 한술 더 뜬다(xiii, 595d).

"테오폼푸스의 증언에 의하면 피티오니케가 죽은 후 하르팔루스는 또 다른 매춘부인 글리케라를 불러들였으며, 매춘부들이 동시에 화환을 쓰고 있는 이상 그것으로 서로를 구분하려 하지 않았다고 합니다. 그는 르호수스의 시리아 도시에 글리케라의 청동상을 세웠는데, 그는 나아가 그곳에 자기 자신의 조각상까지 세우려 하고 있습니다. 그는 또 그녀에게 타르수스의 왕족 전용 성에 거주하는 것을 허락했으며, 백성들이 그녀를 여왕이라고 부름으로써 그녀에게 왕족과도 같은 영예를 돌리게 했습니다. 따라서 백성들은 폐하의 모친과 아내에게 돌려야 할 경배를 그녀에게 바치고 있는 셈입니다."

풍자 희곡인 《아겐(Agen)》(TGF., 810)의 저자도 이러한 견해에 동의하고 있다. 《아겐》은 히다스페스의 디오니시아 시대에 공연되었는데, 이때 이미 하르팔루스는 총독 자리에서 쫓겨나 국외로 도망친 후였다. 시인은 피티오니케는 대단히 아름다운 여인이지만 이미 세상을 떠났고, 글리케라는 하르팔루스와 함께 살고 있으므로 그녀를 통해 아테네 사람들이 훌륭한 선물을 받게 된다는 견해를 보인다.

이어서 아테나이우스는 '매춘부의 유명한 사원'에 대해 이 풍자 희곡의 몇 대목을 인용하고 있다. 이 문장에 의하면, 몇몇 마법사들이 피티오니케를 지하 세계에서 다시 살려내어 하르팔루스에게 데려다 주는 것으로 되어 있다. 아테나이우스는 이렇게 덧붙인다 (xiii, 596b).

"이집트의 나우크라티스에도 남다른 미모로 유명한 매춘부가 있었다."

오빠의 정부가 되었다 하여 사포의 시(frag. 138-Bergk ; cf. Supplementum Lyricum, Bonn, 1917, p.32)에서 수난을 당한

도리카는 그가 사업상 여행을 하면서 나우크라티스에 도착했을 때 그의 여동생을 그에게서 떼어내는 역할을 했다. 헤로도토스(ii, 135)에서 도리카는 '르호도피스'라고 불린다. 그 역사학자는 이 이름이 다른 유명한 매춘부의 이름이었다는 사실을 알지 못했던 모양이다. 크라티누스(CAF., I, 110)에 의하면 진짜 르호도피스는 델포이에 이른바 '오벨리스크'를 세운 사람이다. 여기서 헤로도토스의 도리카에 대한 다른 언급들 가운데 르호도피스가 이렇게 말했다고 한 것이 명백해진다.

"원래는 트라키아의 노예였다가 숱한 모험 끝에 나우크라티스에 도착한 르호도피스는 그곳에서 자신의 주인에게 스스로를 바쳤다."

그러다가 그녀는 사포의 오빠인 미틸레네의 카락수스에게 많은 돈을 받고 팔려갔다. 후일 그녀는 이집트에 남아 유명한 매춘부가 되어 많은 돈을 벌었는데, 매춘부 신분에서는 많은 액수였지만 피라미드를 만들 수 있을 정도는 아니었다.

> "르호도피스는 그리스에 자기 자신의 기념관을 남기고 싶어했다. 그것은 유명한 남자들도 좀처럼 꿈꿀 수 없는 희망사항이었다. 그래서 그녀는 델포이에 자기 자신을 기념하기 위한 무언가를 만들 계획을 세우고 자기 수입의 10분의 1을 투자했다. 그렇게 하여 커다란 철주가 준비되었는데, 그것은 소 한 마리를 통째로 끼워서 구울 수 있을 만한 크기였다. 그것은 오늘날까지도 키오스 사람들이 세운 제단 뒤에 그대로 남아 있다."

아테나이우스는 또 도리카에 대한 포세이디푸스의 풍자시를 인용
하기도 하는데, 여기에는 나일강의 배가 바다로 빠져나가는 한 나
우크라티스에서는 모든 사람들이 그녀를 기억할 것이라는 내용이
담겨 있다.

아테나이우스는 "아름다운 매춘부 아르케디케 역시 나우크라티
스에서 온 여자였다."라는 말을 남겼다(xiii, 596d). 에레수스에서
온 매춘부는 여류 시인 사포와 같은 이름을 가졌는데, 님피스의 《아
시아 여행》(FGF., III, 16)이라는 저서에 언급되어 있듯이 아름다운
파온과 사랑에 빠진 그녀 역시 유명한 인물이다.

메가라의 니카레타는 대단히 훌륭한 가문에서 태어난 매춘부인
데, 철학자 스틸폰의 제자였던 그녀는 학업을 위해 많은 노력을 기
울이기도 했다. 아르고스의 매춘부 빌리스티케는 자신의 가족을 아
트리다이로 데려간 것으로 유명하고, 폭군 하르모디우스의 총애를
받았던 네아이나라는 매춘부도 있었다. 후일 그녀는 히피아스라는
폭군에게 극심한 고문을 당했음에도 불구하고, 끝내 조국의 비밀을
하나도 누설하지 않고 숨을 거두었다.

창녀들에 대한 신랄한 풍자

흔히 파로라마라고 불리기도 하는 레르네 역시 매춘부로서, 웅변
가 스트라토클레스의 정부이기도 했다. 그녀는 또 2드라크마만 주
면 누구에게나 사랑을 바쳤기 때문에 '디드라크모스'라고 불리기
도 했다.

헤라클레이데스가 프톨레미 4세에게 쓴 편지(Sudhoff, Arztliches aus griechischen Papyrusurkunden, p.108, Bull. Hellen., xxvii, 1903)에는 프세노바스티스라는 매춘부의 무례한 행실에 대한 불만이 나온다. 그가 그녀의 집 앞을 지나가는데 창가에 누워 있던 그녀가 그를 안으로 들어오라고 유혹했다. 그가 뿌리치고 그냥 가려 하자, 그녀는 밖으로 뛰어나와 그의 팔을 움켜잡았다. 그래도 그가 끝내 그녀의 유혹에 넘어가지 않자, 그녀는 그의 망토를 찢으며, 그의 얼굴에 침을 뱉기까지 했다. 지나가던 행인들이 그 노인의 편을 들자, 그녀는 집 안으로 들어가 창문을 통해 그에게 오줌을 뿌렸다.

플라우투스(Menoechmi, 388)는 에피다우루스에서는 매춘부가 하녀를 항구로 보내어 막 도착한 여행객들을 자기 집으로 끌어들이게 했다는 이야기가 나온다. 항구 주변에서는 드물지 않게 그런 광경을 목격할 수 있었을 것이다.

동서고금을 통해 매춘부가 존재하지 않은 적이 없다는 사실은 이미 몇가지 문헌에 의거하여 살펴보았다. 여러 박물관에 보관되어 있는 꽃병 그림을 통해서도 그러한 사실은 여실히 드러난다. 안락의자에 앉아 있는 매춘부에게 목걸이를 바치는 청년의 모습에서는 그 매춘부가 틀림없이 그 선물을 받아들여 자기 옆에 열려진 채로 놓여 있는 보석함 속에 집어넣으리라는 것을 짐작할 수 있다. 플라우투스(Trinummus, 242)는 이렇게 말하고 있다.

"누구든 사랑에 빠진 자의 재산은 조만간 사라지게 마련이다. 양증맞은 매춘부가 '사랑하는 사람, 만약 당신이 정말로 나를 사랑한다면 무엇 좀 사주세요.' 하고 갖은 애교를 부리면, 남자는 '물론이지. 당신이 원하는 것이라면 무엇이든 들어줄 수 있어!' 하고 대답할 것이다."

알키프론(i, 36)에서는 페탈레라는 매춘부가 자신의 애인에게 이렇게 편지를 쓰고 있다.

"매춘부는 눈물로 하루하루를 지새우게 마련이에요. 나도 정말 그랬으면 소원이 없겠어요. 나도 당신 때문에 눈물을 많이도 흘렸으니까요. 하지만 솔직히 말해서 나에게 필요한 건 돈이에요. 나는 돈과 멋진 옷과 가구와 여러 명의 하인이 필요해요. 내가 얼마나 행복하게 살아가느냐는 전적으로 거기에 달려 있거든요. 불행히도 나는 미르히누스에게서 재산을 물려받지 못했어요. 은광에 지분이 있는 것도 아니죠. 나에게는 나 스스로 벌어들이는 돈밖에 없답니다. 기껏해야 그 인색한 남자들이 간간이 던져주는 눈물에 찌든 초라한 선물뿐이에요."

그리스 사람들이 목욕을 유난히 좋아했다는 사실을 감안하면 가장 원시적인 매음굴에서도 목욕을 하는 것이 어려운 일은 아니었던 듯하다. 플라우투스(Poenulus, 702)도 그런 사실을 입증해보이고 있다. 역시 같은 자료에 의하면, 관계를 맺기 전에 올리브 기름을 바르는 것이 관습처럼 되어 있었다. 그것은 쾌감을 증대시키기 위한 목적보다는 위생상의 이유가 더 크게 작용한 듯한데, 유명한 의

사인 갈렌은 《건강의 유지》(Galen, De sanitate tuenda, iii, 11)라는 자신의 논문에서 두 장 이상을 할애하여 성관계를 맺기 전에 몸에 기름을 바르는 것이 좋다는 주장을 펼치고 있다.

화장술에 대해서는 앞에서도 상세히 설명한 바 있지만, 플라우투스(Mostellaria, 273)의 다음과 같은 설명을 덧붙이고자 한다.

"매춘부 필레마티온의 늙은 하녀는 '여자는 아무런 냄새를 풍기지 않을 때는 반드시 풍겨야 하는 냄새만을 풍겨야 한다.' 라는 대단히 민감한 생각을 털어놓았다."

이와 함께 다음과 같은 표현도 등장한다.

"이빨 빠진 늙은 여인들이 화장품을 덕지덕지 바르고 염색약으로 자신의 신체적인 결함을 숨기려 할 때, 몸에서 땀이 나면 그런 화장품과 뒤섞여 요리사가 한꺼번에 여러 종류의 수프를 섞어놓은 듯한 냄새가 풍기게 된다."

《사랑의 신들》(Amores, 39)의 저자는 여성의 화장술을 한층 신랄하게 비난하고 있다.

"아침에 침대에서 일어나는 여인을 본 사람이라면, 아마 그들이 이른 아침에는 결코 말해서는 안 될 이름을 가진 동물(원숭이)만큼이나 역겨운 모습이라는 사실을 알고 있을 것이다. 따라서 그들이 남자의 눈길이 미치지 않는 방 안에서 문을 걸어 잠그는 이유를 충분히 이해할

수 있다. 늙은 여자들과 그 주인만큼이나 추악한 하녀들은 그녀 주위
에 빙 둘러서서 온갖 종류의 화장품으로 그들의 추잡한 얼굴을 치장
한다. 여자는 자신의 눈꺼풀을 덮고 있는 잠기운을 쫓기 위해 시냇가
로 달려가 깨끗한 물로 세수를 하지 않는다. 그 대신 별로 아름답지
못한 얼굴색을 변화시켜 본 모습을 숨기기 위해 수많은 물감과 분을
사용한다.

하녀들은 화장에 필요한 온갖 재료들을 들고 그녀 옆에서 대기하고
있다. 이빨을 하얗게 하고 눈썹을 짙어 보이게 하는 수많은 화장품들
이 마치 화학자의 연구실처럼 여자의 방을 가득 채우고 있다. 하지만
가장 많은 시간이 소요되는 것은 뭐니뭐니 해도 머리를 다듬는 일이
다. 햇살을 받았을 때 반짝이는 윤기를 내게 하는 로션을 바르기도
하고, 원래의 지저분한 빛깔을 숨기기 위해 염색을 하기도 한다. 검
은 머리칼이 마음에 드는 여자들도 남편이 벌어온 돈을 아낌없이 쏟
아부어 아라비아 향수를 사들인다. 그런 다음에는 쇠로 만든 도구를
불에 달구어서 머리칼을 곱슬거리게 만든다. 그것이 눈썹 위에 와닿
을 때의 고통이란 이루 말할 수도 없을 것이다. 이마에는 거의 공간
이 남지 않고, 등과 어깨에는 아름다운 굴곡이 진다.

그 다음에는 발이 아플 만큼 꽉 조이는 샌들을 신고, 최고급 옷감으
로 만들어진 옷을 걸친다. 그 옷 속에 가리워진 부분들은 가슴을 제
외하고는 얼굴보다 훨씬 더 알아보기가 쉽다.

이토록 사악하고 쓸데없는 낭비를 설명해야 될 이유가 어디에 있을
까? 무게가 몇온스는 족히 나갈 에리트라이안 보석을 귀에 늘어뜨리
거나, 팔목과 팔뚝에는 뱀 같은 팔찌를 치렁치렁 감는다(아, 그것이
진짜 뱀이라면 얼마나 좋을까!). 머리에는 인도 고무로 만든 왕관을
쓰고, 목에도 값비싼 목걸이를 늘어뜨린다. 그것도 모자라 심지어 발
목에까지 온갖 장식품을 단다. 온 몸이 이런 장신구들로 가득 치장되

고 나면 기만적인 아름다움이 드러날 뿐이다. 뻔뻔스러운 뺨에는 물
감을 발라 지나치게 하얗게 칠해진 얼굴과 대조적으로 발그스름하게
보이게 하는 노력까지도 아끼지 않는다."

매춘부들이 특별하고 과시적인 의상을 입는 것은 관습처럼 되어
있었지만(Pauly, Realenzyklopadie, viii, col. 1353), 수많은 꽃병
그림들을 보면, 그것이 일반적인 규정이었다고 할 수는 없다는 사
실이 드러난다. 따라서 매춘부의 의상은 유행에 따라 민감하게 변
했으리라고 하는 것이 가장 안전한 설명이 될 듯하다.

유명한 매춘부에게는 별명을 붙이는 일도 흔했다.

고대 사람들은 '안티키라(크리스마스 로즈)'를 정신적인 질환을
치료하는 약으로 생각했다. 호이아라는 매춘부는 지나치게 잘 흥분
하거나 정신이 좀 이상해진 사람들과 자주 어울렸기 때문에, 안티
키라라는 별명을 얻었다. 그녀의 보호자이자, 의사였던 니코스트라
투스는 한 다발의 크리스마스 로즈만을 남기고 죽었다.

라이스는 '악시네(도끼)'라는 별명으로 불렸는데(AElian, Var.
hist., xii, 5 ; xiv, 35), 그러한 별명은 아마도 그녀의 날카로운 성
격—혹은 무딘 성격?—때문에 붙었을 것이다.

'아피예(멸치)'라는 별명을 가진 매춘부들도 더러 있었다(Ath.,
xiii, 586ab). 이는 까무잡잡한 피부 색깔이나 갸름한 몸매, 그에 비
해 커다란 눈동자 때문에 생긴 별명이었을 것이라 생각된다.

니키온이라는 매춘부는 얼굴 표정 때문에 '키나미이아(개코)'라
는 별명을 가지고 있었다.

'리크노스(램프)'는 시노리스라는 매춘부의 별명이었는데(Ath.,

xiii, 583e) 이는 램프가 기름을 빨아먹듯 모든 종류의 술을 쉴새없이 마셔대는 엄청난 갈증 때문에 붙은 별명이었다.

'파기스(당기면 풀리는 매듭)'는 남다른 매력으로 남자들을 유혹하는 필레마티온이라는 매춘부의 별명이었다(Lucian, Dial. Meretr., xi, 2).

'프로스케니온(무대의 커튼)'은 얼굴은 예쁘고 값비싼 화장품을 바르지만, 몸매는 형편없는 매춘부 난니온에게 붙여진 별명이었다(Ath., xiii, 587b).

'프토크헬레네(구걸하는 헬렌)'는 유난히 옷을 못 입는 칼리스티온에게 붙여진 이름이었다(Ath., xiii, 585b). 아테나이우스의 기록에 의하면, 한 번은 그녀가 한 건달과 동침하게 되었는데 벌거벗고 옆에 누워 있는 그 남자의 몸에서 상처자국을 발견한 그녀는 어쩌다가 그런 흉터가 남게 되었느냐고 물어보았다. 그는 어렸을 때 뜨거운 수프를 자기 몸에 엎질렀다고 대답했다. 그러자 프토크헬레네는 웃음을 터뜨리며 이렇게 말했다.

"진짜 송아지 고기 수프가 되었겠네요."

'히스(돼지)'는 칼리스티온의 또 다른 별칭인데(Ath., xiii, 583a) 그녀가 돼지처럼 특별히 욕심이 많아서라기보다는 그저 좀 지저분했기 때문에 붙여진 이름이라 한다.

'피테이로필레(Ath., xiii, 586a)'는 파노스트라테의 별명이다. 언젠가 그녀가 문 앞에 서서 이를 잡고 있는 장면이 사람들에게 목격된 다음부터 그런 별명이 붙었다.

그밖에도 남자들이 자기가 좋아하는 매춘부에게 붙여준 별명은 수없이 많다. 그중에서도 특징적인 것들을 나열해보면 다음과 같다.

어린 여동생, 나이팅게일, 검은 방울새, 어린 덩굴, 심연, 벌집, 어린 소, 어린 제비, 자궁, 가젤, 엉덩이, 아이보리, 사탕, 껍질 벗긴 개구리, 무화과, 다링, 달팽이, 모기, 까마귀, 류트 연주자, 여자 사냥꾼, 암캐, 암토끼, 새끼토끼, 작은 개똥벌레, 암사자, 꼬마, 작은 접시, 늑대, 수금, 반죽통, 작은 엄마, 소년의 애인, 벌, 송아지, 파리, 작은 인형, 노 젓는 배, 클로버, 풋과일, 레슬러와 레슬링장, 훨씬 작은 사랑, 불침번, 꼬마 아가씨, 작은 등불, 짧은 입맞춤, 귀여운 색마, 두꺼비, 오징어, 참새, 들창코, 심지, 호랑이.

5

남성의
동성애

에로스의 열정

그리스 남색의 특징

헨리 베일은 그의 저서 《애정론》에서 다음과 같이 쓰고 있다.

"고대와 고대 예술에 대한 우리의 비정상적인 관점만큼 희극적인 것도 없다. 우리는 표피적인 번역문들만을 읽고 있으므로, 우리 현대인들을 불쾌하게 만들기도 하는 고대인들의 특별한 나체 숭배 문화에 대해 제대로 인식하지 못하고 있다. 프랑스에서는 단지 여성에 대해서만 '아름답다'는 표현을 사용한다. 고대 그리스인들 사이에서는 그러한 여성에 대해 특별히 구분된 사랑은 존재하지 않았다. 반면에 오늘날을 사는 우리가 보기에는 타락한 것처럼 보이는 사랑이 있었을 뿐이다……. 말하자면 그들은 현대 세계에서는 거부당하는 사랑의 감정을 가꾸어왔던 것이다."

이러한 감정으로부터 일반적으로 잘 알려져 있으며, 또한 어떤 면에서는 뛰어나다고 인정받고 있는 입문서들이 이러한 주제에 대해 거의 완전한 침묵으로 무시한 채 지나쳐버렸다는 사실을 분명히 설명해낼 수 있다.

예를 들어보자. 거의 600페이지에 달하는 호름-데케-솔타우의 책 (Kulturgeschichte des Klassischen Altertums, Leipzig, 1897)에서 동성 연애에 대한 언급은 전혀 없다. 두 권으로 된 L. 슈미트의 주목할 만한 저작(Die Ethik der alten Griechen, Berlin, 1882)에서도 이 주제에 관한 서술은 세 페이지 분량을 넘지 못할 정도로 제한되어 있다. 네 권의 방대한 분량으로 이루어진 부르크하르트의 저술(Griechische Kulturgeschichte)에서도 아무런 언급을 찾아볼 수가 없다. 그리고 모두 열 권으로 증보되어 새롭게 개정되었으며, 각 권이 적어도 1,300페이지가 넘는 폴리의 잘 알려진 저서(Realenzyklop die der klassischen Altertumswissenschaft)에서도 브레스라우 대학 교수인 W. 크롤에 의해서 분류된 남색이라는 표제어는 내용이 네 페이지밖에 안 된다. 그 책에서 이루어진 진술은 상당히 정확한 것이기는 하지만 아직은 불완전한 것이다. 주제에 대한 요약으로서는 충분할지 모르지만, 그 책이 고대 문화 전반에 대해 독보적인 서술을 하고 있는 기념비적인 저작이라는 점을 고려한다면 미흡하다. 같은 책에서 '고급 매춘부'에 관한 항목은 20페이지를 꽉 채우고 있다.

오늘날의 문화계 전반에 걸쳐서 발견되는 이러한 취급의 결과는 스스로 책의 필자들과 의견을 나눌 기회가 없는 일반 독자들에게 그리스의 동성 연애는 부차적인 현상에 불과했으며, 지극히 드물게 일어나는 단절된 사건이었을 것이라는 인식을 심어주었다.

논증을 펼치기 전에 우선 위대한 철학자 플라톤의 얘기를 들어 보자.

"에로스를 가장 오래 된 신이라고 인정한 이후로 우리는 그에게서 가장 커다란 축복을 받아왔다. 수많은 젊은 남성들에게 정숙한 연인보다 더 큰 혜택이 무엇이며, 연인에게는 사랑받을 수 있는 젊음보다 더 큰 은혜는 과연 어디 있는지 나로서는 말할 수 없기 때문이다. 고귀한 인생을 살고자 하는 사람들이 무언가를 그들의 전반적인 인생으로 간주하고자 한다면, 그것은 혈족이나 부귀, 명예 또는 사랑에 견줄 만한 그 어떤 것이 되어서는 안 된다.

그렇다면 그것은 무엇인가? 나는 수치스러운 일들을 염두에 두고 선한 야망을 따르는 신중함을 뜻하고 있는 것이다. 그것이 없다면, 어떤 도시나 어떤 개인도 위대하고 고귀한 행동을 수행하는 것은 불가능하다. 그러므로 나는 사랑하는 사람은 그의 연인으로 인해 고통받아서는 안 된다고 생각한다. 그의 아버지나 동료들 또는 그외의 누군가가 보기에는 그가 불명예스러운 무언가로 인해 고통받고 있는 것처럼 보일지라도 말이다. 마찬가지로 사랑을 받고 있는 젊은이는 그의 연인이 그가 무례함을 범했다고 여길 때에 특히 수치심을 느껴야 한다.

그렇다면 국가나 군대는 연인이나 그들이 사랑하는 사람들로 구성되는 기관이다. 연인들이야말로 다른 모든 사람들에 비해서 더 훌륭한 행정가이며, 모든 불명예스러운 행동을 거부하고, 상대방에 대해 정직한 경쟁관계를 형성하는 사람들이다. 그리고 그 숫자가 거의 없을지라도 바로 그들처럼 다른 사람들과 함께하는 사람들이, 말하자면 세계를 정복한다. 사랑을 하는 사람은 그의 직위를 포기하거나, 다른 어떤 사람보다도 그가 사랑하는 사람 앞에서 무기를 버리는 행위를 수치스럽게 여기며, 따라서 그가 처한 자리에서 죽는 길을 택하는 경우가 자주 있기 때문이다. 그 어떤 사람도 사랑하는 사람을 궁지에 그대로 내버려두거나, 위험에 처한 연인을 도와주지 않는 경우는 없으며, 에로스 자신도 열정을 가지고 그러한 용기를 북돋워줌으로써 사랑하는 남자는 가장 위대한 용기를 지닌 사람처럼 행동하게 된다. 호머가 말했듯이, 이러한 용기는 신에 의해 영웅의 영혼 속으로 스며드는 것이지만, 사랑은 그 자체로 사랑하는 사람의 영감을 불러일으킨다(Symposiun, 178c)."

이 문제, 동시에 전체 그리스 문화를 이해하는 지침이 될 수도 있는 해결책을 마주 대할 수 있기 위해서는 무엇보다도 이미 인정받고 있고 논쟁의 여지가 없는 사실들에 대하여 익숙해질 필요가 있다.

전문 용어

남색의 완곡한 표현

가장 빈번하게 사용되는 '파이데라스티아(paiderastia, 남색의)'라는 말은 '파이스(pais, 소년)'와 '에란(eran, 사랑하다)'이라는 말로부터 온 것으로, 소년에 대한 정신적, 육체적인 탐닉을 가리킨다. 앞으로는 좀더 확실하게 거론되겠지만 '소년'이라는 말을 현대적 감각과 같은 것으로 막바로 이해해서는 안 된다는 점에 주목해야 한다. 그리스어에서 '남색'이라는 말은 오늘날 우리가 사용하는 것과 같은 추잡한 의미가 아니었으며, 단지 사랑의 다양성을 표현하는 용어로 간주되었고, 그것과 결부되어 연상되는 음란한 의미는 전혀 가지고 있지 않았다.

'파이데로스(paideros)'라는 단어가 '남색'이라는 감각으로 사용된 경우는 단 한번밖에 눈에 띄지 않지만, '파이데라스테인(paiderastein)'이라는 동사는 빈번하게 사용된다. 루키안도 '타 파이데라스티카(ta paiderastika)'라는 표현을 '남색'이라는 의미로 사용한 적이 있다. 소년에 대한 광적이며 통제할 수 없는 열정을 '파이도마니아(paidomania)'라고 불렀고, 그러한 열정으로 가득 차 있는 사람들을 '파이도마네스(paidomanes)'라고 불렀는데, 두 단어 모두 '마니아(mania, 열정, 광분)'라는 말로부터 도출되었다. '파이도피페스(paidopipes, 소년을 응시하거나 훔쳐보는 사람)'라는 말은 넋을 놓고 소년을 바라보거나, 아름다운 머리결을 가진 소년에게 추파를 던지는 사람 등과 같은 의미로 색다른 재치있는 표현들을 추가로 지니고 있다.

원래 그 자체로는 소년의 레슬링 교사를 의미했던 '파이도트리베스(paidotribes)'와 '파이도트리베인(paidotribein)'이라는 단어는 또한 외설적으로 사용되기도 하며, '트리베인(tribein)'이라는 동사와 연관되어 있으므로 이차적인 의미로 이해되기 쉽다. 특히 교부들과 같은 후기의 저자들은 '파이도프토리아(paidophthoria, 소년의 유혹)', '파이도프토로스(paidophthoros, 소년을 유혹하는 사람)', '파이도프토레인(paidophthorein, 소년을 유혹하다)'과 같은 어휘들을 외설적인 의미로 즐겨 사용했다. 이에 더하여 '파이돈 에로스(paidon eros, 소년의 사랑)'와 '파이디코스 에로스(paidikos eros, 소년다운 사랑)'는 공통적인 의미로 사용되었다.

'에페보필리아(ephebophilia)'라는 어휘는 고대의 어휘는 아니며 새로 형성된 말이다. 이 말은 '에페보스(ephebos)'를 위한 사랑을 의미하는데, 이 말은 사춘기가 경과한 젊은이로 이해된다. 그러나 한편으로는 분명히 '필레페보스(philephebos, 젊은 남자를 좋아하는)'라는 형용사도 존재했다. 내가 아는 한 '파이도필리아(paidophilia, 소년들의 사랑)'라는 명사는 그리스 작가들의 저술에는 나타나지 않는다. 그러나 '파이도필레인(paidophilein, 소년을 사랑하다)'이라는 동사와 '파이도필레스(paidophiles, 소년의 연인)'라는 말은 꽤나 빈번하게 등장한다.

소년의 연인은 몇몇 그리스 방언에 있어서 서로 다른 명칭을 가진다. 예컨대 가장 초기부터 소년들에 대한 사랑이 번성했던 크레타 섬에서는 '에라스테스(erastes)'로 불렸으며, 동맹이 완성된 이후에는 아마도 '구애자와 친구'라는 의미를 갖는 것으로 보이는 '필레토르(philetor)'라는 다른 말로 변환되었다. 사랑의 대상이 되는 소년은 구애를 받고 있는 동안에는 '에로메노스(eromenos, 사랑받는)'라고 불렸지만, 일단 지극히 사적인 친구 관계가 되면 '클레이노스(kleinos, 유명한 사람, 명사)'라고 불렸다. 독자적인 의미를 갖는 '필로부파이스(philobupais)'라는 어휘는 숙성한 소년을 좋아하는 사람을 가리키는 의미로 사용되었다. '부파이스(bupais)'라는 어휘는 소위 '몸집이 큰 청년'을 지칭했다. '필로메이락스(philomeirax)'라는 어휘도 드물게 등장한다. 이 말은 '메이락스(meirax)'라는 단어로부터 유래한 것인데, 최고의 절정기에 이른 소년을 의미하며, 따라서 특히 아름다운 소년을 사랑하는 사람을 의미하기도 한다. 아테네에서는 이 말이 소포클레스에 대한 애칭으로 사용되기도 했다.

사랑받는 소년이나 젊은이를 가리키는 말로 그리스의 저술들에서 가장 빈번하게 마주치게 되는 표현은 '타 파이디카(ta paidika, 소년다운 것들, 소년들과 관련된 것들)'로서 '소년적인 그 무엇', 바꿔 말하면 소년임을 구분할 수 있는 정신과 육체적 특질을 사랑하는 사람을 의미한다. 그 사람은 상대방 안에 있는 구체화된 소년다운 형상에 주목하기 때문에 상대방을 사랑스럽게 대한다.

도리아 방언에서 연인에 대한 일반적인 어휘는 '에이프넬로스(eipnelos)' 또는 '에이스프넬라스(eispnelas)'인데, 문자 그대로는 '영감을 돋우는 사람' 즉 유관한 모든 측면에 있어서 소년에 대한 실제적인 책임이 있을 뿐만 아니라, 선하고 고귀한 모든 것으로 감수성이 풍부한 젊은 영혼을 고취시켜주는 사람이 바로 연인이라는 암시를 담고 있다. 따라서 도리아인들은 '에이스프네인(eispnein)'이라는 어휘가 만약 소년이라는 문제와 관련이 있을 경우에는 '사랑하다'라는 맥락으로 사용했다. 이 '불현듯 찾아오다'라는 말이 앞서 언급된 윤리적 맥락에서 이해될 수 있다는 것은 아일리안에 의해 적절하게 진술되고 있다. 크세노폰은 이에 대해 훨씬 더 명확하게 단정적으로 표현한다.

"우리가 우리의 사랑을 아름다운 소년들에게 불어넣어 줄 수 있다는 바로 그 사실이 그들을 끝없는 탐욕으로부터 떼어놓을 수 있으며, 노동과 곤경과 위험에 대한 그들의 흥미를 증진시킬 수 있고, 또한 그들의 겸손함과 자제력을 강화할 수 있다."

이 점은 사랑하는 소년에 대한 도리아인들의 명칭인 '아이타스 (aitas)' 즉 '귀기울이는, 지적인 감수성이 풍부한' 이라는 말과도 일치한다.

이렇게 고도로 심각한 용어들의 관점에 의해, 시간의 경과에 따라 그 원천을 농담이나 희롱적인 언어 유희로부터 찾을 수 있는 몇 가지 다른 말들이 생겨났다. 이러한 것들에 대해서는 뒤에서 거론하게 될 것이다. 그러나 서술하는 과정에서 사랑받는 소년을 '양' 또는 '꼬마' 라고 지칭하는 데 비해서, 사랑하는 사람을 '늑대' 라고 부르는 경우가 종종 있을 것이다.

이는 부차적인 의미로 이해되기 쉽다. 고대 그리스인들에게 늑대는 끝없는 탐욕과 추잡한 냉혹함 등을 상징하는 동물이었다. 따라서 다음과 같은 스트라톤의 문장을 접하게 된다.

"저녁식사 후에 주연이 베풀어지자 나 늑대는 문간에 서 있는 양인 나의 이웃 아리스토디쿠스의 아들을 찾았다. 나는 그를 끌어안고 많은 선물을 주겠노라고 맹세하면서 내 마음이 흡족하도록 키스를 했다."

플라톤은 다음과 같은 경구를 말하기도 했다.

"늑대가 양을 사랑하듯 연인은 그의 애인을 사랑한다."

이따금 사랑하는 사람을 '약탈자'라고 불렀던 데 비해서, 애착의 대상이 되는 소년을 '사톤' 또는 '포스톤'이라고 부르기도 했다. 두 단어 모두 섹스와 관련된 모든 문제를 놀라울 정도로 소박하게 다루는 그리스인들의 엄숙한 집안의 성씨다.

소년에 대한 사랑

그리스인들의 소년에 대한 사랑을 논의하는 데 있어서 특히 한 가지 점을 잊어서는 안 된다. 그것은 소년이 우리가 대부분의 경우 사용하는 의미인 유약한 나이의 어린아이들을 뜻하는 것이 결코 아니라 이미 성적으로 숙성한 사춘기에 다다른 소년들을 뜻한다는 것이다. 그리스 저술가들의 수많은 문장에 있어서 '파이스(pais)'라는 말은 특히 그 연령대만을 의미하는데, 이 책에서도 그에 관한 한은 그들을 따르기로 한다. 사실 우리는 적지 않은 연령대에 있어서, 소년의 나이가 아니라 우리가 소위 '젊은 남자'라고 부르곤 하는 연령에 부응하는 젊은이를 염두에 두어야 할 것이다.

또한 우리는 소타딕 지역이라 불리는 지중해 일대 남부 유럽과 북부 아프리카의 모든 국가들처럼 그리스에서도 사춘기는 북부보다 이르게 다가온다는 점을 명심해야 한다. 따라서 우리가 이러한 '소년'이 모두 사춘기에 도달했다는 점을 잊지 않는다면 그 말을 제대로 이해한 것이다. 우리의 어휘 감각, 즉 성적으로 성숙하지 못한 어린이라는 관점에서 소년들을 볼 때, 그들과의 성관계는 고대 그리스에서도 물론 처벌을 받았으며, 때로는 지극히 혹독한 처벌이 뒤따랐다.

그리스인들의 사랑을 받았던 소년들의 다른 연령대에 대해서는 괴테의 좌우명을 바탕으로 한 편의 논문을 구성할 수도 있을 것이다. 괴테는 오늘날의 대부분의 사람들은 이해하기 어려운 방식으로 이 문제를 고려했지만, 자기 자신에게는 모든 것을 알고 이해할 수 있는 보편적인 지성을 부여했다.

소년들의 양성적 역할

우리는 《아킬레이스》에서 다음과 같은 글을 읽게 된다.

"이제 가니메데는 어려 보이는 눈망울에 청년다운 최고의 진지함을 지닌 채 크로노스의 아들에게 찾아왔으며 신은 그것을 기뻐하였다."

여기서 우리는 오디세우스가 키르케 섬을 탐험하기 위하여 어떤 식으로 그 열악한 지방까지 들어갔는지 알 수 있는 호머의 《오디세이》의 한 단락(x, 277)에 대한 기억을 되살려봐야 한다. 그는 길을

소년에게 구애하는 남자

가던 도중에 "이제 막 뺨에 처음으로 수염이 돋기 시작했으며, 가장 멋진 매력을 간직한 젊은이의 형상"을 하고 있는 헤르메스(물론 그는 오디세우스에게는 알려져 있지 않은 상태였다)를 만나게 된다.

그리스의 시인 아리스토파네스도 마찬가지 방식으로 그리스의 소년들을 칭찬하고 있는데(Clouds,978), 다만 그가 말하는 솜털은 정말로 소년들의 뺨이나 입술에 나는 그런 솜털은 아니었다.

플라톤의 《프로타고라스(Protagoras)》 도입부에는 호머로부터 인용된 위와 같은 단락에 대한 언급이 나온다.

"소크라테스, 어째서 그러는 거요? 나는 당신이 알키비아데스를 쫓아 다녔다는 것을 알기 때문에 그와 같은 질문을 던질 필요가 없었소. 나는 그저께 그를 만났소. 그런데 그는 사내답게 수염을 기르고 있었소. 내가 당신 귀에 못이 박히게 말했듯이 그는 남자요. 그러나 어쨌든 여전히 매력적이었소."
"그의 수염이 어쨌다는 거요? 당신은 '젊은이는 처음 수염이 나기 시작할 때가 가장 매력적이다.'라고 말한 호머의 의견을 따르지 않으시오? 그게 바로 알키비아데스의 지금의 매력이란 말이오."

서로 다른 연령대에 대해서 스트라톤은 다음과 같이 말한다 (Anth. Pal., xii,4).

"열두 살 난 소년의 젊은 매력은 나에게 즐거움을 주지만, 열세 살 난 소년은 훨씬 더 바람직하다. 나이가 열넷인 소년은 한층 더 달콤한 사랑의 꽃이며, 이제 막 열다섯에 접어들기 시작한 소년은 그보다 훨씬 더 매력적이다. 열여섯이라는 나이는 바로 신들의 나이며, 열일곱은 나의 몫으로 떨어질 것이 아니라 오직 제우스에게 가기만을 바랄 뿐이다. 그러나 누군가 좀더 나이가 든 사람을 원한다면, 그는 더이상 놀이를 즐기는 것이 아니라 호머의 말대로 '그 사람만에 대한 응답'을 구한다."

소년들에 대한 헬레네적 사랑에 대한 이해를 촉진시키기 위하여, 미의 이상에 대한 그리스인들의 생각을 거론해보는 것도 좋을 것이다. 고대 문화와 현대 문화의 가장 기본적인 차이점은 고대 문화는 철저하게 남성 문화이며, 그리스 남성들의 사고 속에서 여성이란 단순히 아이들의 어머니이자, 가사를 돌보는 관리자에 불과했다는 점이다. 고대인들은 남성들을, 남성들만을 모든 지적 생활의 초점으로 간주했다. 바로 이 점이 소녀들에 대한 양육이나 발육이 우리가 이해할 수 없을 정도로 소홀히 여겨졌던 이유를 설명해준다. 그러나 다른 한편에 있어서, 소년들은 현재 우리들이 받는 일상적인 교육보다 훨씬 더 많은 교육을 계속적으로 받아야 했다.

우리의 입장에서 보기에 가장 독특한 관습은 모든 남성들은 친밀한 일상생활을 통해 소년이나 청년들을 유혹하여 자신에게 끌어들여야 했으며, 그들의 상담자이자 안내자 그리고 친구로서 행동해야 했고, 그들에게 남성다운 모든 덕성을 제시해주어야 했다. 특히 도리아 지방에서는 이러한 관습이 성행했다. 도리아에서는 만일 한 남성이 그보다 나이가 어린 남자를 이끌어주지 않거나, 남자로서의 우정을 맺음으로써 명예로운 길로 인도하지 못하면, 남성의 의무를 다하지 못한 것으로 간주될 정도였다. 연장자는 나이 어린 동지의 삶의 방식에 대해 책임을 졌으며, 그에 대한 칭찬과 비판을 함께 나누었다. 소년이 김나지움에서의 훈련이 고통스럽다고 비명이라도 지르는 경우가 있다면, 플루타크가 언급하듯이(Lycurgus,18), 그의 나이 많은 친구는 그 일에 대해 소년을 처벌했다.

이처럼 도리아에서 기원한 관습이 그대로 그리스 전역에 걸쳐 전파된 것은 아니었지만, 이른 아침부터 밤 늦게까지 밀착된 공동체 생활에서 젊은이와 성인 남자가 일상적인 접촉을 하는 것은 그리스 전역에서 비일비재하게 이루어졌다. 남성들은 소년과 청년들의 영혼과 육체를 이해하고, 보기드문 열정으로 젊은이들의 수용적인 마음에 고귀하고 선량한 모든 씨앗들을 뿌려, 그들을 뛰어난 시민의 이상형에 가능한 한 근접시키면서 스스로도 발전해갔다.

이상적인 남성적 완벽성에 대해, 그리스인들은 '착하고 아름다운' 또는 '육체와 영혼의 아름다움'이라는 공식을 만들어냈다. 그리하여 소년들의 신체적 발달 정도에 가치가 놓여졌으며, 그 중요성은 아무리 강조되어도 지나치지 않았다. 우리는 그리스 소년들이 본질적으로 신체적 발달을 위해 복무했던 팔라이스트라와 김나지아(영어에서는 그렇지 않지만, 독일어의 감각으로는 대비되는 것이다)에서 하루의 4분의 3을 보냈다는 사실에 대해 조금도 과장 없이 단언할 수 있다. 그 모든 육체 훈련을 수행함에 있어서 소년과 청년들은 나체로 임했으며, 나체라는 단어의 유래가 바로 그와 같은 상황을 가리킨다.

그리스 문학의 남성미

소년에게 바쳐지는 찬사의 글

검토할 수 있는 방대한 분량의 문헌들 중에서 독특한 특징이 있는 몇가지의 것을 선정해보겠다. 《일리아드》와 같은 초기의 저술에서 시인이 다른 모든 그리스 젊은이들을 미에 있어서 압도했던 니레우스에 대해 언급했을 때, 이미 젊음의 아름다움은 칭송의 대상이었다(Il, ii, 671).

젊음의 아름다움에 대한 그리스인들의 미학적 쾌감은 특히 《일리아드》에서 현저하게 나타난다. 헥토르의 아버지인 늙은 프리암 왕은 엄청난 고통 속에서도 아킬레스 앞에 서서 그의 사랑하는 아들의 시신을 돌려달라고 요구했다. 왕은 이미 무참하게 살육당한 그의 아들 헥토르의 아름다운 젊음에 대해 여전히 흠모하는 마음을 버리지 못하고 있었던 것이다(Il., xxiv, 629). 이 단락에 대해 게르라크는 빼어난 관찰을 한 바 있다(Philologus, xxx, 57).

"따라서 우리는 헬렌의 매력에 대한 안목보다는 아킬레스의 아름다움에 대한 안목이 보다 높았다고 생각해야 한다. 아킬레스에 의해 비참하게 죽은 아들로 인해 이루 형언할 수 없는 슬픔을 맛보아야 했던 프리암도 아들의 시신을 구걸하는 바로 그 순간에 아킬레스의 그러한 아름다움에 놀라고 자신도 모르게 그의 아름다움을 칭송했기 때문이다."

현자 솔론은 그의 시집의 한 단편에서(frag. 44) 소년의 아름다움을 봄에 피는 꽃에 비교하였다. 우리는 테오그니스의 시들로부터 (1365와 1319) 다음과 같은 운문들을 인용할 수 있다.

"오 가장 아름답고 매혹적인 소년들이여, 나의 앞에 서서 나의 말에 귀기울여주오."
"오 소년이여, 키프리스 여신이 그대에게 매혹적인 우아함을 주었고, 그대의 아름다움은 모든 이들의 칭송의 대상이니 남자가 사랑을 간직한다는 것이 얼마나 힘든 일인지 그대가 안다면, 나의 말에 귀기울여 나의 칭송을 그대 마음 속에 간직해주오."

사람들에게 실러의 발라드로 알려져 있는 이비쿠스(frag. 5)는 다음과 같은 말로, 애인의 아름다움을 칭송하고 있다.

"매력적인 그레이스의 자손, 아름다운 머리결을 가진 처녀들의 애모의 대상 유리알루스여, 키프리스와 부드러운 눈길의 페르수아시온도 장미꽃밭 속에 있는 그대를 치켜세우는구나."

핀다르는 다음과 같은 말로, 소년다운 아름다움에 대한 칭찬을 나타낸다(Nemea, vii,1).

"젊음의 절정의 여왕, 아프로디테의 신성한 갈망의 전령사, 그대. 수많은 처녀와 소년들의 눈길을 받으며 품안에는 우아한 기품이 한껏 서려 있지만, 사랑의 상찬을 받을 수 있는 달콤한 몸짓 또한 그에 못지않도다."

키오스 섬에서 태어난 서정 시인 리킴니우스는 그의 시 중 한 편에서(frag. 3 Ath., xiii, 564c) 엔디미온에 대한 잠의 신 히프노스의 사랑을 다음과 같이 묘사하였다.

"그는 엔디미온의 눈을 바라보는 걸 너무도 좋아해서 그를 잠들게 할 때도 눈을 감게 할 수가 없어 눈을 뜨게 만들어놓고 그것을 바라보는 매력을 내내 즐겼다."

스트라톤도 소년들의 아름다움에 대한 더할 나위 없는 칭송자였다(Anth. Pal., a, xii, 195, b, 181).

(a) "산들바람을 사랑하는 꽃밭이 봄바람을 타고 흐드러지게 꽃을 피

워도 키프리스와 그레이스가 만들어낸 디오니시우스처럼 빼어난 소년들보다는 더 많은 꽃을 피워내지 못할 것이다. 그 중에서도 으뜸인 향긋한 꽃잎이 달린 화려한 장미 같은 밀레시우스 꽃을 보라. 그러나 아마도 그는 뜨거운 열기가 사랑스러운 꽃과 머리결이 아름다운 미남을 죽여버린다는 것을 알지 못했나 보다."

(b) "그레이스는 선하며 오르코메누스에 그들 중 세 명이 있다는 것은 테오클레스의 우화다. 모두 다른 남자들의 마음에 활을 쏘아대고 영혼을 겁간하는 자들인 그들은 다섯번이나 당신의 주위를 돌며 춤을 추었다."

멜레아게르의 운문(Anth. Pal., xii, 256)들은 소년들의 다양한 아름다움을 묘사하고 있다.

"사랑은 당신을 위하여 만들어진 것, 키프리스가 손수 소년들과 그들의 마음 속에 피어난 모든 꽃을 모아 그것을 만들었도다. 그는 그 안으로 부드러운 백합인 디오도루스와 향기로운 하얀 바이올렛인 아스클레피아데스를 직조해 넣는다. 헤라클레이데스가 장성하자 그는 마치 장미처럼 그를 심었고, 디온이 포도덩굴처럼 활짝 피자 또한 그를 심었다. 그는 테론에게 금실로 땋은 샤프롱을 묶어주었고, 울리아데스에게는 백리향 가지를 얹어주었다. 머리결이 부드러운 미이스쿠스에게 언제나 푸른 올리브를 꽂아주었고, 그를 위해 아레타스의 사랑스런 가지를 빼앗았다. 섬에 사는 모든 사람들이 거룩한 티레를 축복하니 그곳에서는 키프리스가 키운 소년들의 꽃향기가 진동했다."

위대한 시인인 칼리마쿠스도 소년들의 아름다움을 칭송하는 데에는 부끄러움을 느끼지 않는다(Anth. Pal., xii, 73).

"아직 숨쉬고 있는 건 나의 영혼의 절반뿐이다. 나머지 절반을 사로 잡고 있는 것이 사랑인지 죽음인지 나는 알 수 없으니 다만 어디론가 사라져버렸을 뿐이다. 그것이 소년들 중에 누군가 한 사람으로부터 다시 떨어져 나올까? 그러나 나는 아직도 그들에게 자주 얘기한다. '그대 젊은이들이여, 도망자를 받아들이지 마라.' 그것을 어디에선가 찾는다……. 나는 그것이 실연을 당한 극악무도한 죄인인 사람이 터 덜거리고 있는 곳 어디엔가 있으리라는 것을 알고 있기 때문이다."

따라서 그리스인들이 심각한 비극이라는 숭고한 파토스에 있어서 조차 가능한 한 모든 경우에 있어서 소년다운 아름다움에 대한 칭송을 하는 것을 조금도 부끄럽거나 수치스러운 일로 여기지 않았다는 사실은 당연하다.

소포클레스는 우리가 아직까지도 간직하고 있는 그의 한 단편에서 젊은 펠로프스에 대한 찬사를 아끼지 않고 있다(frag. 433). 유명한 회의론자였던 에우리피데스도 다음과 같은 말로 소년에 대한 자신의 열광을 표현한 바 있다.

"소년들이 어른들에게 주는 것은 참으로 얼마나 놀라운 위안인가!"

희극에서도 소년들의 아름다움을 언급하는 경우를 자주 발견할 수 있다. 그리하여 B. C. 421년에 유폴리스는 《아우톨리쿠스

(Autolycus)》라는 희극을 무대에 올리기도 했다. 이 작품의 남자 주인공인 아우톨리쿠스는 매우 아름다운 젊은이였는데, 크세노폰이 다음과 같은 칭찬을 할 정도였다(Sympos., i, 9).

"어두운 밤중에 불빛이 반짝이면 모든 눈길이 그쪽으로 쏠리듯, 젊은 아우톨리쿠스의 빛나는 미모는 우리의 눈길을 그쪽으로 향하게 만들 만했다."

다음 문장은 다목세누스의 알려지지 않은 희극(Ath., i, 15b (CAF., III, 353)) 중에 보존되어 있는데, 그 가운데 코스 섬에서 온 소년의 아름다움을 묘사하는 대목이 있다.

"열일곱 살쯤 된 소년이 공을 던지고 있었다. 그는 그럴싸한 신들을 배출해낸 코스 섬 출신이었는데, 그가 앉아 있는 사람들을 보거나 공을 잡거나 던질 때면 언제든지 우리들 모두는 일어서서 함성을 질러댔다. 그가 하는 모든 동작마다 기품과 질서와 범상치 않은 특징이 서려 있었다. 나는 그와 같은 우아함에 대해서 예전에는 결코 듣거나 본 적이 없다. 내가 그곳에 좀더 머물러 있었다면, 안 좋은 인상을 가졌을지도 모른다. 그러나 지금 나는 내가 잘한 것이라는 생각이 들지 않는다."

그리스의 희극에 등장하는 무명의 한 시인은(CAF., III, 451, Plutarch, Moralia, 769b) 우리에게 다음과 같은 문장을 남겼다.

"그의 매혹적인 미모를 주시하다가 나는 미끄러지고 말았다……. 수염이 나지 않은 부드럽고 아름다운 젊은이……. 나는 그를 끌어안고 묘비명을 세울 수 있다면 죽을 수도 있으리라."

위의 단락을 읽고 난 다음에 소년의 아름다움에 대한 위와 같은 찬사는 시인들의 이상적인 기질에 따라 과장되게 표현된 것일 뿐이라는 견해를 제시하는 사람은 누구든지 커다란 잘못을 범하는 것이다. 그리스인들의 산문도 아름다움에 대한 영감을 불러일으키는 칭송들과 소년들의 아름다움에 대한 열렬한 찬사들로 가득 차 있기 때문이다. 필로스트라투스의 편지들만 가지고도 책 한 권을 구성할 수 있는데, 그중에서 다음과 같은 예를 들어보기로 한다.

(1) **소년에게** : 이 장미꽃들은 그대의 것이 되기를 열망하고 있으며 그 꽃의 잎사귀들은 그대에게 날아가려는 날개와 같소. 아도니스에 대한 기억처럼, 아프로디테의 선홍색 피처럼, 지상에서 선택된 열매들처럼 이 꽃들을 받아주오. 올리브 관은 선수의 머리를 장식하고 삼중관은 위대한 왕의 머리를 장식하며 투구는 전사의 머리를 빛나게 하오. 그러나 장미는 아름다운 소년의 장식품이니 그 향기와 색채가 바로 그를 닮았기 때문이오. 그대가 장미를 가지고 그대 자신을 장식하는 것이 아니라 장미가 그대를 가지고 자신들을 장식하는 것이오.

(2) **소년에게** : 그대에게 장미로 만든 화관을 보내오. 그대에게 기쁨

을 주려는 것이 아니라(적어도 단지 그런 뜻만은 아니오) 장미의 그대에 대한 사랑, 그 사랑 자체로부터 꽃들을 시들지 않게 하려는 것이오.

(3) 소년에게 : 스파르타 사람들은 진홍색 옷을 입는데 그 도발적인 색상으로 적을 겁먹게 하거나 핏빛을 닮은 색을 이용하여 자신들이 상처를 입었다는 것을 노출시키지 않으려 하기 때문이오. 그와 마찬가지로 그대처럼 아름다운 소년들은 오직 장미만을 가지고 무장을 해야 하며 그 꽃을 연인들이 그대들에게 선사할 수 있는 물건으로 삼아야 하오. 히아신스는 머리결이 고운 소년에게 잘 어울리며, 수선화는 머리결이 짙은 소년에게 잘 어울리지만 장미는 모든 사람에게 잘 어울리오. 한때 그 자신이 소년이었기 때문이라오. 장미는 안키세스를 얼빠지게 했고 아레스에게서는 무기를 뺏었으며 아도니스를 유혹했소. 그것은 봄의 머리결이며 대지의 빛이며 사랑의 횃불이오.

(4) 소년에게 : 그대에게 장미를 보내지 않은 나를 탓해주시오. 건망증이나 애정의 부족함 때문에 그것을 빠뜨린 것이 아니오. 그대는 너무도 해맑고 아름다우며, 그대의 뺨 위에는 그대만의 장미가 피어났으니 그밖에 또 무엇이 필요한가 하고 나 혼자 중얼거리다 보니 장미를 잠시 잊은 것뿐이오. 호머조차도 머리결이 고운 멜레아게르의 머리에 화관을 씌우려 하지 않았으며―그것은 불꽃에 불꽃을 더하는 것과 같을 것이오―아킬레스나 메넬라우스 또한 그의 시에서 머리결이 아름

답기로 유명한 그 어떤 인물에 대해서도 마찬가지였소. 또한 그 꽃은 참으로 슬픈 운명이오. 그 꽃에 주어진 시간은 너무나 짧으며 쉽게 시들어버리고 우리가 흔히 들어왔듯이 그 존재의 시작은 너무나 쓸쓸하오. 사이프러스와 페니키아 사람들이 말하듯이 장미의 가시가 우연히 그 옆을 지나가던 아프로디테를 찔렀기 때문이오. 그렇지만 아프로디테까지도 환대하지 않은 그 꽃으로 우리 자신이 화관을 만들어 쓰지 않을 이유가 어디 있겠소?

(5) 소년에게 : 그대 앞으로 보내진 아름답고 향기로운 장미가—그렇지 않았다면 나는 그대에게 결코 그 꽃을 보내지 않았을 것이오 —그대에게 도착했을 때 그토록 빨리 시들어버리는 일이 대체 어떻게 일어났단 말이오? 나는 그대에게 진정한 이유를 말해줄 수 없소. 그 꽃들이 나에게는 아무것도 털어놓으려 하지 않기 때문이오. 그러나 짐작컨대 그 꽃들은 그대와 비교됨으로써 압도당하기를 원치 않았거나 그대와 경쟁을 하는 것이 두려웠을 것이오. 그래서 그 꽃들은 그대의 살결에서 풍겨오는 훨씬 더 매력적인 향취에 접하자마자 스스로 죽어버린 것이라 생각하오. 램프의 불빛은 활활 타오르는 화염에 정복당해 어두워지고, 별빛은 태양을 이겨낼 수 없으므로 스스로 사그라들듯이 말이오.

(6) 소년에게 : 둥지는 새들에게 피난처가 될 수 있고, 물고기는 바위 밑에서 쉴 수 있듯이 아름다움의 안식처는 눈이

오. 새와 물고기들은 우연이 인도하는 대로 이리저리 방랑하고 장소를 바꾸며 떠돌아다니오. 그러나 아름다움이 일단 한번 사람의 눈에 단단하게 고정되면, 눈은 결코 아름다움의 안식처가 되기를 포기하지 않소. 그리하여 그대가 내 안에 머무는 것이며 나는 어느 곳이든 눈이라는 그물을 가지고 그대를 쫓아가오. 만일 내가 외국으로 간다면, 그대는 이야기 속의 아프로디테처럼 그곳으로부터 홀연히 나타나오. 내가 꽃밭을 가로질러갈 때면, 그대는 꽃들로부터 빛을 내며 나를 맞아주오. 그곳에서 그 꽃들을 그대처럼 키워내는 것이 대체 무엇이겠소? 꽃들도 아름답고 매력적이긴 하지만, 그들은 하룻동안만 피어 있을 뿐이오. 하늘을 올려다볼 때면, 나는 태양이 사라져버린 자리에 그대가 환하게 빛나고 있다는 생각을 하오. 그러나 밤의 암흑이 우리 주위에 내려올 때면, 나는 두 개의 별을 볼 뿐이오. 헤스페루스와 당신 말이오.

남자를 즐겁게 해주는 남자

그리스 산문 문학으로부터 소년들의 아름다움을 찬양하는 단락을 뽑아낼 경우, 그 수가 너무 많아 모두 세보기도 불가능할 정도이다. 그러나 다행스럽게도 루키안에게서 발췌할 수 있는 작품들은 비교적 적은 편이다.

먼저 《죽은 자들(디오게네스와 폴리데우케스)과의 대화》에서 '고

유괴당하는 가니메데

운 머리결, 검게 빛나는 눈망울, 붉은 혈색, 단단한 근육과 넓은 어깨'는 남성적 아름다움의 지표로 명명되고 있다.

루키안의 《카리데무스(Charidemus)》는 전체가 아름다움의 본질을 규명하는 데 바쳐지고 있다.

"당신이 알고 싶어하는 우리의 대화는 아름다운 클레오니무스에 대한 것이었소. 그가 나와 그의 아저씨 사이에 앉아 있을 때였소. 이미 말했듯이 무식한 사람들이 대부분인 손님들은 그에게서 눈길을 떼지 못했으며, 거의 모든 일을 잊어버리고 그만을 바라보는 데 열중하며 끼리끼리 그의 아름다움에 대해 칭찬하는 얘기를 나누는 데 골몰했소. 우리도 사람들이 자신들의 훌륭한 기호를 한껏 높게 평가하지 않을 수 없다는 것을 알고 있소.
하지만 우리는 클레오니무스의 아름다움을 우리 스스로가 특별하게 여기는 한, 문외한들이 우리를 압도하도록 그대로 방치해두는 것은 용납할 수 없는 태만함이라고 여기지 않을 수 없었소. 따라서 우리는 당연히 우리가 차례대로 짧은 즉흥 연설을 해야 한다는 생각이 들었소. 점점 커지는 그의 거만함을 피하고 고상함을 키우기 위하여, 우리가 젊은이에 대한 특별한 칭찬을 일방적으로 행하는 것은 적당한 일처럼 보이지 않았기 때문이오."

또한 필로는 소년의 아름다움에 대해 칭송하는 글을 다음과 같이 시작하고 있다.

"모든 사람들은 아름다워지고 싶어하지만, 실제로 그만한 가치가 있다고 생각되는 사람은 거의 없다. 그와 같은 아름다움의 은혜를 입은 소수의 사람들은 항상 가장 행복하며, 신과 인간들에 의해 명예롭게 여겨질 만한 가치를 가지고 있는 사람들이다. 여기에 그에 관한 증거가 있다. 신과 교제할 만한 자격이 있다고 생각되는 모든 인간 존재들 중에서 그의 아름다움 덕분에 신의 호감을 얻지 않은 자는 단 한 사람도 없다.

펠로프스가 신들과 함께 그들의 신탁에서 불로장생의 음식을 함께 나누게 된 것도 순전히 그의 아름다움 덕분이다. 다르다누스의 아들인 가니메데가 신들의 우두머리에 대해 놀라운 힘을 가질 수 있었던 것도 그가 가장 좋아하는 곳인 이다의 하늘로 올라와 날아다니는 동안 제우스가 다른 신들이 그와 함께하지 못하도록 함에 따라 결국 제우스와 항상 함께 머물 수 있었기 때문이다. 제우스는 아름다운 젊은 이들에게 다가갈 때면 모든 사람들에게 매우 부드럽고 친절하게 대하므로 마치 제우스다운 성질을 내팽개친 것처럼 보인다. 그리고 자신의 모습으로 인해 그가 좋아하는 사람들이 즐거워하지 않을까 봐 항상 다른 누군가의 형상으로 위장했으며, 그 형상은 언제나 아름다운 모습이었기 때문에 그를 보는 사람은 누구든지 그 유혹에 넘어가고 말았다. 아름다움에는 그와 같은 명예와 존경이 따르는 것이다!"

그러나 제우스는 아름다움의 영향을 미칠 수 있는 유일한 신은 아니다. 신들의 역사를 관찰하는 사람들은 누구든지 이 문제에 있어서만큼은 모든 신들이 똑같은 취향을 가지고 있다는 것을 알게 될 것이다. 예컨대 포세이돈은 아름다운 펠로프스의 희생자가 되었으며, 아폴로는 히아킨투스에게, 헤르메스는 카드무스에게 현혹되었다. 아름다움이 그토록 고귀하고 신성한 것이며 신들의 눈으로 보기에도 그처럼 높은 가치가 있는 것이라면, 말이나 행동에 있어서 우리가 도와줄 수 있는 모든 것을 실행함으로써 그것을 찬미하는 데 공헌을 하고, 또한 미에 대한 태도에 있어서 신들을 모방하는 것이 우리의 의무가 되어야 하지 않겠는가?

마지막으로 필론은 범국가적인 체육 경기에서 그의 눈을 즐겁게 해주는 기쁨은 경쟁자들의 용기와 끈기, 그들의 아름다운 몸매, 활기 넘치는 팔과 다리, 쉽게 꺾이지 않는 기지와 기술, 불굴의 힘과 대담함, 뛰어난 인내심과 지구력, 그리고 좌절하지 않는 승부욕이라고 표현한 바 있다.

더 나아가 우리는 루키안의 글(Scytha, xi)에서 다음과 같은 단락을 접할 수 있다.

"첫눈에 남성다운 매력과 우아한 자태로 당신의 마음을 사로잡은 젊은이라도 그가 입을 열어 말을 시작하자마자 당신의 귀를 속박할 수도 있다. 그가 말을 공공연히 하는 만큼 우리의 감정은 알키비아데스를 향한 경험을 했던 아테네 사람들처럼 될 것이다. 아테네 전체 시민들은 너무나도 주의를 기울여 그의 말을 들었으므로 마치 그가 말하는 모든 것을 입과 눈으로 집어삼키려는 사람들처럼 보였다. 유일한 차이는 아테네 사람들은 곧 알키비아데스에 대한 자신들의 열광적인 사랑을 후회하기 시작했으나 반면에 지금 여기의 전체 시민들은 그 운동선수를 사랑할 뿐만 아니라, 아직 그의 나이가 젊음에도 불구하고 존경할 만한 가치가 있다고 생각한다는 점이다."

그리스 미술의 남성미

그리스인들에게 소년다운 이상형이 얼마나 대단해 보였는가 하는 것은 조형 예술에 있어서 특히 여성적인 아름다움을 소년과 청년의 기본형을 대략적으로 반영하여 표현했다는 사실로부터, 더 나아가 지상의 아름다움을 나타내는 모든 구조물에 대해서도 그와 같은 평가를 내릴 수 있다는 점으로 미루어 짐작할 수 있다. 이러한 주장이 진실이라는 것은 그리스 미술사를 다룬 도화집을 빠르게 넘겨보는 것만으로도 입증된다. 실제로 여성적 매력의 표준형과 사이렌과 같은 유혹적 여성을 나타낼 때조차도 소년스럽게 표현하는 경우가 자주 있었다. 그리스 미술, 특히 도자기 예술에 있어서 소년과 청년은 매우 빈번하게 등장하며, 소녀들에 비해서 세부적인 면에 대해서까지 훨씬 더 큰 주의가 기울여졌다. 뛰어난 도자기 작품들 중에 한 점을 우연히 관찰해본 사람들은 그와 같은 사실로부터 충격을 받기도 한다. 무엇보다도 애용된 주제는 젊은 에로스가 히아킨투스, 힐라스, 그리고 그밖에 그리스 신화가 우리에게 가르쳐준 사랑스러운 소년들과 함께 있는 모습이다.

더욱이 신화에 관한 한 입문서는 히기누스의 수업을 위한 신화집처럼(Fabularum Liber, 271) 책 전체가 아름다운 미소년들의 명단으로 채워지기도 했다는 점을 기억해야 한다. 나중에 논의하게 될 파노클레스의 《에로테스》와 같은 많은 미소년과 그들의 연인들에 대한 시적인 명단을 거론할 수도 있을 것이다.

전해 내려오는 사랑의 증표

헬레네 사람들이 소년과 청년들 속에서 아름다움의 이상을 보았다는 것에 대한 그 이상의 증거는 도자기에 '칼로스(kalos, 아름다운 소녀)'라는 각인은 드문 데 비해 '칼레(kale, 아름다운 소년)'라는 각인은 아주 빈번하게 등장한다는 사실을 통해서도 뚜렷하게 확인할 수 있다. 사랑하는 사람의 이름을 새겨 넣는 이러한 각인들에 대해서는 다음과 같은 설명이 이루어질 수 있을 것이다.

기회가 제공되거나 손길이 허락되는 경우라면 어디에든지 특별히 사랑하는 친구들의 이름을 쓰거나 조각해 넣거나 급하게 긁어서 쓰는 것이 일반적인 풍습이었으며, 일부 공동체에서는 현재까지 행해지고 있는 풍습이기도 하다.

그것은 고대 그리스에서도 마찬가지였다. 우리는 수많은 문헌들을 통해서 좋아하는 소년이나 소녀의 이름을 벽이나 문, 또는 공간이 있는 곳이라면 어디에든지 써 넣는 것이 그리스 사람들의 관습이었다는 것을 명백하게 확인할 수 있다. 특히 루키안의《창녀들의 대화》에 대해 논할 때 거론했던 아테네의 케라미쿠스에서 그런 경우가 많았으며, 나무의 껍질에 새겨 넣는 경우도 있었다. 실제로 위대한 예술가인 페이디아스는 올림피아에 제우스의 거대한 조각상을 만들면서, 그 손가락에 '아름다운 판타르케스' 라고 그의 애인 이름을 조각해놓고도 전혀 부끄러워하지 않았다(Pausanias, v, 11, 3 ; vi, 10, 6 ; 15, 2 ; C lem. Alex., Protrepticon, 35c). 아리스토메데스라는 일꾼이 '히페우스는 아름답다! 아리스토메데스에게는 그렇게 보인다.' 라고 긁어놓은 벽돌이 지금까지 보존되고 있다(CIGr., 541). 감상적인 연인은 죽은 애인(여성)의 이름에 '아름다운' 이라는 말을 덧붙여서 자신의 피를 가지고 무덤에 써놓기도 했다(Photius, Bibliotheca, 94-p.77, Becker).

좋아하는 소년들의 이름이 무덤 위에 쓰여지기도 했는데, 아라투스에 있는 한 묘비명(Anth. Pal., xii, 129)에는 다음과 같은 글이 아직까지 보전되어 있다.

> "필로클레스 아르기베는 아름답다. 코린트의 기둥과 메가라의 묘비석에 그는 암피아라우스의 목욕탕만큼 정결하다고 쓰여 있기도 하다. 그러나 돌 위의 증언이 무슨 필요가 있겠는가? 그를 아는 모든 사람들이 그것을 인정할 테니까."

사랑의 증표를 도자기 위에 새기는 것은 하나의 단계에 불과하다. 어떤 경우에는 '아름다운'이라는 말만 발견되기도 하지만, '소년은 아름답다.'라는 형식이나, 혹은 이름을 결합시켜 새겨 넣은 그리스 자기들이 빈번하게 발견된다. 또한 기둥이나 방패, 대야, 발판, 제단, 상자, 가방, 원반의 가장자리 등등 그밖의 수많은 물건에도 이름을 새겨 넣었다. 도자기에 일상적인 대화 내용을 새기기도 했는데, 파도치는 듯한 글씨로 다음과 같은 글을 새겨 넣은 뮤니히에 있는 장식물을 예로 들 수 있다.

A. 도로테우스는 아름답다. 오 니콜라스, 아름다워라!
B. 내가 보기에도 그는 정말 아름다워 보인다. 그러나 또 다른 소년인 멤논도 아름답다.
A. 나에게도 그는 아름답고 사랑스럽다.

　애인에 대해 '아름다운 소년'이라는 글자를 새겨 넣는 것은 교실 풍경을 나타내는 도자기들에서도 발견된다. 예컨대 종종 복제되기도 하며, 지금은 구베를린 박물관의 고미술품 전시관에 소장되어 있는 두리스의 붉은색 사발을 예로 들 수 있다.
　애인에 대해 새긴 이러한 문구들을 문자적으로 이해할 수 있는 경우도 있지만, 그 특징이나 의도를 적절하게 설명할 수 없는 경우도 있다. 그러나 여태까지 수행된 연구의 결과 다음과 같은 명제들로 요약해낼 수 있다.

(1) 본질적으로 연인들의 이름은 기원전 5세기의 70년대라는 기간에만 국한하여 아테네의 도자기에서만 일상적으로 새겨졌다.

(2) '칼로스(kalos, 아름다운)'라고 새겨진 글자는 여러 가지 의미를 가진다. 어떤 때는 예술가가 스스로를 칭찬하기 위해 새겨놓은 경우가 있다. 또 다른 경우는 제작자가 이런저런 형태로 제작해 본 것이 특별히 성공을 거두었을 때 그에 대한 소박한 즐거움을 표현하기 위하여 그가 개인적인 의도로 새긴 것이라고 볼 수 있다.

(3) 그러나 좀더 많은 경우에 도자기 제작자는 그가 사랑하는 애인인 소년에 대한 칭송을 나타내길 원한 것이다.

(4) 마찬가지로 대다수의 경우는 예술가에게 도자기를 주문한 사람이 '아름다운 히피아스'라는 글자를 추가하거나 또는 그것을 선물하려는 소년에게 그의 육체적 아름다움을 칭찬해줌으로써 그를 더욱 기쁘게 해주려는 의도로 이름을 새겨 넣은 경우다. 특히 당시에는 모든 소년들이 자신의 아름다움에 대해 긍지를 느끼고 있었으며, 그의 정신과 육체의 우수성을 칭찬해주는 사람을 발견하는 것을 불명예가 아닌 대단한 명예로 생각했다.

(5) 마지막으로, 도자기 제작자가 자신들의 작품에 미모와 재기로 온 도시를 열광시킨 소년과 청년의 이름을 새겨 넣기도 했다. 모든 사람들에게 우상으로 여겨지고 있는 소년의 이름으로 작품을 장식함으로써 많은 제작자들이 좀더 원활하게 작품을 매각할 수 있었을 것이라고 가정할 수도 있다.

이상적인 남성관

아름다움의 절정, 눈

주요한 특징에 있어서 그리스인들의 미의 이상을 고려해보고, 그
것을 현대적 관점에서 좀더 이해하기 쉬운 형태로 만들어보려는 시
도를 해본 뒤에, 우리는 그리스인들의 이상적 소년상에 대한 세부
적 내용에 좀더 밀접하게 다가가야 한다.

소년의 모든 신체적 매력 중에서도 그리스인들이 눈 이상으로 매
혹되었던 것은 아무것도 없다. 그에 따라 많은 시들은 눈을 가장 뛰
어난 아름다움으로 노래하고 있다. 아마도 소포클레스는 한 단편에
서 젊은 펠로프스의 눈에 대해서 다음과 같이 말할 때 가장 아름다
운 단어를 발견했던 모양이다.

"그의 눈은 황홀한 사랑의 마술[frag. 433(Nauck) Ath., xiii, 564b]. 자신을 뜨겁게 하고 나는 바싹 태워버리는 불길로 활활 타오르도다."

그리고 《아킬레스의 사랑》이라는 희곡에서[frag. 161(Nauck)] 소포클레스는 "번득이는 눈빛 때문에 타오르는 갈망"과 "사랑의 화살을 쏘아대는 눈길"에 대해 말하고 있다. 그러한 말들을 인용했던 헤시키우스(iii, 203)는 "주목하는 것에 의해 사랑은 시작된다."라는 그리스 속담에 따라 사랑받는 사람의 눈은 사랑으로 들어가는 입구라는 것을 우리에게 상기시켜주고 있다.

우리는 이미 리킴니우스가 그의 애인의 아름다운 눈에 대해 어떻게 말했는지에 대해 언급한 바 있다(p.190). 사포는 "친구여, 나의 앞에 서서 당신의 그 눈에 우아한 빛을 드리워주오."라고 구걸하기도 한다(Ath., xiii, 564d). 우리는 아나크레온으로부터 다음과 같은 운문을 접할 수 있다[frag. 4 (Bergk)].

"오 소년이여, 처녀의 표정으로 나는 그대를 구했지만 그대는 들은 척도 않는구나. 그대가 마차를 타고 나의 마음 위로 달려간 것도 모른 채."

탁월한 시인인 핀다르는 전부 다 보존되어 있지는 않지만, 다음과 같이 시작되는 글을 남겼다[frag.123 (Bergk)].

"좋은 일이다. 마음내키는 대로 원하는 계절에, 인생의 절정에서, 사랑의 꽃을 고르는 건. 그러나 테오크세누스의 눈에서 쏘아대는 광채를 한 번이라도 본 사람은 누구든지 욕망이 일렁이지 않는다. 불꽃이 얼어붙은 그의 검은 가슴은 강철이나 단단한 돌로 굳어버렸기 때문이다."

고대 세계에서 가장 보편적이며 방대한 사상을 가지고 있었던 위대한 철학자 아리스토텔레스(frag. 81R, Ath., xiii, 564b)는 이렇게 털어놓는다.

"연인들은 애인의 눈에서 그들의 육체적 매력을 발견한다. 그 안에 소년다운 덕성이라는 비밀이 머물고 있기 때문이다."

물론 소년의 눈을 찬미하는 데 서정 시인들이 가만히 뒷짐을 지고 있을 리 없다. 이비쿠스는 다음과 같이 소년의 눈을 칭송하고 있다 (frag. 2, 3).

"에로스는 다시 한 번 최대한의 매력을 간직한 짙은 눈썹 밑으로부터 웃음을 머금고 나를 응시하며, 나를 헤어날 수 없는 키프리스의 그물로 옭아맨다."

다른 시에서 그는 소년의 눈을 어두운 밤하늘에서 반짝이는 별들에 비유하고 있다.

팔라티네 앤솔러지에 실린 시인들은 특히 자주 소년들의 눈을 찬미한다. 스트라톤은 다음과 같이 노래한다(Anth. Pal., 196).

> "그대의 눈은 반짝인다, 리키누스. 신성한 고결함으로 나의 눈을 정
> 복하려는 듯 불꽃을 쏘아댄다. 두 눈이 너무나 밝게 빛나 짧은 순간
> 조차도 나는 그대를 마주볼 수 없다."

그리고 다른 단락에서는(ibid., 5)

> "나는 갈색 눈빛 또한 물리칠 수 없다. 그러나 나는 무엇보다도 번쩍
> 이는 검은 눈을 사랑한다."

아름다운 눈이 칭송받고 있는 이러한 몇개의 문장들은 소년들의
육체적 매력에 대해 그리스인들이 표한 경의를 생각해보게 한다.
소년의 신체의 다른 부분들도 눈만큼 찬미의 대상이 된 것은 사실
이지만, 각 부위에 관심을 두고 있는 그리스 작가들의 글로부터 적
절한 인용문들을 종합적으로 끌어내고, 각 부분의 육체적 매력을
일일이 고려함으로써 현대의 독자들을 지겹게 만들 필요는 없으므
로, 특별한 주의를 불러일으키는 다른 육체적 매력에 대해서는 간
단한 언급만 하고 넘어가는 것으로도 충분할 것이다.

소포클레스는 비극 시인 프리니쿠스의 운문에서 뺨에 수줍은 듯
한 홍조가 불꽃처럼 매력적으로 피어오르는 소년의 모습에 대해
"그의 불긋한 뺨에는 사랑의 불길이 피어오르고 있도다."라고 인용
한 바 있다(frag. 13 ; TGF., p.723, Ath., xiii, 604a). 또한 소포

클레스 자신은 "에로스가 불침번을 서고 있는 부드러운 뺨"이라고 노래하였다(Antigone, 783).

그리스인들에게 소년들의 아름다움을 나타내는 중요한 부위 중의 하나는 머리카락이었다. 호라케는 위대한 시인 알카이우스에 대해 다음과 같이 증언한다(Odes, i, 32, 19).

> "그는 바쿠스와 뮤즈와 비너스와 언제나 그녀 옆에 착 달라붙어 있는 소년, 그리고 검은 눈과 검은 머리카락으로 두드러져 보였던 리쿠스에 대해 노래했다."

우리가 키케로의 말을 믿을 수 있다면(Nat. Deor., i, 28, 79) 알카이우스는 한동안 이 리쿠스라고 하는 소년의 손가락에 난 사마귀점으로부터 특별한 감흥을 얻었던 모양이다.

코미디 작가인 페레크라테스는 다음과 같은 말로 멋진 고수머리로 장식한 소년의 모습을 칭찬한 적이 있다(frag. 189 ; CAF., I, 201).

> "오! 그대, 금발이 너울거리며 빛나는구나."

아나크레온은 사모스의 통치자인 폴리크라테스의 궁정에서 묵고 있을 때, 궁중의 시동들 중에서 스메르디스라고 하는 아름다운 소년과 사랑에 빠졌다. 그는 소년의 화사한 머리카락을 아무리 오래 바라보거나 검게 뒤엉킨 그 머리타래를 그의 시에서 아무리 찬미해도 지겨운 줄을 몰랐다(Aelian, Var. hist., ix, 4). 소년다운 허영심에 스메르디스는 그의 칭찬에 대해 몹시 즐거워하며 시인에게 자신의 모든 것을 아낌없이 내주었다. 그러나 혹독한 전제군주이며 질투심 많기로 유명했던 폴리크라테스는 소년과 시인을 골려주기 위해 그의 머리카락을 잘라버렸다. 그러나 시인은 조금도 당황하지 않았으며, 마치 그 소년이 자신의 자유의사에 따라 자신에게서 머리카락이라는 장식물을 없애버린 것처럼 행동했고, 소년의 우둔한 행동을 탓하는 새로운 시를 짓기도 했으니, 결과적으로 그것은 소년의 미모를 칭송하는 행위가 되어버렸다. 그 시에 대해서는 다음과 같은 몇마디밖에는 보존되어 있지 않다.

"그는 아무리 봐도 흠잡을 데 없는 부드러운 머리결의 아름다움을 잘라버렸지만 전에는 그것을 발랄하게 뒤로 쓸어넘기곤 했다."

아나크레온의 이상적인 소년상에 대해(frag. 48, 49) 우리는 오늘날에도 생생한 아이디어를 만들어낼 수 있다.

그의 또 다른 애인은 바틸루스였다(Maxiums of Tyre, xxxvii, 439 ; Horace, Epod., 14, 9). 그는 미모뿐만 아니라 플루트와 시타라를 연주하는 솜씨로도 시인의 마음을 사로잡았다. 아풀레이우스의 서술에 따르면, 폴리크라테스는 그 젊은이의 조각상을 사모스에 있는 헤라 신전에 세우도록 했다고 한다(Apuleius, Florilegium, ii, 15).

소년들의 높은 지적 수준

고대의 관념에 의하면, 사랑은 아름다움에 대한 갈망에 불과한 것이었으며, 따라서 그리스인들의 감각적인 사랑이 소년들을 지향했다는 점은 전혀 놀랄 만한 일이 아니므로, 소년들과의 접촉을 통해 공동체 정신을 추구하고 발견했다는 점을 우리는 우선적으로 이해해야 한다. 소녀들과는 하잘것없는 농담밖에 지껄일 수 없지만 소년들과는 이성적인 대화가 가능하며, 그러한 대화를 통해 좀더 고도로 발전하고 풍부해진 소년의 지적 능력도 이상적인 아름다움에 덧붙여졌다. 그리하여 그리스인들은 신뢰할 수 있는 동성의 동료를 감각적일 뿐만 아니라 지적인 안식처로 삼았던 것이다. 고대 그리스인들의 소년에 대한 사랑은 우리 현대인들에게는 풀리지 않는 수수께끼처럼 보이지만, 소년에 대한 사랑의 역사와 문학에서 나타나는 그에 대한 표현들로부터 동성 연애에 대해 가장 단호한 견해를 지니고 있는 사람들이 그리스 문화에 있어서 가장 중요하고도 영향력 있는 옹호자라는 사실을 입증할 수 있다.

테오도르 도블러는 스파르타에 대한 그의 책에서(Leipzig, 1923) 이 문제에 대해 다음과 같이 표현하고 있다.

"그리스 사람들의 소년에 대한 사랑이나 사포가 그녀의 소녀들에 대해 매혹을 느꼈던 것 등을 무언가 고귀하고 신성한 것으로 인정하지 않는 사람들은 그리스인들의 면전에서 그것을 부정해버린다. 인간의 내면에 자리잡고 있는 자연적인 충동과 욕망의 다양성에 조금도 아랑곳하지 않았던 페르시아의 폭정을 완전히 파괴해버리고 유럽이 진정한 자유를 얻게 된 것에 대해서 우리는 인류의 가장 고상한 어떠한 예술가들에게보다도 그리스의 영웅적인 연인들에게 더 많은 빚을 지고 있다. 스파르타의 전성 시대 때에는 소년을 사랑하는 것에 대한 어떤 공격도 파괴적인 효과를 동반했으며, 사람들의 의사에 반하는 바람직하지 못한 행동으로 간주되었다(Cf.Lucka, Die drei Stufen der Erotik,p.30 ; M. Hirschfeld, Die Homosexualitat des Mannes und der Weibes, 1914)."

술자리의 흥을 더하는 색다른 매력

앞에서 스케치한 특징들이 존재하는 것이라면 소년들은 고려의 대상이 될 만한 가치가 있다.

팔라티네 앤솔러지의 열두번째 책에 소년에 대한 사랑의 찬가가 보존되어 우리에게 전해지고 있다. 문학적, 역사적 고찰을 통해 우리는 이것으로 돌아가야 하지만, 시집에 있는 시 단락들로부터 개인적인 양상들을 묘사해내거나 시인들의 시 그 자체로부터 부분적으로 인용되는 것만 가지고도 현재로서는 만족할 수 있을 것이다.

만약 스트라톤이 '소년다운 모든 것'이 자신의 마음을 사로잡는다고 고백한다면(Anth. Pal., xii, 198), 그것은 스트라톤 자신만의 정신 상태를 드러낸 것이 아니라 거의 대부분의 그리스인들의 마음을 나타낸 것으로 보아야 한다.

다른 시에서 그는 다음과 같이 고백한다(Anth., Pal., xii, 192).

"나는 자연의 학교가 아니라 예술의 학교에서 공부하고 있는 긴 머리

나 쓸데없이 불필요한 곱슬머리 소년에 대해선 매력을 느끼지 못하
지만 운동장에서 풍겨오는 소년들의 끈끈한 땀냄새와 기름을 바른
소년의 육체에서 발하는 광채에서는 매력을 느낀다. 나의 사랑은 치
장하지 않았을 때는 아름답지만, 인공적인 아름다움은 여성인 키프리
스의 조작일 뿐이다."

고대 문학과 미술에서 술자리가 등장할 때면 언제든지 손님들에
게 포도주를 따라주거나 함께 농담을 나누고, 심지어는 자신의 호
사한 머리카락을 타올로 제공하기도 하는 소년들의 모습이 발견된
다. 페트로니우스는 단 하나의 보기만을 언급하고도 이에 대한 정
보를 우리에게 제공하고 있다(27, 31, 41). 그는 어떻게 "알렉산드
리아에서 온 소년들이 눈으로 식힌 물을 손을 씻는 손님들의 손에
부어주는 동안 다른 소년들은 발을 씻어주고 극도의 주의를 기울여
손톱을 다듬을 수 있었는가."에 대해 이야기한다.
    그는 또 다른 단락에서는 다음과 같이 말한다.

"우리가 대화를 끝마치자, 매우 아름다운 소년이 머리에는 포도와 담
쟁이덩굴로 만든 관을 쓰고 포도송이가 담긴 작은 바구니를 들고 우
리에게 다가와 종처럼 맑은 목소리로 노래를 불렀다. 우리가 기뻐하
며 키스로 답례하자, 소년은 수줍은 듯 발랄하게 도망쳐 우리의 마음
이 흡족했다."

소년스러운 이상형과 술자리가 그리스인들에 의해 얼마나 밀접하
게 연관되었는가는 필로스트라투스의 다음과 같은 문장을 보면 명

백해진다[i, 105, 13 (kayser)].

"인도 왕의 궁전에는 자동 인형이 운반하는 값비싼 세다리 탁자가 네
개 있었는데, 그 자동 인형들은 '그리스인들이 가니메데나 펠로프스
일 것이라고 상상할 만큼 아름다운' 소년의 형상이었다. 코미디 작가
인 필릴리오스의 단편[Ath., xi, 485b (CAF., I, 783)]에 등장하는 것
과 같이 흥청망청 마셔대는 질탕한 술자리에 소년들이 참석하는 경
우도 자주 눈에 띈다."

남 창

남창에 대한 일반적인 사항

모든 시대를 통틀어 모든 민족들 사이에서 사랑은 돈을 주고 구매할 수 있는 것이었으며, 비록 매우 다양한 이유에서 잘못된 것으로 간주되기는 하겠지만 앞으로도 계속 그러할 것이다. 남창 역시 사랑 그 자체만큼이나 오래 된 것이다. 우리는 이미 신전의 매음 현장에서 여인들 뿐만 아니라, 아름다운 소년들도 눈에 띈다는 것을 충분할 정도로 자주 얘기해온 바 있다.

솔론 시대에 아테네에서 남창이 얼마나 널리 퍼졌는가는 한 위대한 정치가이며, 시인이자, 철학자가 "남창은 남성의 자기 결정에 따른 자유로운 의사 표현이었기 때문에 자유 시민에게만 허용될 수 있었고, 법적으로 노예의 남색 행위를 철저하게 금했을 뿐만 아니라 자신의 미모를 매매하는 자들에 대해서도 처벌을 가했다."라고 밝힌 사실로부터 분명하게 드러난다.

우리가 솔론 시대의 이러한 남창에 관한 법률들에 대해 상당한 지식을—세부적인 내용으로 들어가보면 공허한 부분도 있지만—빚지고 있는 인물인 웅변가 아이스키네스는 아테네 남창에 대해 이렇게 말한다(Tim., 13, 138, 137).

"돈을 받고 자신의 몸을 파는 사람은 누구든지 국가 공통의 이익을 조금이라도 희생시키는 것을 두렵게 여겼다."

그리스인들은 성인 남자와 젊은이 상호간의 호감을 전제로 한 관계는 언제나 승인했으나, 소년이 돈을 받고 자신을 파는 것에 대해서는 반발했다. 이것은 티마르쿠스에 대한 아이스키네스의 유명한 연설뿐만 아니라, 다른 저자들의 많은 문헌들을 통해서도 분명하게 입증된다. 직업적인 남성의 사랑은 '에타이레시스(etairesis)' 또는 '에타이레이스(etaireis)'라고 불렸고, 돈을 받고 자신을 파는 행위는 '에타이레인(etairein)'이라고 불렸다.

소년과 청년들이 돈이나 선물 또는 두 가지를 모두 받고 어디에서나 몸을 팔았다는 것을 입증하는 수많은 증거들을 그리스의 저작들로부터 인용할 수 있다. 증거를 통하여 우리는 아리스토파네스의 다음과 같은 글을 생각해볼 수 있다(Plutus, 153).

"그들이 말하기를, 소년들이 자신들의 연인을 위해서가 아니라 돈을 위해서 그짓을 한다는 거야. 그건 호모들이나 할 짓이지 좀더 훌륭한 사람들이 할 짓은 아냐. 훌륭한 사람들은 절대 돈을 요구하지 않거든."

따라서 우리는 소년들의 탐욕스러움에 대한 시인들의 불평에 대해 그대로 조용히 지나쳐서는 안 된다. 특히 그들은 그러한 탐욕이 교태를 부리는 기술에 의해 어떻게 은폐되었는지에 대해 잘 알고 있다. 스트라톤은 다음과 같이 불평한 바 있다(Anth., Pal., xii, 212).

"아 슬프도다! 어찌하여 눈물을 흘리며 그토록 슬픔에 잠겨 있느냐, 나의 소년이여. 나에게 솔직히 말해다오. 나는 알고 싶다. 대체 무엇이 문제인가? 너는 나에게 빈 손을 내밀었다. 나는 받아들였다! 아마도 너는 대가를 요구할 모양이다. 대체 그런 것을 어디서 배웠단 말인가? 너는 더 이상 시드케이크 조각과 향긋한 참깨와 땅콩 같은 건 좋아하지 않는구나. 너의 마음은 **이미** 이득에 눈멀었구나. 너에게 그것을 가르친 자에게 화가 있으라! 그가 나의 소년까지 망쳐놓다니!"

이러한 즐겁지 못한 주제는 약간 변화된 형태로 뮤즈의 소년들에 의해 영감을 불러일으키는 모티브로 매우 빈번하게 등장한다. 그러나 우리는 단 하나의 대표적 사례면 만족할 수 있을 것이다.

특히 저명하거나 외모가 뛰어난 사람은 스스로 자신들의 몸을 제공하고자 달려드는 소년들의 접근을 거절하지 못했다. 따라서 카리스티우스는 그의 《회상록》에서 다음과 같은 말을 했다(Ath., xii, 542f-FHG., IV, 358).

> "아테네의 모든 소년들은 데메트리우스의 특별한 애인인 디오그니스를 너무도 질투했다. 소년들은 데메트리우스와 친해지기를 갈망했으며, 그리하여 도시에서 가장 아름다운 젊은이들도 그가 오후에 길을 지나갈 때면 그의 눈에 띄기 위하여 모두들 그가 있는 곳으로 몰려가곤 했다."

  소년들을 돈으로만 살 수 있었던 것은 아니다. 계약에 의해 장기 또는 단기의 기간으로 고용할 수도 있었다. 그밖의 다른 증거로 우리는 플라타이아이 태생인 한 소년을 사랑했던 테오도투스라고 하는 아테네사람을 위하여 기원전 393년에 리시아스가 작성한 법정변론 내용에서 특히 재미있는 증언을 취할 수 있다. 그는 시몬이라는 사람으로부터 고의적인 폭행 혐의로 고소를 당했는데, 시몬 역시 그 소년을 사랑하던 사람이었다. 당시에 폭행죄는 추방이나 재산 몰수 등으로 처벌할 수 있는 범죄행위였다. 이 기억할 만한 법률 서류에는 성인이 청년을 성적인 목적으로 이용하기 위해 계약에 의해 고용하는 과정이 매우 상세하고도 솔직하게 진술되어 있다. 테오도투스는 화해의 조건으로 300드라크마(약 12파운드)를 받았다고 한다.

남창의 여러 가지 형태

그러나 그 이상이다. 우리가 가지고 있는 몇가지 문헌으로 미루어 보건대 그리스, 적어도 아테네와 그밖의 항구 도시에는 소년과 청년들만 몸을 팔거나, 때로는 소녀들도 함께 돈을 받고 몸을 파는 숙박 시설이나 유곽이 있었다는 것이 상당히 확실해보인다. 이에 대해 아이스키네스는 이렇게 말했다.

> "장사꾼으로 보이는 사람들이 '여인숙' 안에 앉아 있으면 그들을 눈여겨보라. 그들은 부끄러움을 감추기 위해 커튼 같은 것을 치거나 문을 닫기도 한다(Tim., 30)."

그런 집들의 안쪽에 있는 밀실에는 전쟁 포로로 잡혀왔다가 나중에 돈에 팔려온 젊은이들이 있는 경우가 아주 많았다. 이에 대해 가장 잘 알려진 사례는 엘리스의 파이도일 것이다(Diog. Laertes, ii, 105). 그는 소크라테스가 죽음을 맞이하는 바로 그 날에 영혼의 불멸성에 관한 유명한 대화를 나눈 인물이기도 하다.

파이도는 명문가 출신이었는데 나이가 매우 어렸던 그는 엘리스와 스파르타 간에 전쟁이 벌어지던 시기에 적들의 손에 포로가 되어 아테네로 팔려왔고, 그곳에서 '여인숙'을 소유하고 있는 사람에게 다시 팔렸다. 소크라테스는 그와 친숙해지자 자신을 따르는 유복한 추종자에게 그를 사서 그 집에서 빼내도록 권유했다. 아마도 플라톤이 쓴 가장 감동적인 글이며 많은 사람들의 칭송을 받았던

《파이도》는 비록 강압에 의한 것이며, 그 기간이 짧았다고는 하지만 어쨌든 한때나마 누구든지 돈을 주고 살 수 있었던 유곽에서 몸을 드러내놓고 진열되어 있었던 젊은이의 이름을 딴 것이다. 또한 그가 《파이도》의 상당히 많은 비중을 차지하고 있다는 것은 분명히 놀랄 만한 사실이다.

그러나 자유로운 젊은이들도 자신의 몸을 팔아 돈을 벌기 위하여 자발적으로 그러한 집들을 기웃거리곤 했다. 그 때문에 아이스키네스는 티마르쿠스를 다음과 같이 비난하고 있다(Tim, 40).

"그는 소년 시절이 지나자마자 그러한 거래행위를 배운다는 핑계를 대고 유티디쿠스의 목욕탕이 있는 피라이우스에 머물렀다. 그러나 사실 결과를 보면 그 자신을 팔려는 의도였다."

아이스키네스의 또 다른 말에 의하면, 소년 매춘은 그 상대자들이 '여인숙[남창이 있는 유곽에 대해서는 티마이우스도 언급하고 있다(Polyb., xii, 13-FHG., I, 227)]'을 방문하는 때에만 이루어졌던 것이 아니라, 소년들이 상대자들의 집으로 찾아가기도 했다. 그런 일은 여관 주인의 처리에 의해서 이루어지거나, 축제 때에는 손님들의 요청에 의해 이루어지기도 했다. 아이스키네스는 다음과 같이 말한다.

"오 아테나이우스여, 미스골라스는 다른 점에 대해서는 존경을 받고 흠잡을 데가 없는 사람이지만, 소년에 대한 사랑에 너무나 탐닉한 나머지, 하루라도 그의 주위에 시타라를 연주하는 소년과 노래하는 소년이 없으면 살아갈 수 없는 사람이다. 그는 티마르쿠스가 목욕탕에서 묵고 있는 이유를 알아채자마자 일정한 액수를 지불한 뒤에 그를 그곳으로부터 데리고 나와 자기 옆에 머물러 있도록 했다. 그가 음탕하고, 요염하고, 자신을 위해서 해야겠다고 결심한 일에 대해서는 철저하게 적응해가는 젊은이로 성장했기 때문이었다. 또한 티마르쿠스도 그 정도면 견딜 만하다고 결심했다. 티마르쿠스는 그런 일을 하는 데 아무런 양심의 가책도 느끼지 않았으며 그에게 복종하기만 했다. 그는 제공받는 모든 것에 부족함이 없기는 했지만, 그의 요구는 절제되어 있었다."

아테네의 소년 유곽 중의 하나는 아테네에서 해발 900피트 높이에 있는 리카베투스 산의 원추형 바위 위에 있었던 것 같다. 희극 시인인 테오폼푸스가 쓴 글로부터 이러한 결론을 이끌어낼 수 있는데(Schol. Pind., Pyth., 2, 75-CAF., I, 740) 그 글에서 의인화된 리카베투스 산은 다음과 같이 말한다.

"나의 바위 봉우리 위에서 소년들은 그들과 같은 또래나 다른 또래의 사람들에게 기꺼이 자신들을 내주고 있다."

더해지는 힘과 명예

이러한 사실들에도 불구하고 육욕을 그리스인들의 소년에 대한 사랑의 유일한(적어도 가장 중요한) 요소라고 가정하는 것은 극히 잘못된 일이다. 그것과는 전적으로 반대되는 경우도 있다. 그리스인들을 위대하게 만드는 모든 것, 세상이 존재하는 한 칭송을 받을 그리스 문명을 창조한 모든 것들은 공적 생활이나 사적 생활에 있어서 남성적 특징을 지니는, 유례가 없는 윤리적 가치에 뿌리를 두고 있다. 소년을 사랑하는 것에 대한 플라톤의 고견은 이미 간접적으로 언급하였고(Lagerborg, Die platonische Liebe, Leipzig, 1926), 이제는 그리스인의 동성애에 대한 윤리적 흐름을 좀더 세부적으로 서술할 때다.

그리스 윤리의 근본, 동성애

에로스는 관능적인 면에서뿐 아니라, 동성애의 이상적 측면에 대해서도 본원이 된다. 베를린 고미술관에 있는 아름다운 도자기 그림은 이러한 이상적 측면을 상징적으로 보여주며, 그 때문에 '사랑의 절정'이라고 불린다. 그 그림에서 우리는 날개가 달린 에로스가 한 소년을 데리고 황홀한 표정으로 천상의 높은 곳을 향해 날아 올라가고 있는 모습을 볼 수 있다. 소년은 한편으로는 그에게서 벗어나려고 발버둥치는 것처럼 보이지만, 동시에 사랑스럽게 에로스를 바라보고 있다. 이에 대해 하르드위크는 정확하게 말한 바 있다 (Meisterschalen, p.659).

> "아마도 여기에서 의도하고 있는 바는 때때로 소년들에게 꽃이나 시, 또는 반지 따위를 가져다 주기도 하며 생기 있는 몸짓으로, 때로는 저돌적으로 구애하기도 하는 일반적인 모습의 에로스가 성급하게 그들에게 달려들려고 하는 모습이다. 사랑에 빠진 남자가 구애를 하는 전형적인 표현인데 이 시기의 잔 위에 그려진 그림들은 그러한 모습을 사실적으로 나타내는 경우가 자주 있다."

그리스인들에게 '파이도필리아(Paedophilia)' 즉 소년에 대한 사랑은 처음에는 남자아이들을 양육하는 가장 중요한 방식이었다. 그리스인들에게 있어서 현모양처가 소녀들의 이상이었던 것처럼, 전체적으로 균형 있게 발달된 육체와 정신은 소년들의 이상적인 모습이었다. 이러한 이상형에 접근하는 가장 좋은 방법은 소년을 사랑하는 것이었다. 특히 도리아 지방에서는 국가가 모든 성인들이 젊은이를 애인으로 선택할 것을 기대했고, 더 나아가 소년은 연장자인 친구나 연인을 찾지 못하면 비난을 받았으며, 오직 도덕적 결함이 있을 때만 그와 같은 실패를 하는 것으로 간주되었다.

그리고 성인과 소년은 남성적 덕성을 발전시키는 데 있어서 가능한 한 함께 노력했다. 연장자는 연소자의 행위에 대해서 책임을 졌고, 소년에 대한 사랑은 박해박는 것이 아니라 장려되면서 국가를 지탱하고, 그리스 윤리의 근본을 유지하는 힘이 되었다. 우리가 발견하게 되는 이러한 윤리적 경향은 그리스 문학의 수많은 문장들 속에서 입증되며, 그중에서 가장 뛰어난 것이 이미 인용한(p.175-176) 바 있는 플라톤의 글이다. 그러나 역사적 사실은 플라톤이 낙관적 몽상에만 만족하지는 않았다는 것을 보여준다.

유보이아 섬에 있는 칼키스(Plut., Amat.,761)에서 훌륭한 동료애를 칭송하는 노래가 불려진 것도 바로 이러한 윤리적 분위기 때문이다. 스파르타인들이 전투에 앞서 에로스에게 제사를 드린 것과 (Ath.,xiii,561e), 신성한 부대라는 이름으로 불렸던 테베의 군대가 국가의 긍지이자, 알렉산더 대왕의 칭송의 대상이었던 것도 바로 이 때문이다. 그들이 전투에 나가기에 앞서 테베의 이올라우스 무덤 앞에서 비장한 마지막 맹세를 한 것도 같은 이유다.

칼키디아 사람들이 에레트리아 사람들과 전쟁을 하게 되었을 때 클레오마쿠스는 위풍당당한 장갑부대 사령부의 참모가 되었다. 적군의 장갑부대도 장비가 훌륭했으므로 전투는 치열했다. 클레오마쿠스는 그의 애인에게 전투하는 모습을 지켜보지 않겠냐고 청했다. 애인인 소년은 좋다고 대답하면서, 그의 친구에게 입을 맞추고는 자신의 머리에 투구를 썼다. 그러자 클레오마쿠스의 가슴에 용기가 치밀어올랐으며, 그는 죽을 각오로 적진에 달려들었다. 그는 승리를 거두었지만 다만 그 대가는 영웅적 죽음이었다. 칼키디아 사람들은 그의 장례를 명예롭게 치렀으며, 앞으로 태어날 세대에 영원한 기념이 되도록 그의 무덤에 기둥을 세웠다.

아테나이우스에 따르면, 전투를 시작하기 전에 스파르타인들이 에로스에게 제물을 바친 이유는 "그들은 바로 옆에 서서 싸우는 친구들 간의 동지애가 전투에서의 승리와 안전을 보장한다고 확신했기 때문"이라는 것이다.

테베의 '신성한 부대'도 소년을 사랑하는 그리스인들의 숭고한 윤리에 대한 가장 훌륭한 증거를 제공해준다. 고르기다스에 의해 만들어졌다고 하는 이 부대는 300명 정도 되는 귀족 가문의 남성들로 이루어졌으며, 서로 사랑과 우정의 맹세를 나누었다고 한다. 에파메이논다스의 친구인 팜메네스가 만들어낸 익살이 자주 인용되곤 한다(Plutarch, Pelop., 18). 그는 호머를 비난했는데《일리아드》에서(ii, 363) 네스토르가 패배하거나 와해되지 않는 부대를 위해선 친구들과 단짝으로 이루어진 전투대열을 만들어야 한다고 생각하여 일단 '문중과 부족에 따라 배치된' 전투부대에 사람들을 끌어들였기 때문이다. 신성한 부대는 만티네아 전투에서 자신의 존재를 멋지게 입증했는데, 그 전투에서 에파메이논다스는 케피소도루스와 함께 사망했고, 씩씩한 부대의 전통은 그리스인의 자유의 꽃이 꺾인 카이로네이아에서 패배하기 전까지는 정복당하지 않고 유지되었다. 승리자인 마케돈의 필립 왕은 교전이 끝난 전투 현장을 둘러보았을 때, 모두 가슴에 치명적인 상처를 입은 300여구의 시체를 보았다고 한다. 눈물을 억제할 수 없었던 그는 다음과 같이 말했다.

"저들과 같은 악마를 생각해낸 자들에게 화가 있으라."

테베의 신성한 군대와 유사한 것을 인용하는 것은 쉬운 일이다. 비록 소크라테스는 크세노폰의 글에서(Symposion, 8, 32), 솔직히 그들의 행위에 동의한다고 선언하지는 않았음에도 불구하고, 플라톤이 이들 부대의 희생의 고귀함과 전쟁에서 보다 뛰어났던 우수성에 대해 증언한 글은 이미 인용한 바 있다. 그러나 크세노폰의 또 다른 글(Anabasis, VII, iv, 7)을 통해서 에피스테네스와 그의 소년이 서로 상대방을 위하여 제 나름대로 죽음의 고통을 감내하려고 얼마나 경쟁했는지에 대한 내용을 접할 수 있다. 나중에 "아름다운 청년들만으로 구성된 집단을 만들고, 자신이 그들 중에서 영웅이라는 것을 입증해보인" 올린투스의 에피스테네스가 바로 그다. 《키로포이디아(Cyropoedia)》에서는(vii, 1, 30) "친밀한 친구들을 동료로 배치해놓은 전투대형보다 더 강력한 전투대형은 있을 수 없다는 것이 다른 경우에서도 수없이 입증되었다."고 말하고 있으며, 이는 쿠낙사 전투(Anab., i, 8, 25 ; i, 9, 31)에 못지않던 키루스와 크로이수스 간의 전투에서도 확인된다. 그 전투에서 키루스의 젊은이들은 그들의 "친구들과 동료 전우들"과 함께 영웅적으로 죽음의 고통을 함께했다.

이 모든 것은 아일리안에 의해서도 확인되고 있는데(Var. hist., iii, 9), 그는 사랑을 하지 않는 전사는 아레스에 의해서만 영감을 받는 데 반해, 사랑을 하고 있는 사람은 아레스와 에로스라는 두 신에 의해 활기를 얻게 된다는 말을 함으로써 희생의 기쁨을 설명하고 있다. 소년들을 사랑하는 것에 대해 찬성하는 태도를 보이지 않는 플루타크의 《에로티쿠스(Eroticus)》에서조차도 전쟁에서 나타나는 사랑의 위력이 수많은 사례에 등장하고 있다. 뷜프린은 스키피오 군대에 있던 친구들로 구성된 부대에 대해 주목했고(Philologus, xxxiv, 413), 카이사르는 갈릭 부족인 손티아테스 지방 청년들의 연맹에 대해 거론한 바 있다(Bell. Gall., iii, 22).

이처럼 쉽게 많은 유사한 사례들을 제시한 뒤라면, 테베의 '신성한 군대'에 대한 보고를 더 이상 지나치다고는 생각하지 못할 것이다. 그러나 이러한 현상의 생명은 전체 헬레니즘 문화 그 자체와 마찬가지로 짧은 순환주기만을 가질 뿐이다. 우리는 레우크트라 전투(B. C. 371)에서 그에 관한 얘기를 처음으로 듣고, 카이로네이아에서 벌어진 불행한 전투(B. C. 338)에서 그 마지막을 보게 된다. 그러니 불과 33년만 존재했다는 얘기가 된다.

플루타크의 이야기(Lycurgus, 18)도 언급할 만한 가치가 있다. 전투에서 젊은이가 고통스러운 비명을 내지르면, 그의 연인은 나중에 국가에 의해 처벌을 받았다.

죽음을 불사하는 사랑의 용기

결과적으로 사랑을 하고 있는 사람은 그에게 힘을 주는 에로스의 도움을 받아, 무명의 비극 작가가 읊었듯이, 사랑하는 사람을 위하여 "불속이라도 물속이라도 폭풍속이라도 뚫고 가게" 된다. 또한 사랑하는 사람의 용기는 신들의 분노조차도 물리칠 수 있다.

니오베의 아들들이 그들의 어머니의 죄로 인해 아폴로의 재앙을 받게 되었을 때(Soph., frag. 410-TGF., 229), 그들의 친구는 가장 나이가 어린 여동생의 연약한 몸을 보호하기 위해 애를 썼으며, 이것이 수포로 돌아가자 갑옷으로 조심스럽게 그 몸을 감싸주었다. 이러한 일은 그리스의 이상적인 영웅 헤라클레스도 마찬가지였다. 그는 애인인 이올라우스가 보는 앞에서는 강력한 힘을 보다 쉽게 발휘했다고 하며, 테베의 프로이티다이의 문 앞에는 비교적 오랫동안 그를 기리는 김나지움과 사당이 남아 있었다고 한다(Pausan., IX, xxiii, I ; cf. Plut., Pelop., 8). 헤라클레스와 이올라우스 사이의 사랑을 기념하기 위해 테베에서는 체육과 승마로 이루어진 이올라이아 경기가 벌어졌으며(Pind., Olymp., vii, 84, Schol.) 그 시합의 승자에게는 무기와 청동으로 만든 접시가 주어졌다고 한다.

파우사니아스의 글에서 우리는 티마고라스라고 하는 아테네인이 멜레스 또는 멜레투스라고 하는 소년을 사랑했는데, 그 소년에 의해 업신여김을 당했다는 얘기를 읽을 수 있다(i, 30, I).

한 번은 멜레스가 티마고라스와 함께 험준한 산비탈을 올라가게 되었다. 멜레스가 그에게 밑으로 굴러보라고 요구하자 그는 그렇게

니오베의 딸

했다. 티마고라스는 그의 애인이 표현한 바람을 절대적으로 충족시켜주는 것에 비하면, 자신의 목숨이란 값어치가 훨씬 떨어지는 것이라고 생각했다. 친구의 죽음에 낙담한 멜레스는 자신도 바위에서 몸을 던져 아래로 떨어졌다.

우리가 앞서 거론한 것들을 근거로 하여 그리스인들의 소년에 대한 사랑의 윤리에 대해 결론을 이끌어낸다면, 다음은 부인할 수 없는 사실이 될 것이다. 그리스인들의 소년에 대한 사랑은 미학적이며, 종교적 원리에 기초한 독특한 성질의 사랑이다. 그것의 목적은 국가의 지원을 받아 한결같은 힘을 유지하고 개인적, 시민적 덕성의 정점에 도달하는 것이다. 따라서 그것은 결혼 제도에 적대적인 것이 아니라, 교육의 중요한 요소였다. 여기서 우리는 그리스인들의 양성적인 속성에 대해서도 언급할 수 있을 것이다.

죽음까지도 감내하게 하고, 기억 속에서나 나타나는 정화된 행복을 만들어내는 열정과 무덤 속까지 이어지는 우정에 대해서는 부드러운 언어와 위엄 있는 주제, 현존하는 그리스 시가에서 가장 고귀한 아름다움의 형태를 띠고 있는 묘비문의 형식에서 잘 나타난다.

748편의 묘비문이 실려 있으며, 그 중의 일부는 매우 우수한 작품인 팔라티네 앤솔러지 제7권은 그리스인들이 어떤 취향과 감정을 가지고 그들의 죽어버린 영웅의 무덤을 장식했으며, 그들을 기리기 위한 상징을 만들었는지 보여준다.

다음은 크리나고라스라는 시인이 그가 사랑하던 소년이었으며, 에로스라는 이름을 지어줬던 소년을 위하여 쓴 풍자시이다(Anth.

Pal., vii, 628). 소년은 일찍이 어떤 섬에서 죽었고 그곳에 매장되었다. 그리하여 시인은 그 섬과 주변에 있는 섬들이 앞으로는 '사랑의 섬'이라고 불려지기를 원했다.

> "다른 섬들은 이 섬 앞에서 그 수치스러운 이름들을 거부하고 사람들을 따라 그들 스스로 이름을 지었으니 '에로티데스(사랑의 섬)' '예옥세이아(가파른 섬)'라고 불려질 것이다. 그렇게 바꿔 부르는 것은 전혀 부끄러운 일이 아니다. 에로스 자신도 그의 이름과 아름다움을 이곳 흙더미 밑에 누워 있는 디에스라는 소년에게 주었기 때문이다. 오, 무덤들로 붐비는 대지여, 그대 소년의 옆에 가볍게 드러누워라, 그를 위해 조용히 그 옆에 누워라."

부정적 평가

유혹에 대한 비난

물론 고대 그리스에서도 소년에 대한 사랑이라는 생각을 일반적으로, 또는 확고한 전제하에서 부정했던 견해들이 없었던 것은 아니다. "이러한 사랑을 주는 사람은 동시에 그 사랑을 받을 수는 없다."라는 생각을 내용으로 담고 있는 멜레아게르의 풍자시는 (Anth. Pal., v, 208) 부정적 견해를 나타내고 있다. 확실히 멜레아게르가 항상 똑같은 생각을 지니고 있었던 것은 아니다. 우리는 그가 남긴 수많은 풍자시를 가지고 있으며, 그것들의 일부에서 그는 젊은이에 대한 사랑을 찬미하고 있기 때문이다.

에페수스의 크세노폰이 쓴 사랑 이야기에서(ii, I) 한 쌍의 연인인 하브로코메스와 안테이아는 해적들의 손아귀에 떨어지게 되는데, 그들 중의 우두머리가 하브로코메스에게 흑심을 품는다. 그러나 안테이아는 말한다.

"오, 아름다움이라는 불행한 선물이여! 나 스스로가 그토록 오랫동안 순결을 지켰건만 이제 해적의 탐욕 앞에 부끄럽게 넘어가려 하는구나! 내가 매춘부가 되어야 한다면 나에게 남아 있는 살아가야 할 이유는 무엇이란 말인가? 그러나 나는 그의 욕정 앞에 굴복할 수 없으니 차라리 죽어서 순결을 지키리라!"

소년에 대한 유혹은 어떤 경우든 단호하게 거부당했다. 아낙산드리데스의 코미디에서는(frag. 33, 12, Ath., vi, 227b-CAF., II, 147) "낚시꾼의 기술을 사용하지 않는다면, 어떤 매력으로, 어떤 유혹의 말로 아름다움이 활짝 핀 젊은이를 사로잡는 데 성공할 수 있을 것인가?"라고 말하고 있다. 바톤의 코미디에서는(frag. 5 Ath., iii, 103c, vii, 279a-CAF., III, 238) 한 분개한 아버지가 그릇된 변설로 자신의 아들을 타락시킨 철학자에 대해 불평을 늘어놓는다.

더 나아가 소년이 돈이나 또는 그밖의 대가를 받고 자신을 포기했다면, 그에 대한 비판이 일반적인 주제를 이루게 된다. 이에 대해서는 아리스토파네스의 《플루투스》에서 일부 문장(153ff.)을 인용함으로써 이미 입증한 바 있다. 시인들은 소년이 사랑에 대한 답례로써 굴뚝새나 지빠귀, 종달새, 메추라기 같은 작은 새나 심지어는 가지고 놀 수 있는 작은 공과 같은 사소한 것에 만족했던 옛 시절에 대한 기억을 되살리는 데 결코 지칠 줄을 몰랐다.

짐작컨대 여성들은 소년에 대한 사랑과 관련이 있는 모든 것에 대해서 전반적으로 반발했으며, 따라서 무명 작가의 한 희극에는 다음과 같은 여인의 대사가 등장한다.

"나는 남자를 원하는 남자에게는 관심이 없어(frag. Lucian, pseud., 28-CAF., III, 497)."

고급 매춘부인 헤타이라이들이 그녀들의 고객들이 맺는 동성 연애 관계에 대해 질투심을 느꼈음은 당연한 일이며, 이는 루키안의 (Dial. meretr., 10) 글에 등장하는 드로시스(이슬)와 켈리도니온(작은 제비)이라는 두 명의 헤타이라이가 나누는 대화에서도 확인된다. 드로시스는 학동인 클레이니아스로부터 자신의 선생인 아리스타이네투스가 모든 걸 감시하고 있기 때문에, 더 이상 그녀를 찾을 수 없다는 편지를 받는다. 그녀는 자신의 어려움을 친구인 켈리도니온에게 다음과 같이 털어놓는다.

드로시스 : 나는 사랑 때문에 죽어가고 있어. 클레이니아스의 하인인 드로몬이 그러는데 아리스타이네투스는 소년광이고 자신의 지식을 가장 아름다운 젊은이들을 꼬시는 데만 사용한다는 거야. 그는 클레이니아스와 은밀한 대화를 나누면서 마치 자신이 그를 신처럼 만들어주기라도 할 것처럼 엄청난 약속을 했다는 거야. 그는 자기 학동들에게 옛 철학자들의 에로틱한 대화를 읽어주기도 하는데 언제나 클레이니아스를 옆에 있게 한다더구나. 그런데 드로몬이 아버지에게 모든 사실을 말하겠다고 협박

을 했대.

켈리도니온 : 넌 드로몬에게 뇌물을 줘야겠구나!

드로시스 : 이미 그랬지. 하지만 그는 그걸 받지 않았어. 내 하녀인 네브리스와 열렬한 사랑에 빠져 있거든.

켈리도니온 : 그게 사실이라면 용기를 내볼 만한 일이구나. 모든 게 네가 원하는 대로 될거야. 난 케라미쿠스의 벽에 '아리스타이네투스가 클레이니아스를 타락시키고 있다.'라는 낙서를 해야겠어. 그곳을 산책하는 게 그의 아버지의 취미거든. 그러니 드로몬의 고발을 뒷받침해줄 수 있을 거야(아마도 작자는 라이벌로부터 연인을 떼어놓으려는 그녀의 목표를 이루게 할지도 모른다. 그러나 그것은 동시에 사랑하는 사람을 매우 위태롭게 할 수도 있는 일이다. 고대 그리스에서는 동성애에 대한 비난은 없었다. 소년에 대한 애정 그 자체가 비판의 대상이라기보다는 그녀가 아리스타이네투스에게 상처를 입히고자 하는 대로 스승으로서 그릇된 영향력을 행사하는 것이 비난의 대상이 될 수 있다. 청년의 아버지는 자신의 아들이 스승에 의해 유명한 사람으로 양육되기를 원하고 있지만, 스승은 제자를 연인으로만 생각하고 있는 것이다).

드로시스 : 그러나 다른 사람 눈에 띄지 않고 어떻게 그곳에 낙서를 할 수 있지?

켈리도니온 : 밤에 석탄 덩어리로 쓰면 돼, 드로시스.

드로시스 : 행운이 있기를 빌어! 내가 싸우도록 네가 도와준다면, 허풍쟁이 아리스타네이투스를 훨씬 더 잘 상대할 수 있을 거야.

그리스 남성애의 역사

인류의 역사와 함께한 동성애

여러 가지 상이한 이론들, 특히 의료인들이 동성애의 문제들을 일반적으로 어떻게 설명하고 있는가와 같은 것들을 좀더 상세하게 고찰해보는 것은 이 책의 과제에 속하지 않는다. 이러한 상이한 설명의 시도들은 히라쉬펠트의 표준적인 책자에 분명하고도 편리하게 정리되어 있을 뿐만 아니라, 우리가 여기서 거론하고 있는 그리스인들의 소년에 대한 사랑은 적어도 일반적인 행동들로서, 이해하기 어려운 현상을 설명하려는 노력은 전혀 필요치 않은 것들이기 때문에 그와 같은 시도들을 다루는 것은 쓸데없는 일이라고 할 수 있다. 그러나 그리스 남성애의 역사적 발전 과정을 기술하는 데에는 일정한 지면이 할애되어야 한다.

"소년에 대한 사랑은 인간성만큼이나 오래 된 것이다."라는 괴테의 단언은 현대 과학에 의해 확증되었다. 지금으로부터 4,500년 이상을 거슬러 올라가는 가장 오래 된 것으로 이집트의 파피루스에서 발견된 문자적 기록은 소년에 대한 사랑이 당시의 이집트에 널리 퍼져 있었을 뿐만 아니라, 당연히 신들 사이에도 그러한 사랑이 존재한다고 추정하고 있었다는 사실을 보여준다.

그리스인들의 소년에 대한 사랑의 최초의 시작은 선사시대에서 유실되었으며, 그리스 신화의 비밀 속에는 파이도필리아와 관련된 이야기들이 속속들이 배어 있다. 그리스인들은 스스로 그 시초를 그들의 전설의 역사에서 가장 오래 된 시기로 바꿔놓았다.

호머의 시에서는 아직 소년에 대한 사랑의 흔적을 발견할 수 없으므로, 그것이 소위 퇴폐기 동안에 처음으로 나타난 것이라고 하는 주장은 나의 견해로는 잘못된 것이다. 이미 아킬레스와 파트로클루스 사이의 공고한 우정을 다룬 보다 초기의 작품에서 이미 제시한 바 있기 때문이다(Anthropophyteia, ix, pp. 291ff.). 그러나 그 작품은 이상적이긴 하지만, 영웅적인 행동과 감정에 더 높은 비중을 두고 있다. 구전된 호머의 시에서는 의심할 여지없는 영웅 숭배의 흔적들이 흔하게 나타나고 있으며, 고대 그리스 사람들 중에 어느 누구도 그렇지 않은 경우는 생각해보지 않았다.

우리에게 전해 내려오고 있는 고대 그리스인들의 가장 위대한 구전문학인 《일리아드》는 우정에 대한 찬미를 담고 있다. 세번째 권

이후에서는 아킬레스와 파트로클루스 사이의 사랑이 결말 부분에 이를 때까지 시 전체를 가득 채우고 있으며, 더 이상 단순한 우정이라고는 말할 수 없을 정도의 상세한 내용을 표현하고 있다. 그리고 파트로클루스가 전투에서 죽었다는 것을 아킬레스가 알게 될 때까지의 이야기가 좀더 진행된다.

불길한 예언의 희생자로서, 불확실성에 의해 고통을 받으며 해변 기슭에 서 있는 한 불행한 젊은이의 비애는 참으로 지독스럽다. 그의 달콤하던 말의 향기는 입술 위에서 죽어버렸고, 순수했던 영혼은 슬픔으로 인해 갈가리 찢겼다. 그는 자신이 쓰고 있는 머리의 관에 미친 듯이 먼지를 뿌려댔다. 그리고는 바닥에 몸을 내던지고 머리카락을 쥐어뜯었다. 우선 그렇게 분노를 터뜨리고 나자 그의 슬픔은 점차 차분하게 가라앉았다. 그러한 폭발적인 분노의 시간이 지나자 영혼이 죽음에 이를 정도로 천천히 피를 흘리면서 그는 자신이 가장 사랑한 사람을 앗아간 자들에게 처절한 복수를 해야겠다는 생각만 하게 된다. 그는 식음을 전폐했으며, 그의 영혼은 오직 복수심을 향한 타오르는 열정으로만 갈증을 달랬다.

그는 그의 친구에게 "살인자인 헥토르의 무기를 빼앗아 가져오기 전까지는 절대로 장례식을 치르지 않을 것이며, 그대의 살인자를 화나게 하기 위해 트로이의 귀족 자제 열두 명을 그대의 장례식 전에 살육할 때까지는" 절대로 장례식을 치르지 않겠다고 맹세한다. 그러나 그는 복수를 실행에 옮기기 전에 죽은 자를 위한 감동적인 애도가에 위안을 받는다. 그는 다른 사람들 앞에서 이렇게 말한다.

"오 결코 이보다 더 슬픈 일은 없으리. 나의 아버지가 돌아가셨다는 말을 듣는다 해도, 이보다 더 슬프지는 않으리."

이것은 우정이 아니라 사랑의 언어이며, 따라서 고대인들은 항상 그 결합을 인정해왔다. 팔라티네 앤솔러지에 실린 시인 중 한 사람의 다음과 같은 얘기를 그에 관한 증거로 제시할 수 있다(Anth. Pal., vii, 143 ; cf. Pindar, Olymp., x, 19 ; Xen., Sympos., 8, 31 ; Lucian, Toxaris, 10 ; Ovid, Tristia, i, 9, 29).

"우정과 전쟁에서 가장 돋보였던 두 사람, 잘 있거라, 아이아쿠스의 아들과 메노이티우스의 아들이여."

《오디세이》를 보면, 파트로클루스가 죽은 뒤에는 안틸로쿠스가 그의 자리를 대신했다는 것이 명백해진다(xxiv, 78 ; cf. iii, 109 ; xi, 467 ; xxiv, 15). 호머는 그의 시의 주된 영웅인 아킬레스가 애인이 없는 모습을 상상할 수 없었던 것이다. 이 단락으로부터 우리는 더 나아가서 아킬레스와 파트로클루스, 그리고 안틸로쿠스가 살아 있는 동안 함께 이름이 불려진 경우가 자주 있었던 것처럼, 죽어서도 하나의 무덤에 같이 묻혔다는 사실을 알게 된다.

아킬레스와 파트로클루스 사이의 우정의 결합은 위대한 비극 작가인 아이스킬로스에 의해서도 언급된 바 있으며 그 작가는 그 잠재적인 영혼의 기저를 완벽하게 이해한 호머 시대의 시가에 충분히 근접해 있다. 지금은 보존되고 있지 않은 아이스킬로스의 한 희곡은 《미르미돈스(Myrmidons)》라고 불렸는데(frag. TGF., 42ff. ;

cf. Ath., xiii, 601a, 602e) 그 주제는 다음과 같다.

아가멤논에 의해 처참하게 공격을 당한 아킬레스는 원한 속에서도 전쟁을 멀리하고 그의 막사에 머물며 사랑의 기쁨으로 위안을 삼았다. 아킬레스의 충성스러운 부하들인 미르미돈스로 구성된 부대는 마침내 아킬레스를 설득하여 파트로클루스의 지휘하에 전투에 참가하게 된다. 그리고 파트로클루스의 죽음과 아킬레스의 비통한 슬픔으로 희곡은 끝을 맺는다.

이 둘의 우정은 루키안에 의해서도 확인되는데, 그는 다음과 같이 말하고 있다(Amores, 54 ; cf. Plut., Amat. 5, De adul. et amico, 19 ; Xen., Sympos., 8, 31 ; Aeschines, i, 142 ; Martial, xi, 44, 9).

"아킬레스의 애인인 파트로클루스는 단지 그의 서정시에만 귀를 기울이며 맞은편에 앉아 있었던 것은 아니다. 그들의 우정의 추진력은 강렬한 육체적 욕구였다."

그러나 호머의 구전시가 동성 연애에 관해서는 아무것도 다루지 않았다는 주장이 잘못된 것임을 보여주는 그 이상의 증거를 제시할 수도 있다. 호머는 이미 프리지아의 왕족 소년인 가니메데가 폭행당한 것에 대해 언급했을 뿐만 아니라, 그의 아름다운 용모로 인해 납치당하는 일이 벌어졌다는 것을 명백하게 표현하고 있으며, 광범위하게 행해진 소년들에 대한 상거래행위에 대해서도 거론하고 있다. 그 소년들은 주로 페니키아의 선주들에게 팔리거나 부유한 고

아킬레스와 파트로클루스

관대작들의 첩을 조달하기 위해 납치되는 일이 보다 빈번했다고 한다(Od., xiv, 297, xv, 449 ; cf. Movers, Phonizien, ii, 3, 80). 아가멤논과 아킬레스가 마침내 화해하게 되었을 때, 아가멤논은 아킬레스에게 많은 선물을 주었으며, 그 중에는 몇몇 귀족 자제도 포함되어 있었다(Il., xix, 193). 아킬레스의 전차를 '신성한' 것으로 불렀다면(Il., xvii, 464), 네겔스바하는 '그것이 전사와 전차병의 신성한 우애관계를 의미' 한다는 것을 이미 인식하고 있었다(Homerische Theologie, p.50).

따라서 우리는 그리스와 관련된 정보를 접하는 가장 오래 된 시기로부터 동성 연애를 마주하게 된다. 동성 연애의 관능적 측면의 실천이 공식적인 문서에 의해 어떻게 후세에까지 전달되었는가 하는 문제는 키클라데스에 있는 테라 섬(현대의 산토린)의 바위에 새겨진 비문들을 통해 충분히 밝혀졌다. 그렇게 고대 세계의 목적은 여전히 남아 있으며, 이 역사적 요약에 있어서는 발전의 개별적인 양상에 대해서만 언급할 필요가 있을 것이다.

고대 그리스 동성 연애의 중요한 전환기는 현자 솔론에 의해 이루어졌다(Aeschines, Tim., 138 ; Charicles, ii, 262 ff.). 그 자신이 동성 연애자였던 솔론은 소년에 대한 후견을 내용으로 하는 중요한 법안을 제정했으며, 무엇보다도 노예들이 자유민으로 태어난 소년들과 관계를 맺지 못하도록 했다. 이것은 두 가지 사실을 보여준다. 첫째는 아테네에서 파이도필리아는 합법적인 것으로 인정되었으며, 두번째로 입법자는 노예들과 내밀한 관계를 맺는 것에 의

해 자유민들의 우월한 감정이 감소된다는 점을 고려하지 않았다는
것이다.

더 나아가 미성년일 동안에 자유민 출신의 젊은이들을 학대로부
터 보호하기 위한 법안들이 등장하기도 했다(Aeschines,
Tim.,13-15). 다른 법률은 자유민 소년들에게 그들의 아름다움을
개인적으로 팔도록 부추기는 사람들의 시민적 권리를 박탈하기도
했다. 매음 행위는 우리가 여기에서 이야기하고 있는 파이도필리아
와는 아무런 상관이 없는 것이며, 우리는 이 문제를 생각함에 있어
서 항상 상호간의 애정에 기초한 자발적인 관계만을 염두에 두어야
한다.

솔론의 이러한 법안들은 아테네 시민들에게만 영향력을 행사했
다. 많은 수의 크세노이, 즉 비아테네 계열의 이주민들은 이 문제로
부터 전적으로 자유로웠다. 그에 따라서 이러한 법률들의 효과는
일찍부터 문제가 되었다. 또한 처벌의 엄격성조차도 억제력으로 작
용하기에는 그렇게 큰 힘을 발휘할 수 없었다. 그런 행위들은 언제
나 "애정으로부터" 비롯된 것이라고 주장하면 어쩔 수가 없었던 것
이다. 물론 젊은이들은 먼 미래에 결과적으로 그들에게 해가 될 수
있는 시민적 권리의 상실에 대해서는 그다지 고민하지 않고 일시적
인 이익을 선택하는 경우가 자주 있었다.

그러나 이러한 법률은 소년들에 대한 애정 그 자체를 규제하려는
데 목적이 있었던 것이 아니다. 국가가 나서서 공공적인 창녀촌뿐
만 아니라, 소년과 청년들의 연인에 대해서도 세금을 부과했다는

점은 그것을 공식적인 직업으로 인정하여 이용하려 했다는 사실을 보여주는 것이다(Aeschines, Tim., 119).

소크라테스의 지혜

디오게네스 라이르티우스는 소크라테스가 소년 시절에 그의 스승인 아르켈라우스의 애인이었으며, 이는 포르피리우스의 증언(ib., 201)에 의해 확인된다고 말한 바 있다(Xen., Mem., ii, 6, 28). 포르피리우스는 소크라테스가 열일곱 살 때 받은 아르켈라우스의 사랑을 거부하지 않았다고 한다. 당시에 소크라테스는 뛰어난 육체적 매력을 가지고 있었으며, 후에 이것은 사람들의 질투를 살 정도로 월등했던 지적 업적에 의해 대체되었다. 더 나아가 크세노폰은 소크라테스로 하여금 다음과 같은 말을 하게 만든다.

"아마 나는 당신이 훌륭하고 기품 있는 소년을 찾는 데 도움을 줄 수 있을 겁니다. 내 자신이 사랑을 받고 있기 때문이죠. 남자를 지독하게도 사랑할 때면 언제든지 나는 나 자신과 다투곤 합니다. 그들을 사랑하는 동안에는 내쪽에서도 그들의 사랑을 받아야 하기 때문이죠. 나는 그들을 원하고 또한 그들이 원하는 대상이 되어야 합니다. 그리고 그들과 함께 있기를 원할 때 반대로 나의 친구들도 찾게 될 수 있는 거죠."

플라톤의 《향연(Symposion)》에서 소크라테스는 "나는 오직 사랑에 관계된 일밖에는 알지 못한다. 그리고 나는 사랑의 문제에 능력이 있다고 단언한다."라고 말한다(177d, 198d).

이는 크세노폰의 《향연》의 내용과도 몇몇 단락에서 일치한다(i, 9
; iii, 27). 예컨대 "나는 누군가를 미치도록 사랑하지 않았던 때는
없었노라고 말할 수 있다."라는 말을 들 수 있다. 또한 소크라테스
가 젊은 아우톨리쿠스가 그에게 심어준 인상에 대해서 다음과 같이
서술한 경우를 예로 들 수 있을 것이다.

> "한밤중에 불타오르는 화염이 모든 사람들의 눈길을 끌어들이는 것
> 처럼 아우톨리쿠스의 미모는 단번에 모든 사람의 눈을 사로잡는다.
> 어느 누구도 마음의 동요를 일으키지 않고 그를 바라볼 수는 없을 것
> 이다."

그리하여 크리토불루스가 그의 옆자리에 앉았을 때 나타난 반응
을 다음과 같이 묘사하고 있다(Xen., Mem., i, 3, 12).

> "그건 아주 나쁜 일이었다. 마치 동물이 내 어깨에 매달려 있는 것처
> 럼 나는 닷새 동안이나 내 어깨를 주물러대야만 했으며 나의 척수 속
> 에는 짐승이 입힌 상처와도 같은 고통의 흔적이 남아 있었다."

이러한 말들이 육체적 사랑을 나타내는 것이 아니고 무엇이겠는
가? 알키비아데스의 미모가 소크라테스에게 지속적이면서도 심각
한 인상을 주었다는 점은 플라톤의 《향연》과 《알키비아데스》를 보
면 더욱 분명해진다. 몇몇 단락을 보면 소크라테스가 젊은이에 대

한 육체적 사랑을 칭송하지 않았을 뿐만 아니라, 자신의 친구들을 그것으로부터 벗어나게 하려고 노력했다는 것이 확실해진다. 소크라테스가 크세노폰과 나눈 대화에는 젊은이와 키스를 나누는 것에 대해서까지 경고하는 말이 담겨 있다.

> "비록 당신은 알지 못할지라도 아름다운 젊은이들과 키스를 나누는 것은 당신에게 무언가 두려운 감정을 가져다 주지 않습니까? '미인' 과 '멋쟁이' 라고 불리는 동물은 독거미보다도 더 위험하다는 것을 알지 못하십니까? 독거미는 접촉에 의해서만 당신에게 해를 끼칠 수 있지만, 미인과 멋쟁이는 접촉을 하지 않고 먼 거리에서도 단 한번 그를 보는 것만 가지고도 독을 쏟아부어 당신의 이해력에 먹구름을 드리울 수 있습니다. 그러니 친애하는 크세노폰이여, 그대에게 충고 하건대 아름다운 청년을 보면 가능한 한 빨리 도망치십시오."

이런 종류의 표현들은 키에페르를 통해서도 찾아볼 수 있다.

다른 한편으로는, 그리스 고대사회 그 자체는 소크라테스의 파이도필리아를 단지 지적인 측면만으로는 여기지 않았다. 그것은 그와 관련된 사회에 사는, 또는 적어도 그러한 사회에 근접해 있는 사람들이 우리처럼 단편적인 지식만을 가지고 있는 사람보다는 본질적으로 더 나은 판단을 내릴 수 있는, 대단히 유리한 위치에 설 수 있는 결정적인 계기다. 아리스토파네스의 재미있는 코미디인 《구름(Clouds)》에서 소크라테스는 가능한 모든 방법이 동원되어 재미있는 인물로 그려지고 있는데, 그가 조잡한 관능적 파이도필리아에 탐닉했다는 결론을 내릴 만한 말은 단 한 마디도 등장하지 않는다.

　요컨대, 소크라테스는 고대 그리스인으로서 소년과 젊은이다운 아름다움에 대해서 언제나 열린 시각을 가지고 있었다. 에페비와의 밀접한 교류도 그에게는 필수불가결한 것이었다. 그러나 그 자신은 그의 애정을 나타낼 만한 그 어떤 육체적 증거를 실제적으로 행하는 일만은 극구 사양했다. 그는 육체적으로는 금욕을 할 수도 있었다. 젊은이들의 영혼을 조련하고 그들을 가장 완벽한 세계로 인도하는 그의 탁월한 기술은 충분한 보상을 제공하는 것이었다. 그는 이러한 절제의 능력을 다른 사람들 앞에 이상적인 것으로 제시하기도 했다. 뿐만 아니라 소크라테스의 그것은 "모든 그리스인들 중에서 가장 현명한 자"의 지혜와도 전적으로 일치한다.

동성애 대상으로서의 소년

'소년 납치'의 국가적 전통

먼저 크레타 섬을 다뤄보기로 하자.

티마이우스에 따르면(Ath., xiii, 602f), 크레타인들은 소년을 좋아하기 시작한 최초의 그리스인이다. 또한 우리는 아리스토텔레스의 부정할 수 없는 증언에 따라(De Republica, ii, 10, 1272) 크레타에서의 소년에 대한 사랑은 관용적인 것이었을 뿐만 아니라, 인구 과밀을 막기 위하여 국가에서 조절한 것이기도 하다는 점을 먼저 기억해야 한다. 그곳에서 소년에 대한 사랑이 국가적 실천으로까지 확장되었다는 것은 크레타인들이 가니메데에 대한 강간을 아케메네스의 《크레타의 역사》라는 책자에서 볼 수 있듯이(Ath., xiii, 601e), 그들의 예전의 왕인 미노스의 탓으로 돌렸다는 사실을 통해서 명백히 확인된다.

크레타 이외의 다른 지역의 일치된 전통에 따르면, 그것은 제우스의 소행이라고 한다. 가니메데를 납치한 사람이 제우스이건 미노스이건 간에 그리스의 다른 많은 지역과 마찬가지로 크레타에서도 소년을 강간하는 풍습이 오랫동안 자리잡아왔다는 것만큼은 확실하다. 크레타인들의 그러한 풍습은 많은 작가들에 의해 증언되고 있다.

특히 키메의 에포루스는 소년 납치에 관한 풍성한 기록을 남겼다 (Strabo, x, 483f ; Plutarch, De lib. educ, Ⅱ F ; Plato, Laws, viii, 836). 그는 최초의 시기부터 시작하여 B. C. 340년에 이르기까지의 그리스의 역사를 방대하게 구성하였다.

"사나흘 전에 연인은 그의 친구들에게 납치를 실행하겠다고 공표한다. 소년을 다른 곳에 숨기거나 혹은 거리에 나돌아다니지 못하도록 금지하는 것은 가장 불명예스러운 일로 여겨졌다. 그러한 행동은 그 소년이 연인을 가질 만한 가치가 없는 사람임을 의미하는 것이기 때문이다. 그들이 어디선가 마주쳤을 때 연인이 소년보다 높은 지위에 있거나 대등하거나 또는 월등하게 우월하다면, 전통적 관습을 위하여 사람들은 연인의 뒤를 쫓아가는 흉내를 내지만 실제로는 기꺼이 연인으로 하여금 소년을 데려가도록 내버려둔다. 그러나 연인이 소년과 대등하지 못하다면, 사람들은 완력을 사용하여 연인으로부터 소년을 낚아챈다. 뛰어난 아름다움을 지닌 사람도 용맹이나 품행으로 유명해진 사람보다는 가치가 떨어지는 것으로 간주되었다.

납치된 소년은 친구에 의해 선물로 주어지며, 연인은 소년이 기뻐할 만한 곳으로 그를 데려간다. 납치의 목격자들도 그들과 동행한다. 그리고 엄숙한 분위기에서 음식을 나눠 먹은 뒤에 다시 도시로 돌아온다. 두 달 후에 소년은 값진 선물과 함께 떠나간다. 소년이 지닐 수 있는 합법적인 선물은 군사 장비들과 황소, 손잡이가 없는 술잔, 그리고 그밖의 값비싼 선물 몇가지이며, 그의 친구들이 그 비용의 일부를 부담한다. 그는 소를 제우스에게 바친 뒤 친구들에게 그 소로 만든 음식을 대접한다. 그러나 좋은 가문의 아름다운 소년이 연인을 찾지 못하면, 그 까닭은 그의 성격 때문인 것이 분명하므로 명예롭지 못한 일로 여겨진다.

납치에 의해 선택당한 소년은 특히 더 명예로운 사람으로 여겨진다. 따라서 그들은 춤을 추거나 달리기 경주를 할 때 가장 좋은 자리를 배정받으며, 연인이 선물한 옷을 입는 것이 허용되었고, 이러한 것들은 그 소년을 다른 소년들과 구분해준다. 또한 그들이 성장했을 때도 모든 사람들이 즉시 알아볼 수 있도록 특별한 의복을 입는다. 그렇게 사랑을 받는 사람을 '클레이노스(kleinos, 유명인, 명사)'라고 부르고, 사랑을 하는 연인을 '필레토르(philetor)'라고 부른다."

소년에 대한 납치는 아주 오랜 고대 코린트에서도 존재했다. 이와 관련하여 플루타크는 우리들에게 다음과 같은 유익한 이야기를 남겨주었다(Amat. narr., 2, 772f).

"멜리수스의 아들인 악타이온은 같은 나이 또래의 젊은이들 중에서 가장 아름답고 가장 겸손한 사람이었다. 그리하여 많은 사람들이 그를 원했지만 특히 아르키아스가 그러하였다. 아르키아스의 가족은 헤라클레이다이까지 그 연원이 거슬러 올라가며, 코린트 사람들 사이에서 부와 권세가 두드러지는 집안이었다. 그런데 소년은 설득을 거부했으므로, 아르키아스는 완력으로 그를 납치해야겠다고 결심했다. 그는 친구들과 노예들의 무등을 타고 멜리수스의 집 앞으로 가서 소년을 납치하려고 시도했다. 그러나 악타이온의 아버지와 그의 친구들은 단호하게 저항했고, 마을 사람들까지 아버지를 도와주었다. 두 패거리 사이에서 치열하게 싸움이 벌어지고 있는 동안 소년은 이편에서 저편으로 끌려다녔으며, 결국 심한 상처를 입어 죽음에 이르고 말았다.

소년의 아버지는 죽은 소년의 시체를 들어올려 장터로 운반한 뒤, 소년을 죽음에 이르게 한 죄인을 처벌해야 한다고 주장하면서 모든 코린트 사람들에게 그 모습을 보여주었다. 사람들은 그를 동정하기는 했지만, 그외에는 아무런 일도 하지 않았다. 기분이 상한 아버지는 이스트무스로 가서 신들에게 복수를 해달라고 간청한 뒤, 바위에서 몸을 내던졌다. 곧이어 온 나라에 흉년과 기근이 들었다. 그러한 재난은 포세이돈이 진노했기 때문이며, 악타이온의 죽음에 얽힌 원한을 풀어줄 때까지는 포세이돈의 화가 가라앉지 않을 것이라는 신탁의 결과가 나왔다. 신탁을 하기 위해 찾아간 일행 중의 한 사람이었던 아르키아스는 이 말을 듣고 코린트로 돌아가는 대신에 시실리로 항해를 해서 시러큐스라는 도시를 세웠다. 그곳에서 그는 오르티기아와 시러큐사라는 두 딸을 낳은 뒤, 애인인 텔레푸스에 의해 살해당했다."

이야기는 위와 같다. 그 의미는 분명하다. 소년에 대한 납치는 허울만 남아 있었던 것이다. 만일 아버지가 동의하지 않는다면, 폭력을 사용하는 것은 범죄가 되며, 소년의 손에 의해 신들까지도 분노하게 할 수 있는(여기에 비극적 아이러니가 있다) 죄악이 된다. 이 것은 히브리스의 디케의 뒤를 잇는 것이며, 소년에게 폭력을 행사 한 자에게 혹독한 처벌로 보복을 하도록 했던 '고르틴 법률'과도 일치한다.

테베에서는 고대의 왕인 라이우스와 관련하여 소년을 납치하는 행위에 대한 언급이 이루어지고 있다. 테베에서 전해져 내려오는 이야기에 따르면, 라이우스 왕은 펠로프스의 아들인 크리시푸스를 납치하여 자신의 애인을 삼음으로써 동성애의 새로운 장을 열었다 고 한다(Ath., xiii, 602 ; Aelian, Hist. an., vi, 15 ; Var. hist. xiii, 5 ; Apollodorus, iii, 44).

축하받는 남성들간의 결합

테베와 마찬가지로(Xen, Symp., viii, 32f ; Plato, symp., 182b) 엘리스에서도 종교적 감정이 결여되지는 않았음에도 불구하 고, 소년에 대한 사랑이 관능적 요소를 가지고 있었다. 플루타크도 유보이아와 그 식민지에 딸린 섬인 칼키스에서는 관능적인 측면과 희생적 영웅주의가 결합되어 있었다는 것을 증언해주고 있다(Plut., Amat., 17 ; 노래도 함께 수록되어 있다). 그곳에서는 대중적인 인 기를 끈 노래가 보존되고 있으며, 그것은 기사적 우애관계로 인해 결혼보다는 소년에 대한 사랑이 좀더 가치가 있는 것이라고 했던 셀 레우쿠스의 노래(Ath., xv, 697d) 중 하나와 유사하다. 작자가 알 려져 있지 않은 칼키스 사람들의 사랑 노래는 다음과 같다.

"오, 용감한 아버지의 아들들이여, 그대들의 매력이 우아하게 빛나도다. 명예로운 이에게 그대의 아름다움이 맺어지는 것을 결코 거부하지 말지어다. 칼키스의 도시에서는 사내다운 덕성과 결합하는 것은 그대의 영예와 마음을 사로잡는 아름다움을 한층 더 활짝 피어나게 하는 것이라네."

아리스토텔레스에 따르면(Plutarch, Amat., 761), 이 노래의 연원은 이미 언급한 바 있는 영웅적인 클레오마쿠스와 그의 젊은 친구 사이의 결연한 관계로까지 거슬러 올라간다고 한다(p.228). 또는 클레오마쿠스의 승리는 그의 용맹을 옆에서 지켜보고 있었던 그의 친구의 존재로 인해 고무받아서 이루어진 것이라고 하는 믿음이 그 기원이 되었을지도 모른다. 칼키아 사람들의 아름다운 소년에 대한 취향이 어떠했는가 하는 문제는 '칼키디제인(kalkidizein)'이라는 그리스어 단어가 '파이데라스테인(paiderastein)'과 동의어라는 데 주목했던 헤시키우스의 관심에 의해서도 입증된다. 이것은 아테나이우스에 의해서도 확인되는데, 그는 칼키아 사람들도 다른 사람들과 마찬가지로, 가니메데가 자기들이 사는 도시 근처의 도금양 꽃밭에서 납치당한 것을 자랑으로 여겼으며, 그들이 '하르파기온(납치의 장소)'라고 부르는 이곳을 다른 사람들에게 자랑스럽게 보여주었다는 것을 덧붙여 말하고 있다. 크세노폰에 따르면(Rep. Lac., 2, 13), 성인과 젊은이 사이의 사랑은 전적으로 부부간의 결합과 같은 것으로 간주되었다고 한다.

그리스 전역에 걸쳐 소년답고 젊은이다운 아름다움을 찬미하는 축제들이 벌어졌으며, 그렇지 않더라도 축제의 장소에서는 최소한 그러한 의도를 의식했다. 메가라에서는 디오클레리아라고 하는 봄 축제가 개최되었는데(Theocr., xii, 30), 소년과 젊은이들이 키스를 나누는 행사가 벌어졌다. 에로스의 축제인 테스피아이에서는 소년에 대한 사랑을 주제로 하는 노래들이 불려졌다. 스파르타에서는 벌거벗은 소년들의 축제인 김노포이디아 또는 히아킨티아 축제가 벌어졌다. 델로스 섬(Lucian, De Saltat., 16)에서는 특별히 소년들의 원무를 즐겼다고 한다.

플루타크가 아르고스 도시의 펠로폰네시아 소년들에 대해 언급하면서 "자신들의 젊은 아름다움을 순결하고 때묻지 않은 채로 유지하고 있는 사람들은 옛 관습에 따라 축제 장소에서 방패를 들고 행진함으로써 그 명예로운 우수성을 자랑했다."고 말할 때(Prov. Al., i, 44), 그는 이 소년들이 유력한 인사들의 애인이 아니라는 것을 의미한 것이 아니라, 여인과의 통정을 거부한 채 아직 소년으로서의 동정을 간직하고 있다는 것을 뜻한 것이다.

스파르타인의 이중성

스파르타인들에게 소년에 대한 사랑의 문제는(Xen., Rep. Lac., 2, 13 ; Sympos., 8, 35 ; Plut., Lyc., 17f ; Ages., 20 ; Cleom., 3 ; Institut. Lac., 7 ; Aelian, Var. hist., iii, 10) 어떠한 결론을 내리기가 매우 어려운 문제다. 이와 관련된 고대의 문헌들이 상반되는 입장을 취하고 있기 때문이다. 크세노폰과 플루타크는 스파르

타인들의 소년에 대한 사랑은 육체적 아름다움에 대한 감각적 쾌락에 기초하고 있기는 하지만, 동시에 관능적 욕구를 자극하지는 않았다고 단언한다. 소년에 대해 관능적 욕구를 품는 것은 아버지가 아들이나 그의 형제를 탐하는 것과 마찬가지 수준으로 다뤄졌으며, 그러한 행위를 하는 사람은 누구를 막론하고 일생을 통틀어 "명예가 없는 사람" 즉 시민으로서의 권리를 박탈당한 사람이 되었다.

안토니네스와 콤모두스 시대에 살았으며, 따라서 후기 시대에 작품 활동을 한 인물인, 티레의 수사학자인 막시무스(Diss., xxvi, 8)는 스파르타에서는 성인 남자는 소년을 아름다운 조각상을 대하듯, 여러 명의 남자가 한 소년을 사랑하거나, 한 소년이 여러 명의 남자를 사랑하는 관계였을 뿐이라고 한다.

이는 이미 충분히 서술된 그리스인들의 소년에 대한 사랑의 본질적 생각에 따르면, 무엇보다도 생리학적 이유에서 불가능한 것일 뿐만이 아니라, 다음과 같은 점을 고려해볼 때도 신뢰할 수 없다는 것이 충분히 입증된다. 크세노폰 자신은 스파르타인들의 소년에 대한 사랑의 이상적 측면을 믿는 것은 어떤 그리스인들에게도 결코 일어날 수 없는 일이라는 것을 인정하지 않을 수 없었다(Rep. Lac., 2, 14).

아테네의 시인들도 스파르타인들의 소년에 대한 사랑의 관능적 특징에 대해 지속적으로 관심을 기울였으며, 이는 헤시키우스와 수이다스가 스파르타인들의 독특한 일상생활을 보여주는 언어들 중에서 선별한 용어들에 의해서 한층 더 강화된다. 그러나 평가의 척도를 바꿔보면, 그러한 문제들에 가장 정통한 인물, 플라톤(Laws, i, 636 ; viii, 836 ; cf. Cicero, Rep., iv, 4)은 육체적 측면을 완화시켰던 도리아인들의 소년에 대한 사랑의 관념을 단호하게 거부하고 있다.

서사시

신화적 선사 시대

팜포스는 일찍이 에로스에 대한 찬가를 쓴 바 있다(Pausan., ix, 27, 2). 이는 에로스가 헬레니즘 문화 시작 단계부터 존재하고 있었다는 점을 적절하게 입증해주는 것이다. 그의 존재가 아리스토텔레스에 의해서는 부정되었지만(Cic., De nat. deor., i, 38, 107), 어원 로데에 의해 아폴로와 디오니소스의 종교적 결합의 상징으로 간주되었던 오르페우스 이야기 중의 일부에 대해선 이미 이야기한 바 있다(1권, p.371를 보라). 그리고 그의 아내인 에우리디케가 마지막으로 하데스 속으로 사라져버린 이후에는 진기한 속편이 이어진다.

외로움에 사로잡힌 오르페우스는 트라키아 산에 있는 그의 집으로 돌아오는데, 그곳에서 그 유명한 가수는 그의 아내 에우리디케에 대한 감동적인 사랑으로 인하여 열광하는 여인과 소녀들의 무리에 둘러싸이게 된다. 그러나 그는 예전에 불행한 일을 경험했든, 본의 아니게 자신의 아내에게 충실하지 못했든 "모든 여성들의 사랑을 거부한다." 그러나 그는 트라키아 사람들에게 그들의 애정의 형태를 연약한 소년에 대한 사랑으로 바꾸고, "젊은이가 웃는 한 인생의 짧은 봄날과 그 꽃을 즐기라."고 가르쳤다.

오비드 또한 그렇게 말하고 있다. 이 단락은 고독한 남편이 소년과의 사랑을 통해 스스로 위안을 삼았다는 것을 보여준다. 좀더 중요하게는 동성 연애적 관계에 대한 고대인들의 생각에 따라 "그가 본의 아니게 아내에게 충실하지 못했던 것이므로" 이것이 결혼의 성실성에 대해 위배되는 것이라고 간주하지 않았다는 점에서 지극히 중요하다고 할 수 있다. 그는 이러한 그리스적인 사랑의 형식에 대단히 몰두했으며, 따라서 결혼은 그에게 단순한 일과적인 사건이 되었을 뿐만 아니라, 그가 부르는 노래는 오직 소년을 사랑하는 것에 대한 찬미만을 내용으로 하게 되었다.

그리하여 하나의 역설이 사실이 된다. 오늘날까지도 결혼의 정절을 지킨 본보기로 가장 널리 알려진 인물인 오르페우스는 고대인들이 보기에는 그의 고향인 트라키아에 소년에 대한 사랑을 소개한 인물이다. 그러나 그는 사랑에 너무나 몰두한 나머지 자신들이 그로부터 퇴짜를 맞았다는 느낌을 갖게 된 여인들과 소녀들에 의해 공격을 당하고, 결국은 잔인하게 살해당한다. 더 나아가 이 설화는

오르페우스와 에우리디케

그의 잘려진 머리가 바닷속에 던져졌으며, 결국 레스보스 섬 기슭에서 떠올랐다는 것을 알려준다. 왜 하필이면 레스보스인가? 물론 그것은 우연이 아니다. 나중에 그리스인들 사이에서 가장 위대한 동성 연애의 주창자가 되었던 사포가 바로 그곳에서 자랐기 때문이다.

서사 전집

《오이디포데이아(Oedipodeia)》에서는 오이디푸스의 아버지인 라이우스가 펠로프스의 아들인 미소년 크리시푸스와 어떻게 사랑에 빠지게 되었으며, 마침내는 완력으로 그를 납치한 경위가 이야기되고 있다 (1권, p.211-215).

호머의 작품에서는 트로이 왕의 아들인 가니메데가 사랑의 보상으로 순종인 말 한 쌍을 받는 데에 비해, 레스케스의 《작은 일리아드》에서는(Ilias Parva ; Kinkel, Epicorum Graecorum Fragmenta, Leipzig, 1877, p41, frag,6) 트로이의 왕 라오메돈의 젊은 아들 가니메데에게(Il., xx,231;v,266) 헤파이스투스의 재주로 만들어진 금으로 장식된 포도송이를 제우스가 보상으로 주는 것으로 이야기가 전개된다. 미소년 가니메데의 납치에 관한 이야기는 소위 호머 찬가의 제15권에(v, 202 ff.) 훨씬 더 상세하게 기술되어 있다.

헤시오드

《헤라클레스의 방패》에서 시인 헤시오드는 헤라클레스가 견뎌내 야만 했던 키크누스와의 투쟁에 대해 이야기하고 있다. 그는 그의 애인과 '모든 사람들 중에서 단연코 친애하는' 의형제인 이올라우 스를 호출한다. 그들 사이에서 오고간 대화의 길이로 인해 여기에 그 내용을 인용할 수는 없다. 다만 그들의 부드러운 언어나 전체적 인 어조를 통해 헤시오드가 일찍이 후대의 모든 작가들과 마찬가지 로, 이올라우스를 영웅의 동지일 뿐만 아니라 애인으로 생각했다는 것을 간략하게나마 입증할 수 있을 것이다.

단편적인 지식들로부터 우리는 헤시오드 자신은 바트라쿠스라는 젊은이를 사랑했다는 사실을 알 수 있다(Suidas, Kinkel p.78). 시 인은 요절한 청년을 위해 애도의 노래를 쓰기도 했다.

파노클레스

정확하게 규정할 수는 없는 시기에 파노클레스는 《사랑 이야기, 또는 아름다운 소년》이라는 제목의 엘레지 선집을 편찬한 바 있다. 이 엘레지들은 영웅과 신들의 이야기로부터 시적인 형태로 이루어 진 소년들에 대한 사랑 이야기의 역사라고 할 만한 것들을 풍부하 게 보여주고 있다. 단편들 중에는 28행으로 된 다소 긴 작품이 주목 을 받을 만한데(Flor., 64, 14), 칼라이스라는 소년에 대한 오르페 우스의 사랑과 트라키아 여인들이 가수 오르페우스를 처참하게 죽이는 장면이 묘사되어 있다. 알렉산드리아의 클레멘크나 라크탄티우스, 그리고 오로시우스 같은 기독교 교부들이 우상 숭배의 비도덕성을 입증하기 위해 파노클레스의 시를 인용했음을 발견하는 것은 재미있는 일이다. 반면에 프리드리히 슐레겔(Werke,iv,52)은 그의 선집으로부터 단편들을 번역한 바 있다.

디오티무스와 아폴로니우스

B. C. 3세기경에 미시아의 아드라미티움에 살았던 디오티무스(Ath., xiii, 603d ; Schol., Iliad, xv, 639 ; Clem. Rom., Homil., v, 15 ; Suidas, s. v.)는 《헤라클레스의 투쟁》이라는 서사시를 썼는데, 그는 그 작품에서 헤라클레스의 강력한 위력은 유리스테우스에 대한 사랑 때문이라는 다소 어처구니없는 생각을 입증하기 위해 애쓰고 있다.

르호데스의 아폴로니우스(Apol. Rhod., I, 1207 ; III, 114ff.)는 알렉산드리아의 서정 시인들 중에서는 가장 중요한 인물로 B. C. 3세기 사람이다. 그의 시 중에서는 〈아르고나우티카(Argonautica)〉라는 가장 유명한 작품 한 편만이 보존되고 있는데, 그 작품은 아르고나우트스의 모험을 다룬 것으로 모두 네 권으로 이루어져 있다. 매력적인 세부 묘사가 풍부한 이 서사시에는 힐라스에 대한 헤라클레스의 불 같은 사랑과 봄의 요정에 의한 힐라스 납치, 소년을 잃은 영웅의 한량없는 슬픔 등이 줄거리를 이룬다. 여기서는 에로스와 가니메데에 관한 에피소드를 인용해보겠다.

"주의 깊은 소년들이 늘 그러하듯이 그들은 황금 주사위를 가지고 놀고 있었다. 탐욕스러운 에로스는 이미 왼손 손바닥을 주사위를 모두 쥘 수 있을 정도로 그의 가슴 밑에서 한껏 펼치고는 똑바로 서 있었다. 그의 뺨에서는 아름다운 홍조가 불타오르는 듯했다. 그러나 다른 한 사람은 잔뜩 웅크리고 앉아 침묵을 지킨 채 주사위를 던지기만 했다. 그에게는 두 개의 주사위가 남아 있었으며 그는 그것을 차례대로 던지다가 에로스의 커다란 웃음소리에 화를 내고 말았다. 그리고는 앞에 던진 주사위와 함께 나머지 두 개도 잃어버렸으며, 그는 곧 빈 손이 되어버렸다."

논누스

이집트 테바이드의 파노폴리스에 살았던 그리스인 논누스는 A. D. 5세기 내지는, 6세기경 사람으로 디오니소스의 생애와 행적을 주제로 한 《디오니시아카(Dionysiaca)》라는 48편의 장시로 이루어진 방대한 서사시의 작가다. 이 서사시는 당혹스러울 정도로 장황하게 디오시소스의 인도 탐험을 기술하면서 수많은 에피소드와 개별적인 신화들을 교차시키고 있다. 그리하여 작품 전체는 결코 독창적인 것은 아니지만 매우 가치 있고 재미가 있다. 독특한 것은 작가가 크리스천이라는 점이지만, 그는 문학 전반에 걸쳐 독보적인 지위를 차지할 만한 바쿠스 신에 대한 열렬한 찬가, 결과적으로 이교도적 절정을 찬미하는 작품을 창작하기도 했다. 그리하여 작품 전반에 걸쳐 동성 연애와 관련된 수많은 에피소드가 등장하며, 여기서는 상세한 내용은 차치하고 가장 중요한 것들만 언급하기로 한다.

카드무스의 아름다움이 56행으로 묘사된 데 비해(iv, 105) 젊은 헤르메스의 아름다움은 유창한 웅변조로 기술되어 있다(iii, 412 ff.). 에로테스는 카드무스와 하르모니아의 결혼식에서 춤을 추는 것으로 표현되고 있다(v, 96). 시인은 디오니소스가 소년들과 함께 즐긴 게임들에 대해 분명히 만족스럽게 이야기하고 있으며(ix, 160 ff.), 그가 음탕하고 외설스러운 호색가들과 어떻게 무리를 지어 목욕을 했는가에 대해서도 묘사하였다(x, 139).

암펠로스라는 소년에 대한 목가적인 시는 상당한 지면을 차지하는데(x, 175에서 xii), 그의 아름다움은 화려한 색채로 채색되어 있다. 디오니소스가 그 소년을 보고, 그의 가슴에 사랑을 불사른 과정에 대한 기술은 다양한 에피소드와 함께 두 편의 장시에 걸쳐 표현되었다. 날개와 화살만 없을 뿐인 제2의 에로스 같은 암펠로스는 신에게 한때 프리지아의 숲속에서 자신의 모습을 나타냈던 것처럼 보인다. 그리고 그는 디오시소스가 자신을 향해 보여주는 사랑으로 인해 무척이나 행복해한다. 그 결과 사랑의 전원시가 쓰여지며, 시인은 무척이나 상세하면서도 아름답게 그 사랑을 채색했다.

디오니소스는 그 소년이 가니메데보다 훨씬 더 아름답기 때문에 제우스가 그를 보고 납치해갈지도 모른다는 단 한 가지의 두려움을 지니고 있다. 그러나 세상의 아름다운 모든 것들은 빠르게 종말을 맞이하게 된다는 그리스인의 관념에도 불구하고, 제우스는 그의 행복을 시기하지 않는다. 암펠로스는 숲속에는 사나운 짐승들이 있다는 디오니소스의 경고를 젊음의 치기로 비웃고는 모험을 하고 싶다는 욕망을 쫓아 사냥에 따라나선다. 불길한 징조를 느낀 나머지 소년의 뒤를 따라간 디오니소스는 소년이 무사하다는 것을 확인하고는 안도감에 그를 자신의 품 안에 꼭 끌어안는다. 그러나 운명은 휴식을 취하지 않는 법. 악령은 암펠로스를 누가 보아도 분명히 해로울 것이 없는 유순한 소의 등에 태우고 가게 한다. 그러나 황소는 돌연히 발작을 하면서 소년을 내팽개쳐 버리고, 치명적인 부상을 당한 소년은 결국 죽음에 이르고 만다.

크게 상심한 디오니소스는 죽어서도 여전히 아름다운 소년의 시신을 꽃으로 감싸며 감동적인 조사를 읊조린다. 이어서 그는 아버지인 제우스에게 소년을 잠시만이라도 다시 살려서 그의 입술에서 나오는 사랑의 말을 단 한 마디라도 들을 수 있게 해달라고 기도한다. 그는 자신의 불멸성을 저주하기조차 한다. 저승에서라도 소년과 영원히 함께할 수 없기 때문이다.

에로스 자신도 애인을 잃은 사람의 한량없는 슬픔과 좌절에 동정심을 느낀다. 에로스는 반인반수의 모습으로 디오니소스 앞에 나타나 새로운 사랑을 찾음으로써 슬픔을 달래라고 조언한다. 그는 이렇게 말한다.

"옛사랑에 대한 유일한 치료법은 새로운 사랑입니다. 그러니 주위에서 더 훌륭한 소년을 찾으십시오. 제피루스가 히아킨투스가 죽고 난 다음에 키파리수스에게 매혹됐던 것처럼 말입니다."

그리고 더 나아가 비탄에 빠져 있는 신을 위로하고, 새로운 사랑을 취하라는 용기를 북돋워주기 위해, 에로스는 칼라무스와 그의 애인인 카르푸스에 관한 이야기를 상세하게 설명해준다.

"마이안데르 강의 신의 아들인 칼라무스는 제피루스의 아들이며 미모가 빼어난 젊은이인 카르푸스와 다정한 사랑을 나누었죠. 그런데 두 사람이 함께 마이안데르 강에서 목욕을 하며 내기로 수영을 하다가 그만 카르푸스가 익사하고 말았죠. 비탄에 빠진 칼라무스는 강가에 피어난 갈대로 변했습니다. 바람에 갈대가 흔들릴 때면 옛사람들은 구슬픈 애도의 노래를 듣게 되었죠. 그러나 카르푸스는 매년 다시 돌아오는 들녘의 수확물이 되었습니다."

원전이 중간중간 유실되어서 이 이야기가 디오니소스에게 어떤 영향을 미쳤는지에 대해서는 알 수가 없다. 그러나 아마도 효과가 거의 없었던 것 같다. 얘기가 건너뛰어 호라이들이 추는 음란한 원무가 관능적으로 묘사되고 있기 때문이다. 그 대목은 그리움으로 인해 탈진해가고 있는 디오니소스의 생각을 다른 곳으로 돌리려는 의도라고밖에는 이해할 수 없다. "춤사위 속에 격렬하게 움직이는 다리의 곡선이 그들의 투명한 겉옷 속으로 아련하게 보인다."라는 말과 함께 디오니소스에 관한 이야기의 열한번째 책은 끝을 맺는다.

열두번째 책에서는 비탄에 빠져 있는 디오니소스에 대한 동정심으로 인해 신들이 암펠로스를 포도나무로 변신시키는 과정이 다뤄진다. 그 우아한 포도나무에 매료된 신은 그것을 받아들이고 신성하게 여기기 시작한다. 그리하여 그는 포도주라는 고귀한 선물을 만들어내고 열정적인 웅변으로 그것을 찬미한다. 그리고는 새롭게 창조된 포도주를 마시는 최초의 성스러운 모임이 벌어지고, 그후부터 바쿠스 축제는 가장 깊은 슬픔의 시기를 보낸 뒤에 흥청대는, 즐거움을 만끽하는 축제로 귀결된다.

로마와 플로렌스 사이에서 디오니소스와 암펠로스의 아름다운 대리석 군상이 발견되었으며(cf. Himerius, Orat., 9, 560 ; Pliny, xviii, 31, 74), 오늘날 그것은 대영제국 박물관에서 가장 가치 있는 보물 중 하나다. 소년이 그를 부드럽게 포용하고 있는 디오니소스에게 포도송이를 건네주며, 막 변신하려는 순간의 모습으로 표현되어 있다.

헬레니즘적 아름다움과 감각적 쾌락에 대한 서사시 계열에 속하는 마지막 작품인 논누스의 방대한 시집의 전반부 4분의 1에 해당하는 열두번째 책까지에서 우리는 모든 것을 발췌해낼 수 있다. 나머지 36권의 장시들은 동성 연애에 관한 수많은 에피소드와 소년다운 아름다움에 대한 기술을 그 내용으로 하고 있다.

서정시

서정시는 정신과 감정의 개인적 상태를 가장 직접적으로 표현하는 것이므로, 그리스인들의 동성애에 있어서 커다란 비중을 차지할 것이라고 기대된다. 실제로도 일반적으로 동성 연애에서 서정시의 기원을 찾을 수 있다는 말은 상당히 정확하다. 그러나 불행하게도 그리스 서정시에서는 통탄할 정도로 적은 수의 작품만이 우리에게 전해 내려오고 있을 뿐이다.

테오그니스

B. C. 6세기 중반경에 주로 메가라에서 살았던 테오그니스의 이름으로 격언과 인생의 규칙을 모은 1,388행에 달하는 선집이 우리

에게 전해져온다. 그 선집의 마지막 158행은 젊은이에 대한 사랑, 특히 시인의 애인이었던 키르누스에 대한 이야기에 모두 할애되고 있다.

폴리파이스의 아들인 키르누스는 기품 있고 아름다운 젊은이로서 시인은 그에게 부성애뿐만 아니라, 육체적 사랑을 가지고 집착한다. 시인은 그에게 세상을 사는 지혜를 가르치고 진정한 귀족으로 성장하기를 원한다. 따라서 이 선집은 풍부한 윤리적 가치를 지니고 있으며, 이로 인하여 고대 세계에서는 학교의 교과서로 사용되기도 했다. 동시에 강렬한 사랑, 때로는 열렬한 육체적 사랑을 다룬 이야기들도 수록되어 있다.

시인은 사랑과 무관심 사이를 오갔으며, 키르누스 없이는 아무 일도 할 수 없었지만, 정숙한 소년을 사랑하는 것도 힘든 일이었다. 실제로 그는 소년에게 목숨을 끊겠다고 위협하면서, 자신이 목숨을 끊으면 소년이 무엇을 잃는 것인지 깨닫게 하려고 애쓰기도 했다. 때로는 그러한 공격적인 사랑에 대해 불만을 털어놓기도 했다. 그는 키르누스에 대해 연민의 정을 느끼고 있었지만, 키르누스는 그에 대해 그렇지 않았다. 사랑을 받은 소년은 시인을 통해 유명해질 것이다. 모든 축제에서 그에 관한 노래가 불려질 것이며, 그가 죽은 이후에도 결코 잊혀지지 않을 것이다.

플라톤

위대한 철학자이며, 소크라테스의 제자이기도 한 플라톤의 이름

으로(PLG., frag. 1, 7, 14, 15 ; cf. Apuleius, De magia, 10) 동
성 연애에 관한 몇편의 풍자시가 우리에게 전해 내려오고 있다.

그 중에 사랑스러운 시 한 수를 인용해보자.

> "아가톤, 그대에게 입맞출 때 나는 나의 입술에 그대의 영혼을 느낀
> 다오. 마치 그대의 영혼이 떨리는 갈망으로 나의 마음속을 파고드는
> 것 같소."

또 다른 시구는 "미칠 듯한 사랑으로 가슴을 가득 메웠던" 애인인
디온의 묘비명 위에 쓰여져 있다.

두 편의 시구는 모두 아름다운 아스테르에게서 유래한다. 자신이
별이면서도 또 다른 별들을 올려다보고 있는 시인은 수많은 눈동자
를 가지고 그가 사랑하는 아스테르를 내려다볼 수 있는 하늘을 부
러워하고 있다.

아르킬로쿠스와 알카이우스

리캄베스의 아름다운 딸이었던 네오불레에 대한 열정적 사랑으로
유명한 파로스의 아르킬로쿠스의 단편들 중에도(frag.85) "그의 맥
을 풀어놓으며 그를 압도하는 소년에 대한 동경"을 내용으로 하는
시가 한 편 있다.

시인이자 영웅이었던 미틸레네의 알카이우스에 대해서는 이미 언
급한 바 있다(p.212). 거기에서 문제삼고 있는 리쿠스(만일 베르직

이 정확하게 읽은 것이라면)는 한 단편시(58)에 등장하는데, 시인은 공격적인 유머를 통해 그의 노래에서 이제는 더 이상 그를 기리고 찬미하지 않겠다고 말한다. 현존하는 다른 몇편의 단편들에서(46) 그는 누군가에게 "아름다운 메논에게 보내주지 않으면 축제에서 아무런 즐거움도 느끼지 못할 것"이라고 애원하고 있다.

이비쿠스

실러의 아름다운 발라드인 《이비쿠스의 두루미》를 감상한 사람들 중에서 사악한 살인자의 손에 살해당함으로써 일반의 동정심을 불러일으킨 주인공이, 고대에는 "소년들의 가장 열렬한 연인"으로 불렸다는 것을 파악하고 있는 사람은 소수에 불과하다. 키케로는 그가 전생에 걸쳐 소년들을 찬미했다는 사실을 증언하고 있다(Tusc., iv, 33, 71). 말년에조차도 이러한 열정은 플라톤이 주목할 정도로 그의 마음 속에서 활활 타올랐다(Parmen., 137a).

팔라티네 앤솔러지에 실렸으나, 이름이 밝혀지지 않은 한 풍자 시인은 그를 "소년들의 연인"이라고 평한다(vii, 714). 또한 같은 시집에 실린 서정 시인들의 짧은 명단에서 그는 일생동안 "소년들에 대한 사랑과 유혹의 달콤한 매력에 천착한" 인물이라고 언급된다. 이 모든 것은 그의 시에 의해서도 확인되는데, 그의 시는 단편 몇편만이 보존되고 있다. 위에서 언급한 것 이외에도(p.190-191) 다음과 같은 내용을 인용할 수 있겠다(frag.1).

"봄이 되면 샛강의 물을 머금고 모과나무는 처녀들의 순결한 정원에서 꽃을 피운다. 그늘을 드리우는 잎사귀 밑에서 보호받으며 첫번째 포도송이는 성장하고 열매를 맺는다. 그러나 나의 사랑—트라키아에서 불어오는 북풍처럼 번쩍이고, 동요하거나 두려움 없이 빛과 암흑을 오가고, 미칠 듯이 키프리스로부터 다가오는 —은 결코 휴식할 줄 모르고 내 인생에 걸쳐 나의 마음 속의 모든 것을 온전히 소유한다."

아나크레온과 아나크레온테아

항상 칭송과 갈채의 대상이 되는 시인인 테오스의 아나크레온은 B. C. 560년경에 태어났다. 루키안에 따르면, 그는 여든다섯 살까지 살았다고 하며, 말년에도 사랑과 포도주가 그의 큰 낙이었던 것 같다. 알렉산드리아 사람들은 그의 작품들 중에서 다양한 시들을 모두 다섯 권의 책으로 엮어 보유하고 있었는데, 시대의 박정함으로 인해 그 대부분이 유실되고 말았다.

키케로의 말에 따르면(Tusc.,iv, 33,71 ; cf. Ovid, Tristia, ii, 363), 아나크레온의 모든 시가는 사랑에 바쳐졌다고 한다. 그는 여성적인 사랑을 경멸하지는 않았으나[아름다운 레즈비언 소녀가 그와 함께 노는 것을 거부한 것에 대하여 반 장난삼아 불평을 (frag.14) 늘어놓은 적이 있기는 하다] 일생동안 그가 주된 관심을 보였고, 또한 마음을 바쳐 노래한 대상이자 마음을 불타오르게 한 원천이었으며, 지금까지 우리에게도 그 인상적인 명단이 전해지고 있는 것은 다름아닌 미소년들이다.

트라키아의 아브데라에서 얼마 동안 머문 후, 그는 이비쿠스와 함께 폴리크라테스의 궁전에 묵게 된다. 사모스의 통치자이며, 예술과 문학에 대해 유명하면서도 품격 있는 애호가이기도 했던 폴리크라테스는 궁중 생활의 시중을 드는, 주의깊게 선정한 시동들로 자신의 주위를 에워싸기도 했다(Aelian, Var. Hist., ix, 14). 티레의 막시무스는 다음과 같이 말한다.

"아나크레온은 모든 아름다운 사람을 사랑하며, 그들 모두를 찬미한다. 그의 노래는 스메르디스의 곱슬머리와 클레오불루스의 눈, 그리고 바틸루스의 만개한 젊음에 대한 칭찬으로 가득 차 있다(xxiv, 9, 247- frag.44)."

또한 그는 선량한 모든 것은 사랑하기에 아름다운 것이라는 말을 하기도 한다.

"오 소년이여, 나는 그대와 뛰어놀고 싶도다, 그대 우아한 매력을 지니고 있으니(ibid., 120). 그리고 나의 시를 위하여 소년들은 나를 사랑하리라. 나는 우아함을 노래하고, 우아한 말을 어떻게 하는지 알고 있기 때문이다(ibid., 45)."

몇몇 풍자시(Anth. Pal., vii, 25, 27, 29, 31 ; ibid., 23, 23b, 24, 26, 28, 30, 32, 33 ; vi, 346)는 스메르디스에 대한 시인의 사랑을 증언하고 있다. 먼저 예를 들어보면, 시모니데스는 다음과

같이 말한다.

"아케론에 홀로 있으면서 그는 태양을 등지고 레테에 있는 집에 머물게 된 것에 대해 슬퍼한 것이 아니라, 누구보다도 멋진 젊은이인 메기스테우스를 떠나게 된 것과 트라키아의 스메르디스에 대한 열정으로 인해 슬퍼한 것이다."

현존하는 아나크레온의 단편들 중에 적어도 네 편이 스메르디스에 관한 것이다. 그리하여 우리는 폭풍처럼 격렬한 사랑의 구애에 관한 이야기를 읽게 된다. 그 구애의 과정에서 그는 에로스가 마치 대장장이가 끊임없이 망치질을 해대듯 그토록 강력하게 그에게 돌진해왔다고 고백한다.

클레오불루스에 대한 그의 사랑은 티레의 막시무스가 한 비화(frag.3)에서 주장하듯이 네메시스 그녀에 대한 복수에 의해 시인의 마음 속에서 불타오르기 시작했다. 이 사랑은 타오르는 듯한 열정으로 시인을 들끓게 했다. 그는 디오니소스에게 소년의 마음이 그에게 향하도록 끌어달라고 애원하면서(frag.2) 클레오불루스를 사랑하여 오직 그의 뒤만을 쫓아다니고 있다고 고백한다.

한 단편에서는 바틸루스가 플루트를 연주하면 아무도 그에 맞춰 춤을 출 수 없었다는 이야기가 등장한다. 그 누구도 플루트를 연주하는 그의 매력으로부터 눈길을 돌릴 수 없었기 때문이라는 것이다(frag.30). 또 다른 단편은 메기스테스에 관해 이야기하고 있는데(frag. 41 ; Bergk, Der Ausgabe des Anakreon, p.151,

Leipzig, 1834), 그는 '아그누스 카스투스' 또는 '순결한 나무'라고 하는 식물로 만든 화관을 쓰고 축제에 참가했다. 그 식물에 대해서 고대인들은 심오하면서도 면밀한 설명을 하고 있다(Pliny, Nat. hist., xxiv, 38).

다른 단편들은 레우카스피스와 시말로스에 대한 그의 사랑을 다루고 있으며(frags.18,22), 그밖의 다른 것들은 특정한 애인의 이름이 없이 전해 내려오고 있다. 머리에 화관을 쓴 한 소년은 포도주를 담은 항아리를 이고 오면서 "나는 에로스와의 권투시합에서 결코 물러설 수 없다네."라고 노래한다. "인간처럼 신들도 그에게 복종했다."는 에로스에 대한 노래는 다섯 행이 보존되고 있다.

시인은 또한 소년에게 거절당한 사랑에 대해서 투덜거리며, 올림포스로 날아 올라가 사랑의 신을 향하여 "나의 사랑하는 소년이 나와 함께 젊은 시절을 보내려 하지 않는다." 하고 불평을 늘어놓는다. 또한 그는 그의 머리가 이미 희끗희끗해진 다음에서야 비로소 에로스를 보고는 번쩍이는 금빛 날개를 퍼덕이며 무심하게 자신을 지나쳐버리는 그에 대해서도 불평을 한다. 그는 에로스가 화살로 그가 원하는 미소년에게 상처를 입혀 사랑에 빠지도록 하지 않는다면, 더 이상 에로스를 칭송하는 아름다운 노래를 지어 부르지 않겠다면서 익살스럽게 위협하기도 한다.

후대에 들어서 아나크레온을 모방한 작품들(《Anacreontea》라고 한다) 중에서도 소년에 대한 사랑을 다룬 것이 빈번하게 등장한다. 그중에서도 너무 일찍 찾아온 제비가 지저귀는 바람에 아름다운 바

포세이돈과 아폴로

틸루스의 꿈에서 깨어난 시인이 제비에 대한 불평을 늘어놓는 짧은 노래가 특별히 주목할 만하다. 또 다른 시는 사랑의 노래와 전쟁과 관련된 노래를 교묘하게 결합시켜놓았다.

"그대는 프리지아 사람들의 전쟁의 함성과 테베 사람들의 행동을 노래하지만 나는 내가 정복한 것에 대해 말하겠노라. 그것은 말도 아니고, 배도 아니며, 나를 격파하려는 보병도 아니니, 나를 향하여 진군하는 새로운 군대는 바로 눈빛이다."

핀다르

B. C. 522년에서 442까지 살았던 핀다르는 모든 그리스 서정 시인들 중에서 가장 위대하고 영향력이 있는 인물이다. 우리는 그의 시 중에 마흔다섯 편을 보유하고 있는데 거의 상태가 완벽하며, 그밖에 상당한 분량의 단편들이 있다. 그의 시는 범국가적인 경기에서 월계관을 차지한 사람들을 위해 작곡된 승리의 노래들이다. 작가의 경건함으로 인해 그는 과도한 주목을 받아온 일부 전설들을 좀더 바람직한 형식으로 개조했다.

제우스를 식사에 초대한 탄탈루스가 전능한 아버지의 아들인 펠로프스를 죽이고, 신의 전지전능함을 시험하기 위해 그를 음식으로 대접하는 과정을 나타낸 작품이 그와 같다. 하지만 그 끔찍한 속임수를 간파한 신은 음식 조각을 다시 모아 소년을 다시 살려낸 뒤, 탄탈루스에게 혹독한 처벌을 내린다. 경건한 시인에게 그러한 공포

물은 참아낼 수 없는 것이었다. 그 전설을 그는 새롭게 표현해냈다. 그에 따르면, 펠로프스는 그의 아버지의 치욕스러운 범죄의 희생물이 되지 않으며, 그의 아름다움이 포세이돈의 마음에 욕정을 불러일으켜, 후에 가니메데가 제우스에게 잡혀간 것처럼, 그도 포세이돈에 의해 납치되는 것으로 되어 있다(Olym., i, 37 ff.).

핀다르는 그의 동시대인들인 에페비와의 우정에 대해서도 동일한 생각을 했다. 그러나 우리는 불행하게도 역사상 가장 뛰어난 시 중의 하나라고 할 수 있는 단편 하나만을 지니고 있을 뿐이다(frag,123;p.431). 그의 애인인 테옥세누스에 대한 그의 우정에 대해서는 신들도 기뻐했다. 핀다르는 신들에게 세상에서 가장 아름다운 것을 자신에게 달라고 기도했다고 한다. 그리하여 받은 선물이 바로 테옥세누스다. 후에 아르고스에서 열리는 운동 시합에 참가했다가 실신을 한 시인은 소년의 가슴에 머리를 기대고 그의 품에서 숨을 거두었다.

핀다르의 유해는 테베로 운구되었으며, 파우사니아스의 말에 따르면(ix, 23, 2), 그곳에서 프로이티디안 문 앞의 히포드로메에 있는 무덤에 매장되었다.

테오크리투스

B. C. 310년에서 245년 사이에 생존했던 테오크리투스의 이름으로 남아 있는 30편의 전원시 중에서 적어도 8편은 전적으로 젊은이에 대한 사랑을 다루고 있으며, 그밖의 다른 시들에서도 소년과 그

들에 대한 사랑이 빈번하게 거론되고 있다.

〈애인들〉이라고 표기되어 있는, 젊은이에 대한 테오크리투스의 시 중에서 가장 아름다운 한 작품에는 더 이상 젊은이가 아닌 시인과 자신의 마음과의 대화를 내용으로 하고 있다. 그의 이성은 그에게 사랑에 대한 모든 생각을 끊어버리라고 충고하지만, 그의 마음은 그에게 에로스와의 싸움은 쓸데없는 모험이라고 가르치고 있다.

"소년의 활기는 발 빠른 암사슴처럼 저항할 수 없게 돌진해 들어오며, 아침이면 그대는 이미 또 다른 사랑의 변덕스러운 키스를 하려드는 그를 보게 될 것이다. 그러나 지속하지 않는다는 것이야말로 젊은 전성기의 가장 신나는 쾌락이다. 그대는 고통스러운 갈망 속에서 그대의 정력을 소진시키고, 그대가 꿈꾸는 그의 모든 아름다운 모습은 그대를 위하여 채색되리라."

테오크리투스 자신의 것이라고 하기에는 어려운 또 다른 시에서 우리는 자살로 고통을 마감한 한 불행한 연인에 대한 극도의 불평과 모욕을 당한 에로스가 펼치는 복수극을 접할 수 있다. 사랑을 거부한 건방진 소년은 김나지움에서 목욕을 하다가 떨어져내린 에로스의 대리석 조각상에 맞아 죽는다.

역시 〈애인들〉이라는 표제가 붙어 있는 세번째 시는 사랑하는 사람의 변덕에 대한 불만과 성실하게 임하라는 충고, 아직은 젊음의 매력을 유지하고 있지만, 곧 늙게 될 것임을 상기시켜주는 협박 따위로 구성되어 있다. 그렇게 그는 자신의 사랑을 벌충하려 하며, 그런 점에서 그들의 사랑의 결합은 아킬레스와 파트로클루스의 사랑과 유사하다는 말이 나오기도 한다.

사흘 동안의 이별 뒤에 다시 연인을 만나는 즐거움과 그들의 사랑이 언제나 그와 같은 사랑이 번성했던 메가라에서와 같기를 원하는 바람을 나타내는 시는 애정이 넘쳐 흐르고 다정다감하다. 메가라는 디오클레스가 "봄이 오듯 틀림없이 찾아온다네. 아이들은 무덤가에서 서로 입맞춤 솜씨를 다투고, 누구와든지 가장 달콤하게 입술과 입술을 포갠다네. 어머니는 화관을 만들어 씌워주는구나." 그리고 "사랑의 기쁨에 빠져 있는 두 사람의 모습은 얼마나 행복해 보이는가! 그들의 모습은 고대로부터 우리를 향해 빛을 발한다. 그는 소년들을 향한 사랑에 얼마나 몰두했던가!"라고 소개한 소년들의 키스 대회가 열리는 곳이다(1권, p.172-173).

일찍이 헤인시우스에 의해 테오크리투스 시의 '여왕'이라고 불려진 바 있었던 〈수확의 축제〉라는 제목의 매혹적인 시는 코스 섬에서 보낸 즐거운 날에 대한 기억에 천착하고 있다. 시인은 두 명의 친구들과 함께 도시로부터 시골로 방랑했던 과정에 대해 이야기하는데 길을 가던 도중에, 그들은 리키다스라는 염소치기를 만난다. 시인은 그와 짧은 대화를 나눈 뒤에 잠시 일손을 놓고 자기와 노래자랑을 해보지 않겠냐고 제안한다. 리키다스는 크게 기뻐하며 '프로펨프티콘(석별의 노래)'을 부른다. 그 노래에서 그는 그가 사랑하는 아게아낙스가 바다를 건너 행복한 여행을 하기를 기원한다.

노래가 끝난 뒤 테오크리투스는 그의 친구들에게 그 노래가 자신을 참으로 즐겁게 했다고 말하며, 다른 노래로 화답한다. 그 노래에서 시인은 밀레토스의 유명한 의사이자, 시인인 자신의 친구 아라투스의 불운과 사랑에 빠진 시인 자신의 행복을 대비시킨다. 아라투스는 아름답지만 수줍음이 많은 필리누스와 사랑에 빠져 있었다.

"그대, 날개 달린 사랑의 주인이여, 뺨은 복숭아처럼 붉도다. 이제 부드러운 머리카락으로 필리누스를 두드려, 나의 친구를 위하여 그의 마음 속에 있는 욕망을 깨워주오. 그러나 이제 그도 젊지만은 않으니, 이미 소녀들은 그 바보를 조롱하는구나, '얼레리 꼴레리, 필리누스, 너의 아름다움도 이미 시들어버렸어!' 그러니 이제 나의 진심어린 충고를 들어주오. 어리석은 소년은 제멋대로 하게 내버려두고 다른 어여쁜 이로 하여금 나의 친애하는 친구 아라투스의 깊은 슬픔을 느끼게 하오."

자신의 의료 기술로도 에로스에게 입은 상처를 치료할 수 없는 그의 친구 아라투스를 위로하기 위하여, 테오크리투스는 좀더 긴 서사시를 쓰기도 했다. 그 시에서는 힐라스에 대한 헤라클레스의 열정적인 사랑과 봄의 요정들에 의한 그의 납치, 외로운 영웅의 절망 등이 충분히 묘사되어 있다[Theocritus, 30, 23, 29, 12, 7, 13. 그밖에 소년에 대한 사랑을 표현한 것들로는 15, 124, 20, 41 ; 6, 42 ; 3, 3. 겔리우스에 따르면(ix, 9), 그 표현의 형식이 너무도 달콤하여 번역하는 것이 불가능하다고 한다 ; 2, 77-80, 44, 150, 115 ; 서사시 4].

그밖의 서정시

건강한 쾌활함과 감각적인 실용적 지혜를 지니고 있었던 애교 있는 여류 시인 프락실라는 그녀의 시 한 편에서 라이우스가 크리시푸스를 납치한 것에 대해 이야기하고 있으며, 다른 시에서는 카르노스에 대한 아폴로의 사랑을 다루고 있다(frags. 6, 7).

아테나이우스 스테시코루스에 따르면 "조금도 섹스를 밝히지 않는 사람" 또한 이러한 종류의 시를 썼으며, 이미 고대에도 이러한 시는 '소년에 대한 노래'라고 불렸다고 한다(Ath., xiii, 601a). 그러나 그러한 시들 중에 보존되고 있는 것은 하나도 없다.

바킬리데스(frag.13)는 평화에 관한 작품에서 김나지아와 축제 등에서 젊은이들이 차지하는 역할과 갑자기 함성을 지르듯 부르는 소년들에 관한 노래에 대해 언급하고 있다.

'스콜리아'는 술 마실 때 부르는 노래에 붙여진 이름이다. 이 노래는 식사를 마치고 혀가 풀릴 정도로 술이 거나하게 취한 뒤에 주로 손님들이 차례대로 부르는 노래였다. 이러한 즉흥적인 노래의 가사는 다음과 같다.

"내가 상아로 만든 현악기가 될 수 있다면. 그러면 소년들이 나를 디오니소스의 춤판에 데려가련만(Skolion, 19)."

테오크리투스와 동시대인으로서 나이가 좀 어렸던 스미르나의 비온이 남긴 유작들도 몇편 있다. 리키다스에 대해서 쓴 그의 시로부터 다음의 구절을 인용해보겠다.

"나는 리키다스보다 다른 사람에 대해 노래했다. 그러나 그럴 때면 나의 노래는 마치 조곡처럼 들렸다. 나는 에로스와 리키다스의 대리석 조각상을 노래했다. 이제 나의 아름다운 사랑의 노래는 고귀하고 우아하게 들려온다."

또 다른 시에서(ix), 그는 서쪽 하늘에서 빛나는 금성인 태백성 헤스페루스에게 구애한다.

"헤스페루스여, 사랑스러운 아이가 거품으로 빚어놓은 금빛 예술품. 그대 헤스페루스여, 푸르디푸른 밤의 신성한 보석, 달보다 더 은은하고, 반짝이는 그 어떤 별보다 더 영롱하다네. 내가 나의 목동에게 세레나데를 들려주는 동안에는 달빛 대신에 사랑이 나에게 빛을 보여준다네. 달님은 새로워도 어제의 빛, 너무 빨리 기울어버린다네. 나는 도둑도 노상강도도 아닌 다만 사랑하는 사람일 뿐. 사랑하는 사람은 모든 도움을 받을 가치가 있다네."

끝으로 여덟번째 시에는 테세우스와 페이리투스, 오레스테스와 필라데스, 아킬레스와 파르토클루스 등 서로간의 사랑 속에서 행복을 찾은, 단짝으로 유명했던 친구들의 이름과 그들에 대한 칭송이 담겨 있다.

앤솔러지의 시

우리는 이미 수천 편의 서정시를 수록하고 있는 코덱스 팔라티누스, 즉 팔라티네 앤솔러지 사본에서 여러 단락들을 증언의 형식으로 자주 인용한 바 있다. 동성 연애를 다룬 문학에 대해서 요약을 하고 있는 만큼, 그에 더하여 무언가 특별한 특징을 부여할 수 있을 만한 보충적인 언급이 이루어질 필요가 있다. 안티스티우스의 다음과 같은 시를 예로 들 수 있다(Anth. Pal., xi, 40).

"에우메네스의 소년인 클레오데무스는 여전히 작다. 하지만 그는 아이므로 소년들과 어울려 발랄하게 춤을 춘다. 보라! 그는 엉덩이에 얼룩무늬 아기사슴 가죽으로 만든 띠를 둘렀으며 담쟁이넝쿨로 만든 관으로 노란 머리카락을 장식하고 있다. 오 자비로운 바쿠스여, 그를

크게 만들어보라. 그리하여 당신의 작은 하인이 곧 젊은이들의 거룩
한 춤을 지휘하게 하라."

루킬리우스의 짧은 풍자시(xi, 217)는 우리에게 거의 현대적인 감
각으로 다가온다.

"의심을 피하기 위하여 아폴로파네스는 결혼을 했고 신랑이 되어 다
음과 같은 말을 하며 장터 한가운데를 걸어갔다.
'내일 당장 나는 아이를 가질 것이다.'
그러나 내일이 오자 그는 아이 대신에 의심을 품은 것처럼 보였다."

팔라티네 앤솔러지의 열두번째 책은 젊은이에 대한 사랑을 거의
독점적으로 다루고 있는데(모두 1,300여 행에 달하는 258편의 경
구들이 수록되어 있다), "스트라톤의 소년스러운 뮤즈"라는 제목과
관련이 있는 듯하다. 게다가 스트라톤의 시는 시집의 처음과 마지
막을 장식하고 있으며, 또 다른 열아홉 편의 시는 진실로 고귀하게
들리는 이름들을 나열하고 있다. 그밖에도 작자의 이름이 없는 서
른다섯 편의 시가 있다. 이 책은 에로스의 찬가라고 불려졌던 것 같
다. 그러한 주제는 주제의 본질 그 자체에 따라 수많은 형식과 끊임
없는 다양성 속에서 되풀이되었다.

사르디스의 스트라톤

하드리아누스 황제 시대의 시인 스트라톤(Anth. Pal., xii, 1, 2, 5, 244, 198, 201, 227, 180, 195)은 아름다운 소년에 대한 풍자시 선집을 편찬했으며, 앤솔러지 제12권에는 그의 이름으로 94편의 시가 수록되어 있다.

선집은 고대의 시인들이 대개 그랬던 것처럼 뮤즈에 대한 축원으로 시작하는 것이 아니라, 가니메데를 납치함으로써 사람들에게 본보기를 보여주었고, 그때 이후로 소년에 대한 사랑의 수호신으로 간주된 제우스에 대한 축원으로 시작한다. 시인이 다루려 하고 있는 주제는 여태까지 일상적으로 다뤄져왔던 주제와는 판이하게 다르다.

> "나의 책 속에서 제단 옆에 있는 프리암을 찾지 마라. 또한 메데아와 니오베의 슬픔이나 수풀 속에 나이팅게일과 함께 있는 이티스를 기대하지도 마라. 선배 시인들이 이 모든 것들을 너그러운 마음으로 썼기 때문이다. 대신에 유쾌한 아름다움과 어우러진 달콤한 사랑과 바쿠스를 찾아라. 우울한 얼굴은 그들에게는 어울리지 않는다."

스트라톤의 뮤즈도 소년들과 관련이 있다. 거기엔 아무런 차이나 우열이 없으나, 그는 아름다운 것을 모두 사랑한다. 어떤 것도 이러한 사랑을 거부할 수 없다. 시인보다는 그 사랑이 더 강력하기 때문이다. 시인은 사랑의 멍에를 떨쳐버리려는 시도를 수없이 해봤지만 시간이 흘러갈수록 그것이 자신을 더욱더 압도한다는 사실을 감지할 뿐이었다. 소년이 아름답고, 게다가 그의 표정이 너무도 매혹적이어서 그 우아함을 분명히 알아볼 수 있을지라도, 시인은 마냥 기뻐할 수만은 없다. 아름다움이 클수록 그 아름다움은 일시적인 것이며, 순식간에 사라질 것이라는 불만도 크기 때문이다.

놀라운 열정은 시문학 속에서도 자신을 표현할 길을 찾았으며, 그에 따라 앤솔러지 제12권에는 에로틱한 시들도 다수 수록되어 있으며, 그들 중에 많은 시편들이 현대적 감각에서 보기에도 고도로 외설적인 작품들이다.

멜레아게르

코일로시리아의 가다라 출신 멜레아게르(Anth. Pal., xii, 86, 117, 47, 92, 132, 54, 122, 52, 125, 137, 84, 164, 256, 154, 59, 106, 159, 110, 23, 101, 65, 133, 60, 127, 126)의 소녀들을 다룬 에로틱한 시들은 이미 앞에서 언급한 바 있다. 그는 젊은 시절을 티레에서 보냈는데, 그곳에서 그는 여자들과는 아무런 관계도 맺지 않았다고 한다. 그런 이유 때문에 소년들의 아름다움에 좀더 예민한 감수성을 지니게 되었던 것 같다. 그가 마음을 바쳐 사랑을 나눈 연인들의 수는 상당히 많지만, 그가 가장 사랑한 사람은 미이스쿠스라는 젊은이였다. 우리는 그의 이름을 그가 쓴 시편들에서 자주 접하게 된다.

앤솔러지 제12권에 실려 있는 멜레아게르의 60편의 시 중에서, 37편은 이름이 알려져 있는 소년들의 이야기를 다루고 있으며, 특별한 시가 바쳐진 소년은 적어도 열여덟 명 이상이다. 그러나 여기에 더하여 언급되고 있는 수많은 사람들이 있다. 우리가 많은 시인들이 어떤 실제적인 배경이 없이도 연습삼아 시를 쓴다고 생각하거나, 똑같은 소년이 다른 이름으로 몇번에 걸쳐 등장하고 있다고 가정할지라도 시인의 지극히 예민한 감수성에는 깜짝 놀라지 않을 수 없다. 어쨌든 멜레아게르는 소년에 대한 사랑을 선택한 것은 적절하다고 굳게 확신하고 있었다. 또한 그는 새롭고 예기치 못한 논증에 의한 질문에 대해 자신의 확고한 대답을 제시하는 방법을 알고 있었다.

> "우리에게 여인에 대한 열정의 불길을 던져준 사람은 여자인 키프리스지만, 사랑 그 자체는 남성에 대한 욕망을 다스린다. 나는 소년과 그의 어머니 중에 어느 쪽에 이끌려야 할까? 키프리스 자신조차도 '대담한 선머슴 녀석이 이긴다.'고 말할 것이라고 나는 당신에게 분명히 얘기할 수 있다."

에로스에의 경이로움이 불타듯할 때, 이성은 물러가고 열정이 승리한다. 에로스는 일찍이 시인이 유약한 나이였을 때, 주사위를 가지고 놀듯 그의 영혼을 가지고 놀았던 적이 있으므로 이것은 쉽게 알 수 있다. 그러나 모든 점에 있어서 비난을 받아야 할 것은 시인 자신의 눈이다. 소년들의 아름다움에 탐닉함으로써, 에로스가 영혼을 지배하는 힘을 얻을 수 있도록 한 것이 바로 시인의 눈이기 때문이다.

더 이상 도움이 되는 것은 아무것도 없다. 마치 새가 새장에서 도망치려고 하듯, 사로잡힌 영혼은 탈출하려고 무진 애를 쓴다. 에로스 자신은 영혼의 날개를 묶어두고 그 안에 불을 지르며, 목마른 사람에게 마실 것으로 오직 뜨거운 눈물만을 준다. 그 어떤 슬픔의 애가도 헛된 것이다. 그것의 가장 깊숙한 부분에 에로스가 자랄 수 있도록 허용하고 있기 때문이다.

그러나 모든 것이 지극히 자연스럽다고 시인은 생각한다. 소년은 너무나도 아름다워 아프로디테조차도 아들로서 에로스보다는 그를 선택할 정도였다. 시인은 한때 소년을 만나 그를 포용한 적이 있었던 그레이스들로부터 소년의 아름다움을 얻어냈다. 이것은 소년의 젊은 육체에서 나타나는 매혹적인 아름다움과 달콤한 속삭임, 조용하지만 유창한 언어와도 같은 그의 눈빛을 설명해준다. 소년으로부터 멀리 떨어져 있을 때나, 심지어 바다 저 멀리 여행을 떠나야 할 때는 그에 대한 갈망이 사랑을 대신한다. 그리하여 시인은 배와 파도, 그리고 바람 따위에 대해 질투심을 느낀다. 그것들만이 그가 유일하게 사랑하는 소년의 존재를 즐길 수 있기 때문이다. 그가 돌고래가 될 수 있다면 소년을 등에 태우고, 그리워하던 목적지를 향해 부드럽게 항해해 나갈 것이다.

(a) 사랑은 한밤중에 나의 망토 속으로 아직 클라미스를 입고 있는 열여덟 살 난 소년의 부드러운 미소에 대한 달콤한 꿈을 가져다 주었다. 나는 부드러운 살결을 나의 가슴으로 지그시 눌러대며 공허한 희망의 꽃을 꺾었다. 기억 속의 욕망은 아직도 나를 뜨겁게 달구고, 나

의 눈에는 아직 졸음이 남아 있어 요정처럼 날개짓하는 환상을 쫓는다. 오, 사랑의 지배를 받는 영혼이여, 제발 꿈 속에서라도 아름다운 상상에 의해 허망하게 뜨거워지는 일은 멈춰다오.

(b) 남풍은 선원들을 위해 적당히 불고 그대, 사랑에 마음아픈 자, 안드라가쿠스를 납치했으니 나는 얼이 빠졌다. 항해에 세 배의 행복이 있어라, 바다의 파도에 세 배의 행운이 있어라, 그리고 소년을 품고 있는 바람에 네 배의 축복이 있어라. 내가 돌고래라면, 소년을 나의 어깨에 태워 다정한 소년들의 고향 르호데를 구경하며 바다를 건널 수 있도록 할 것을.

이러한 꿈으로부터 때 이르게 깨어나는 것은 시인을 짜증나게 한다. 꿈 속의 인생에 종말을 고하게 한 바보 같은 닭의 울음소리로 인해 시인은 그 무지막지한 짐승에게 진부함으로 인해 어느 정도는 코믹한 효과를 갖는 저주를 퍼부어댄다.

또 다른 기회에 시인은 항해를 떠난다. 이제 바다의 모든 위험을 극복하고, 그는 흔들리는 배에서 즐겁게 하선하여 육지에 발을 내딛는다. 그리고 운명은 또다시 늘씬한 소년의 형상으로 그를 맞이한다. 새로운 사랑, 새로운 인생이 시작된다.

그는 이렇게 말한 적이 있다.

"벌꿀을 포도주와 섞어놓은 것도 참 달콤하지만, 누군가가 소년을 원한다면 그 소년이 아름답다는 것도 참으로 달콤한 일이다. 알렉시스가 곱슬머리 클레오불루스를 사랑하듯이, 그러한 사랑은 사이프러스의 꿀로 만든 음료수처럼 달콤하다."

"미이스쿠스(작은 생쥐)에 대하여 : 소년은 어여쁘다, 미이스쿠스라는 이름조차 내게는 달콤하고 매력으로 가득 차 있다. 내가 사랑하지 않을 구실이 대체 무엇이 있단 말인가? 그는 아름답다, 정녕 아름답다. 그러니 그가 나에게 고통을 준다면, 달콤한 꿀과 쓰디쓴 고뇌를 뒤섞어놓는 사랑의 방식이 아니겠는가."

"나에게는 오직 한 가지만이 아름다워 보인다. 미이스쿠스를 보는 것—나의 눈이 갈구하는 것은 오직 그 한 가지뿐이다. 그밖의 모든 것에 대해 나는 장님이다."

특별히 미이스쿠스의 눈에 대해서, 시인은 열광적으로 그 아름다움을 찬미하고 있다.

(a) 우아한 아이들은 사랑을 하도록 나를 도와주지만, 미이스쿠스는 일단 한번 빛을 발하면 모든 별들을 흐릿하게 만드는 태양이다.

(b) 미이스쿠스여, 나의 인생의 닻줄은 그대에게 단단히 매여 있으니, 내 영혼의 모든 숨결은 그대 안에 머물고 있다네. 소년이여, 그대의 눈빛은 귀머거리에게도 말할 수 있고, 그대의 훤한 이마도 그러하리라. 그대가 그늘 드리운 눈빛으로 나를 보면, 나는 겨울을 본다네. 그러나 그대가 반짝이는 눈빛으로 나를 본다면, 화사한 봄날이 활짝 피어난다네.

(c) 그것은 달콤한 아름다움을 빛나게 한다. 그가 눈빛으로 어떻게 불꽃을 뿜어내는지 지켜보라.

(d) 우아하게 빛나는 광채, 마치 번개처럼 그대의 눈빛이 섬광을 일으킨다. 소년이여, 에로스가 그대에게 번개를 무기로 주었던가? 미이스쿠스여, 인간에게 사랑의 불길을 가져다 주고, 유한한 존재에게 빛

을 주며, 나에게 매혹적인 별빛을 드리워다오.

일찍이 시인은 쉽게 사랑에 빠져드는 바보들을 놀리기도 했지만,
에로스는 그러한 그를 조롱하지 않는다.

"한때는 사랑에 빠진 젊은이가 부르는 세레나데를 비웃곤 했던 나,
그런 내가 사로잡혔다네. 미이스쿠스여, 나에 대해 '순결로부터 전리
품을 얻었다.'라는 비문을 새겨, 그대의 문 앞에 사랑으로 꼭 붙들어
매주오."

그러한 승리에 대해 기뻐한 것은 에로스뿐만이 아니었다. 고집
센 인물을 굴복시키는 데에 성공한 미이스쿠스도 즐거워하며, 자신
의 승리를 자축했다.

"사랑의 신조차도 상처를 입힐 수 없는 미이스쿠스가 그의 눈빛으로
나의 가슴을 쏘아 맞추며 이렇게 외쳤다.
'그 만용을 부리는 자를 쓰러뜨린 게 바로 나다. 이제 내가 그 거만
한 자의 머릿속에 들어앉아 있는 알량한 지혜를 어떻게 짓밟는지 지
켜보지 않겠는가?'
그러나 나는 충분히 숨을 몰아쉬면서 그에게 말했다.
'소년이여, 왜 그렇게 놀라는가? 사랑이 제우스 신을 올림포스로부터
데려왔다네.'"

그러나 그는 곧 자신의 생각을 바꿀 수 있었다. 그는 미이스쿠스

의 사랑을 확신했으므로, 제우스가 그로부터 소년을 앗아가지는 않
을까 하는 두려움만이 그의 행복을 방해했다.

  다른 별들에게 바쳐진 몇 편의 시들 중에서 짤막한 한 편을 여기
에 실어보기로 한다.

  "목이 마르면 나는 살결이 부드러운 소년에게 입을 맞추고, 타들어갈
  듯하던 갈증이 풀리면 말했다.
  '제우스 신이시여, 당신도 가니메데와의 과즙 같은 입맞춤으로 목을
  축이시나요? 그가 당신의 입술을 부드럽게 축여주는 바로 그 포도주
  인가요? 우리 젊은이들 중에서 가장 아름다운 안티오쿠스와 키스를
  한 나는 지금 영혼의 단꿀을 마신 것 같습니다.'"
  "테로를 보면 나는 모든 것을 본 것이다. 그러나 모든 것을 봐도 테
  로를 보지 못했다면, 결국 나는 아무것도 보지 못한 것이다."
  "나는 여름이 계절의 과일을 주렁주렁 맺으며 한창 기승을 부리던 무
  렵의 정오에 뜨거운 거리를 걷고 있는 알렉시스를 보았다. 소년의 눈
  에서 뿜어져 나오는 사랑이라는 빛나는 광채와 태양에서 뿜어져 나
  오는, 또 다른 알 수 없는 빛이 이중으로 나를 태웠다. 태양의 빛은
  밤이 되면 휴식을 취하러 기울어버리지만, 사랑의 빛은 아름다운 환
  영이 되어 나의 꿈속에서 더욱 불타오른다. 다른 것들은 힘든 수고로
  부터 해방시켜주는 밤이 나에게는 고통을 가져다 준다. 불길을 거세
  게 살려주는 사랑의 상상이 나의 영혼 속에 떠오르도록 하기 때문이
  다."
  "고통이 나의 마음을 흔들기 시작했다. 마치 길을 잃고 헤매는 것처
  럼 뜨거운 사랑은 손톱을 세우고 나의 마음속을 할켜대며 웃음을 머
  금고 말했다.

'오 불행한 연인이여, 그대는 다시 달콤한 상처를 입고 감미로운 고통으로 불타오를 것이다.'
그 후로 나는 청년들 사이에서 디오판투스라는 신선한 젊은이를 보았고, 그 옆에서 날아갈 수도 머물 수도 없었다."

아스클레피아데스

사모스의 아스클레피아데스(Anth. Pal., xii, 135, 162, 163)는 테오크리투스의 스승으로 여겨졌다. 그는 테오크리투스에 의해 남자이자, 시인으로서 높은 평가를 받았다. 그의 이름으로 전해지는 시들은 우아한 형식과 섬세한 감정에 의해 다른 시들과 구별된다. 그들 중에 열한 편이 앤솔러지의 《소년다운 뮤즈》에 보존되고 있는데, 그중 다음 작품이 특출나다.

"포도주는 사랑의 증거다. 니카고라스는 사랑에 빠졌다는 것을 부인했지만, 수많은 축배의 술잔은 그의 마음을 찔리게 했다.
그렇다! 그는 눈물을 글썽이며, 고개를 떨구고 분명히 의기소침한 표정을 지었다. 그의 머리에 단단히 씌워져 있는 화관은 제자리를 차지하고 있는 것처럼 보이지 않았다."

또 다른 시에서 시인은 사랑스러운 소년이 그의 어머니에 의해 읽기와 쓰기의 비밀 속으로 인도되는 과정을 상상하고 있다. 그러나 스승으로서의 그녀의 노력은 기대했던 것과는 본질적인 차이가 있었다. 온순한 소년은 교과서 대신에 두 명의 아름다운 소년의 이름만을 자꾸 되풀이해서 읽었다. 그들은 진심어린 우정, 소년끼리의 우정을 더욱 영광스럽게 하는 그런 애정으로 서로에게 헌신했던 인물들이다. 그와 같은 과정은 같은 저자에 의해 163번 시에서도 묘사되고 있다.

칼리마쿠스

북아프리카 키레네의 칼리마쿠스(Anth., Pal., xii, 102)는 대략 B. C. 310년에서 240년 사이에 살았던 인물이다. 현재까지도 그는 알렉산드리아 시대의 가장 중요한 풍자 시인이다. 이미 우리가 알고 있는 대로, 그는 아테네에서 아라투스 시인과 함께 공부한 뒤에 알렉산드리아로 가서, 먼저 고명한 교사이자, 문법학자로 이름을 날린 다음, 프톨레미 필라델푸스의 화려한 궁정에서 수많은 분야를 망라하는 세계적으로 유명한 도서관 사업의 가장 중요한 공동 작업자 중의 한 사람으로 활동했다. 그의 문학 활동은 학습 분야를 지향하는 것이었지만, 시 분야도 전혀 배제하지는 않았다.

그가 남긴 시에서는 일반적으로 에로틱한 정서를 감지할 수 있으며, 앤솔러지 제12권에는 적어도 열두 편 이상의 시가 보존되어 있다. 그 작품들은 모두 소년들의 아름다움을 찬미하거나 에로스의 신비를 다룬 것들이다. 그는 놀랄 만큼 새로운 관점으로 무진장한 주제를 다양하게 다루는 방법을 알고 있었다.

"언덕 위에서 사냥꾼 에피키데스는 서리와 눈보라를 뚫고 암토끼의 자취와 암사슴의 흔적을 모두 추적한다. 그러나 어떤 사람이 그에게 '보시오, 여기에 상처를 입고 누워 있는 야수가 있소.'라고 말해도 그는 그것을 취하지 않는다. 나의 사랑도 그와 같다. 그것은 도망가는 술래를 쫓아가서 잡는 놀이와 같지만, 길 위에 누워 있는 술래는 그냥 지나쳐버린다.”

그밖의 시인들

지금까지 언급한 위대한 시인들 이외에 앤솔러지 제12권에는 격이 좀 떨어지는 스물네 명의 시인들의 소년에 대한 사랑의 시가 수록되어 있다.

디오스코리데스(B. C. 2세기)는 몇편의 풍자시를 남겼다.

“가장 부드러운 바람, 서풍인 제피루스가 사랑스러운 순례자 유프라고라스를 나에게 다시 데려다 주었네. 그대가 그를 맞이했을지라도 몇달이 넘는 그의 공백 기간을 뛰어넘지는 않았으리라. 사랑하는 사람의 마음에는 아주 짧은 시간도 몇천 년과 같으니(171).”

노예로 태어났던 크레타의 르히아누스(B. C. 3세기에 활약했다)는 원래 소년들의 레슬링 학교 감독이었다. 젊은이에 대한 그의 선호는 그의 시에서도 분명히 인지된다. 따라서 아드메투스 왕에 대한 아폴로의 봉사를 그가 언급한 것도 에로틱한 이유 때문이라는 것을 우리는 알 수 있다(cf. Callimachus, Hymn, ii, 49). 현존하

는 열한 편의 시 중에서 소년에 관한 것은 여섯 편이며, 다소 가볍
기는 하지만, 재치와 우아함도 충분하다. 그는 문헌학 분야에서 성
공을 거두었으며, 《일리아드》와 《오디세이》에 대한 값어치 있는 판
본을 편집했고, 특히 제2차 메세니아 전쟁에 대한 서사시의 작가로
알려져 있다.

우리는 이미 '탈출할 곳 없는 소년들의 미궁' 에 대한 르히아누스
의 시를 인용한 바 있지만, 여기서는 보다 더 특별한 것을 다시 인
용해보겠다.

> "푸르른 플라타너스나무 아래에서 끈끈이로 검은 지빠귀 새를 잡은
> 데크시오니쿠스는 그것의 날개를 움켜잡았다. 신성한 새는 불만스럽
> 게 비명을 질렀다. 그러나 사랑하는 그대여, 나는 그대의 품안에서
> 마음껏 나의 소리를 질러대며 눈물을 흘릴 수만 있다면 기꺼이 새가
> 되겠노라(xii, 142)."

메세네의 알카이우스의 시(A.P., xii, 64)는 섬세하며 세련된 감
정이 충만하다.

> "피사의 영주, 모든 신들의 왕이신 제우스여, 크로누스 페이테노르의
> 가파른 언덕 밑에서 키프리스의 둘째 아들에게 왕관을 씌워주소서.
> 또한 그대에게 기원하노니, 아름다운 트로이 소년을 대신하여 그대에
> 게 술을 따르도록 하기 위해 높은 곳의 독수리를 보내 그를 잡아가지
> 마소서. 내가 그대를 기쁘게 했던 선물을 뮤즈로부터 그대에게 가져
> 다 주었다면, 신을 닮은 소년이 나를 향해 한 마음을 지닐 수 있었을

텐데."

미틸레네의 알페우스(ibid., 18)는 신선한 관점으로 여섯 행으로 이루어진 시에서 다음과 같이 말하고 있다.

"사랑 없는 생활을 하는 사람들은 불행하다. 사랑 없이는 무엇을 행하거나 말하기가 쉽지 않다. 예를 들어, 지금의 나는 너무나 느리고 굼뜨지만, 크세노필루스가 나의 눈에 띈다면 나는 번개보다 더 빨리 날아갈 것이다. 그리하여 나는 모든 사람들에게 달콤한 욕망을 물리치지 말고 따라가라고 권유한다. 사랑은 영혼의 숫돌이다."

아우토메돈(ibid., 34)은 재미있게 악의 없는 익살을 떤다.

"어제 나는 소년들의 교사이자, 모든 사람들로부터 칭송을 받는 데메트리우스와 저녁식사를 했다. 한 명은 그의 무릎에 앉고, 한 명은 그의 어깨를 주물러주고, 한 명은 그에게 접시를 날라다 주고, 또 다른 한 명은 그의 술 시중을 들어주니, 참으로 놀랄 만한 4인조. 나는 그에게 농담삼아 말했다. '친애하는 친구여, 그대는 밤에도 소년들을 교육시키는가?'"

에베누스(Anth. Pal., xii, 172 ; cf. Catullus, 85)는 카툴루스의 흉내낼 수 없는 《Odi et amo》에 대한 새로운 형식을 만들어냈다.

"만일 증오하는 것도 고통스럽고, 사랑하는 것도 고통스럽다면, 나는 두 악마 중에서 감미로운 고통 쪽을 택하리라."

율리우스 레오니다스(Anth. Pal., xii, 20)는 자신만의 독창적인
사고를 도입했다.

"제우스는 다시 에피오티아인들의 잔치에서 즐기고 있거나 금을 만
들고 있거나 다이나의 창고에서 도둑질을 하고 있는 게 분명하다. 페
리안데르를 보건대, 그가 지상의 사랑스러운 젊은이들을 납치해가지
않는다는 것은 정말 놀랄 만한 일이다. 아니면 이제 그 신은 더 이상
소년들의 연인이 아니란 말인가?"

끝으로 앤솔러지 제12권에 수록되어 있는 지은이 미상의 서른다
섯 편의 시 중에서 세 편을 골라서 인용해본다.

"끈덕진 사랑은 여인들을 향해서는 아무런 욕구도 불러일으키지 않
지만 나 같은 남성에 대해서는 번개같이 욕망의 불길을 지핀다. 이제
이스메누스를 보면서, 다몬에 의해 불타오르면서, 나는 누그러질 줄
모르는 고통 속에서 괴로워한다. 나는 이들을 바라볼 뿐만 아니라 언
제나 미친 듯이 방황하는 나의 눈은 한결같이 똑같은 그물 속으로 빨
려들어간다(ibid., 87)."

이러한 갈망은 시인을 흥청대는 술자리로 무사히 인도한다.

"나는 흠뻑 취했으므로 그를 위해 세레나데를 부를 것이다.

'소년이여, 나의 눈물로 적신 이 화관을 받아주오.'
길은 멀지만, 나는 헛되게 가지는 않으리라. 죽음과도 같은 밤과 어두움이지만 나에게 테미손은 커다란 횃불이다(ibid., 116)."

다음 시의 저자도 알려져 있지 않다.

"안티클레스의 아들인 메네카르무스가 권투시합에서 승리했을 때, 나는 열 개의 리본으로 그의 머리에 관을 만들어 씌워주고, 세 번 키스해주었다. 그는 온통 피투성이였지만, 나에게는 그 피가 향료보다도 더 감미로웠다(ibid., 123)."

열두번째 앤솔러지인 스트라톤의 《소년을 위한 뮤즈》에서 참으로 흐드러지게 활짝 피어 있는 수많은 꽃송이들 중 몇개만을 골라서 감상해본 우리는 이제 소위 '키나이딕'이라는 시가의 형태에 대해 이야기할 때가 된 것 같다. 그것의 가장 중요한 대표자인 소타데스에 대해선 이미 논의한 바 있다(1권, p.408-409).

'키노이두스'의 가장 최초의 의미는 '소년들의 연인'으로 다분히 외설적인 의미를 지니고 있다. 점잖치 못한 연회에서 직업적으로 춤을 추는 사람에게 이런 이름이 붙여졌다. 우리는 플라우투스와 페트로니우스, 그리고 로마의 빌라 도리아 팜필리에 있는 벽화로부터 그들의 모습을 알 수 있다. 그에 따르면, 그들은 자유분방하게 춤을 추든가, 우리의 사고방식으로 보면 지극히 음탕한 노래에 맞춰 춤을 췄다. 그 노래들 중에서 별로 중요하지 않은 몇개의 단편들만이 보존되고 있다. 권투선수인 마그네시아의 클레오마쿠스는 바로 그러한 키노이두스 춤꾼과 사랑에 빠지게 되며, 유사한 성격의 배역을 맡으라는 유혹을 받기도 한다(Plautus, Mil. glor., 668, iii, 1, 73).

아테나이우스에 따르면(xv, 697d), "모든 사람들이 셀레우쿠스가 지은 소년에 대한 사랑의 노래를 불렀으며(B. C. 2세기 초반부터)" 그중에 두 연이 현존한다.

"나도 소년들을 사랑한다. 그것이 결혼의 멍에 속에서 시들어가는 것보다는 좀더 아름답다. 목숨이 걸린 전쟁터에서도 그대의 친구는 그대의 옆에 보호자로 남아 있기 때문이다."

산 문

사랑에 대한 끝없는 논쟁

그리스 산문 작가들에 대해서는 이미 충분히 논의한 바 있으므로 그리스 산문 속에 나타난 남색에 대한 더 이상의 기술은 필요 없을 듯하다. 그러므로 보다 확실히 주제에 근접하는 작품 몇가지를 살펴보는 것으로 충분할 것 같다.

데모스테네스라는 이름으로 쓰여진 《에로티코스(Erotikos)》라는 문헌이 현존하는데, 데모스테네스라는 제목은 플라톤의 작품인 《포이드루스(Phoedrus)》에서 영향을 받은 것이 분명하다. 이 글은 에피크라테스라는 소년이 쓴 서간문으로 정열적인 찬양의 글이다. 그러나 이 글은 충분히 수긍할 만하고 읽을 만한 가치가 있음에도 불구하고, 학문적인 비판에서 보여지듯 아주 뛰어난 작품은 되지 못한다. 물론 고대 그리스 문학에서 동성애에 관련된 산문의 백미는 플라톤의 《향연》이다. 이 글은 비극 작가 아가톤이 자신의 벗 소크라테스, 파이드루스, 파우사니아스, 에릭시마쿠스, 그리고 아리스토파네스에게 향연을 베푼 후 수년이 지나서 기원전 416년에 그의 극적인 승리를 기념하여 몇년에 걸쳐 쓴 글이다.

식사가 끝나고 주연이 시작되자, 파이드루스의 제안으로 에로스의 힘과 중요성이 대화의 주제로 등장했다. 그리하여 플라톤의 저술 중 가장 다채롭고 고무적인 예시와 심오함으로 가득한 이 아름다운 글이 세계문학사에서 에로스를 찬미하는 극치가 되었다. 아리스토파네스는 사랑을 "원래는 완전한 하나였다가 신의 농간으로 둘이 된 사람들이 서로 그 반쪽을 찾아 헤매는 과정"이라는 내용을 섬세하게 창조된 신화로써 설명했다.

'사랑은 불변을 향한 갈구'라고 정의한 소크라테스는 자신이 행한 한 연설의 절정 부분에서 사랑을 이렇게 표현했다.

"사랑은 여인의 몸에서 어린아이의 생명을 발아케 하는 것이고 소년들과 젊은이들을 지혜와 진실로 가득 차게 하는 것이다."

소크라테스의 정의 속에서 에로스는 최고의 이상형이다. 놀라운 조화로 녹아든 관능적이면서 정신적인 것으로 에로스에게는 필연적인 완벽성이 요구된다. 아주 훌륭한 교사는 아주 훌륭한 동성 연애자이기도 하다. 교사와 제자는 서로 사랑함으로써 자신들의 최선

남성의 동성애

을 다한다. 그리고 가능한 한 완벽한 상태를 이루려 함께 노력한다. 소크라테스가 그리스어와 다른 모든 언어를 통틀어 가장 아름답게 쓰여진 그의 연설을 끝맺자, 다른 향연장에서 온 사람이 흥분해서 소크라테스에게 유명한 칭찬의 말을 남겼다. 소크라테스에게 술잔이 넘치도록 술을 부었으며, 그의 연설은 초관능적 지성의 높이를, 그리고 초인간적 극기를 보여준다고 극찬했다.

《향연》에 비하면, 플라톤의 《알키비아데스의 대화》는 이렇다 할 특색이 없다. 단지 그 작품은 다른 것들에 비해 유난히 우상화된 알키비아데스에 대한 소크라테스의 사랑과 관련이 있고, 후에 사람들은 이를 통해 무엇이 자신에게 적합하고 어울리는지를 결정하는 상담자에 대한 이상을 만들어냈다.

'소년에 대한 사랑'이라는 주제는 플라톤의 젊은이 선호에 따라 이름 붙여진 플라톤의 《포이드루스》에서도 다뤄지고 있다. 햇살이 뜨겁게 내리쬐는 한낮에 일리수스 강 둑 큰 나무 아래서, 들판에선 메뚜기가 한가로이 뛰노는 가운데 대화가 시작되었다. 대화는 점차 수준 높게 이끌어져 독창적인 미의 진수이자, 이상형인 에로스에 대한 정의를 내리기에 이른다.

《에라스토이(Erastoe, 연인들)》가 플라톤의 작품인지는 아직 확실치 않다. 이 제목은 소크라테스와 대화를 나누었고, 그가 가장 아끼던 두 소년 중 하나의 이름을 따서 붙인 제목이다. 소크라테스는 소년들과 잡다하고 옅은 지식에 관해서가 아니라, 참된 철학적 교육에 대해서 대화를 나누었다.

진지한 문학에서 가장 선호했던 주제는 남자의 여자에 대한 사랑이 남자가 소년을 사랑하는 것보다 항상 우위에 있어야만 하는 것인지에 대한 검증이었다. 이 주제에 대한 묘사는 그리스 시인 루키안의 이름으로 오늘날까지 전해 내려온다. 이것은 물론 처음 언급된 두 가지 종류의 사랑을 묘사한 《에로테스》에서는 불분명한 주제였다. 지극히 매력적인 구성으로 이성간의 사랑을 예찬하는 코린트인 칼리클레스와 동성간의 사랑을 예찬하는 아테네인 칼리크라티다스 두 친구 사이에 경합이 벌어진다. 중재자 역할을 맡은 리키누스는 다음과 같이 결론을 내리는데 이 결론은 그리스인의 사랑 개념을 가장 잘 특징짓는 표현이 되었다.

"결혼은 남자에게 생계를 떠맡아야 한다는 필연적인 의무인 동시에 가정의 행복을 산출하는 귀중한 무엇이다. 그러나 남자의 소년에 대한 사랑은 나의 의견으로는 신성한 권리를 구가하는 한 인간의 자유로운 이성의 산물이다. 그러므로 결혼은 앞으로도 영원히 존재할 것이지만 동성간의 사랑은 지혜로움의 상징으로 남게 될 것이다. 여자들에게는 절대로 생각조차 불가능한 완벽한 진리와 더불어……. 그러니 승리가 코린트로 안 가고 아테네로 간다고 칼리클레스여, 노여워하지 마라."

《에로테스》가 고대 풍습에서 상당히 인기가 있었다는 것은 아킬레스 타티우스라고 잘 알려진 몇몇 모방 작품에서 명확하게 드러난다. 그의 저서 2권에는 에로테스의 성립 문제가 위의 예와 같이 서로 상반되는 연설의 형태로 다루어져 실려 있다.

하브로코메스와 안테이아의 사랑 이야기를 담고 있는 에페수스의 크세노폰 산문에는 동성애에 관한 이야기가 있다. 여기서 히포투스는 어떻게 그가 태어난 곳 페린투스에서 히페란투스라는 소년과 사랑했는지를 기술했다. 비잔티움의 부자 상인 아리스토마쿠스가 그 소년을 샀을 때, 히포투스는 그를 따라가 아리스토마쿠스를 죽이고 그의 소년 애인과 함께 달아났다. 레스보스 근처에서 그들의 배는 폭풍우를 만나 뒤집혔고, 거기서 히페란투스는 익사하고 말았다. 당황한 히포투스는 순간적으로 모든 것을 잃었으나, 대신 그는 죽은 소년에 대한 아름다운 추억을 갖게 되었다. 그 후 그는 절망감으로 자포자기한 채 타락한 삶을 살았다.

콤모두스 황제 시대(A. D. 180-192년)에 살았던 티레 철학자 막시무스는 그의 여러 저작에서 반복하여 동성애를 주제로 삼았다. 그래서 우리는 가장 지적이고 뛰어났던 하드리아누스의 동성 연애 철학자 파보리누스가 이미 다루었던 소크라테스의 에로스에 관한 설교를 그의 저서에서 엿볼 수 있다.

그리스 신화의 남성애

지금까지는 그리스인의 소년에 대한 사랑 이야기의 남겨진 기록을 근거로 하였다. 헬레네 신화학에서도 중요한 역할을 하는 이런 근거는 충분히 많이 있다. 사실 헬레네의 영웅과 신들에 관련된 전설 모두가 소년, 소녀에 대한 이상 성욕을 언급해, 베이어는 이 주제로 논문도 완성할 수 있었다. 헬레네 시에서 소년들은 가장 아름다운 꽃들로 묘사되기에 그리스 신과 영웅들이 소년들과 성관계를 맺는 일은 지극히 반가운 일로 그의 논문에서는 묘사되어 있다.

여기서는 신과 영웅들과 소년들의 성관계를 세세하게 묘사하기에는 지면이 제한되어 있음을 고려하여, 만족스러운 예시 수준에는 못 미치더라도, 베이어의 값진 논문에 의지해 그리스 신화에 나타나는 소년의 성관계에 핵심을 두고 이야기를 펼쳐나갈 것이다. 따라서 간략하게 고대의 다소 자세한 아름다운 소년과 그 애인들에 관한 전설을 기술하는 데서 끝내기로 한다. 이 기록에 대한 추적은 히기누스, 아테나이우스 등등 몇몇 작가들에 의해서도 지속되었다. 그 중에서 가장 대단한 것은 신앙심 깊고 학식이 있었던 기독교 교부인 알렉산드리아의 클레멘트다. 그는 이렇게 정리했다.

"제우스는 가니메데를 사랑했다. 아폴로는 키니라스, 자킨투스, 히아킨투스, 포르바스, 힐라스, 아드메투스, 키파리수스, 아미클라스, 트로일루스, 브랑쿠스, 팀니우스, 파루스, 포투이에우스, 그리고 오르페우스를 사랑했다. 디오니소스는 라오니스, 암펠루스, 히메나이우스, 헤르마프로디토스, 그리고 아킬레스를 사랑했다. 아스클레피우스는 히폴리투스를 사랑했다. 헤페스투스는 펠레우스를 사랑했고, 판은 다프니스를 사랑했다. 헤르메스는 페르세우스, 크리세스, 테르세스, 그리고 오드리세스를 사랑하였으며 또한 헤라클레스는 아브데루스, 드리오프스, 이오카스투스, 필로크테테스, 힐라스, 폴리페무스, 하이몬, 코누스, 그리고 유리스테우스를 사랑했다."

일부만을 기록했을 뿐인 이 명단에서 그리스 신화에서 동성애가 얼마나 융성했는지 그 일면을 알 수 있다.

동성애에 근거한 익살과 농담

지금까지는 그리스인의 소년에 대한 사랑의 진지한 측면만 언급했다. 그러나 "그 어느 것도 인간에게서 입술에 미소를 담고, 진실을 말하는 것을 막을 수 없다."라는 시인 호라케의 말은 인간의 삶에 반드시 적용되듯이, 그리스인에게도 예외는 아니다. 동성애 이야기에도 역시 수많은 익살이 숨어 있다. 농담과 익살의 대상은 정신적인 사랑이 아니라 육체적 욕망에 있었다. 오늘날까지 전해 내려오는 몇가지 기발한 유머를 소개하겠다.

'키노이두스'라는 말은 이미 설명했듯이, 여성적 행동과 몸짓을 하고, 얼굴에 화장을 하고, 여자처럼 용변을 보는 등 점차로 여성화되는 남자를 비꼬아 일컫는 말이 되었다. 앤솔러지(xi, 272)에는 이런 풍자가 실려 있다.

"그들은 남자이기를 원치 않으나 여자로 태어나지 못했다. 그들은 남자가 아니다. 왜냐하면 그들은 자신들이 여성으로서 이용되어지기를 바라기 때문이다. 그들은 여성으로 가는 남성이고, 남성으로 가는 여성이다."

그런 사람들의 이상한 행위는 아리스토파네스가 그랬듯이 종종 조롱의 대상이 되었다.

> "나는 묻고 싶다. 젊은이여, 그대들은 누구인가? 도대체 어느 땅의
> 젊은이이기에 이다지도 약하단 말인가? 어느 나라의 젊은이 복장이
> 이렇단 말인가? 도대체 왜 이리 혼란스럽게 하고 다니는가? 여자들
> 처럼 선홍색으로 물들인 원피스를 두르고 하프를 울리며 무엇을 하
> 자는 것인가? 투구를 써야 할 머리에 장식을 하고 리라를 울리며 무
> 엇을 하자는 것인가? 그 기름병과 허리 장식은 무엇을 의미하는가?
> 어울리지 않는구나! 거울과 칼 사이에 대체 무슨 연관이 있단 말이
> 냐?
> 젊은이들이여, 자네들이 남자로 키워졌단 말인가? 자네들이 남자라
> 는 것을 어떻게 알 수 있단 말인가? 자네들의 남성 본래의 의상은
> 어디다 버렸는가? 신발은 어쨌는가? 모두 버리고 여자의 그것을 취
> 하려 하는가? 그러면 자네들의 용기는 어쨌는가? 대답해보라. 왜 침
> 묵하는가? 너희가 너희 자신에 대하여 대답하기를 거부한다면 나는
> 너희들이 불러대는 노래를 빌어 판단내릴 것이다(Thesm., 134 ff.)."

메난데르는 카브리아스의 아들 크테시푸스에게서 얻은 약간의 힌
트로 키노이두스들의 행동을 기술했다. 그는 자신의 쾌락을 위하여
아버지 무덤에 있는 돌까지 팔아먹었다(frag. 363).

코미디극에서 연약한 인물에게는 여성의 이름을 붙였다. 그래서
아리스토파네스는 남성다운 소스트라토스를 언급하지 않고 여성으
로 묘사했고, 클레오니무스, 클레오니메 대신에 여성 소스트라테라
는 이름을 사용했다(Clouds, 678, 680). 크라티누스는 '쾌락적인

소년들' 을 일컬어 '작은 아가씨들' 이라 비꼬았다. 또 여성적이라는 수식어를 종종 남성 이름 앞에 붙여 비꼬기도 했다(CAF., I, 29).

물론 항상 보기 좋고 그럴듯한 익살은 아니더라도 진짜 새롭고 적합한 별명을 만들어내기 위해서는 일정한 준비가 있어야 하고, 그러한 축적 위에서 우리는 처음으로 '카타퓌곤(katapyugon, 게으름뱅이 건달)' 이라는 조잡한 단어를 볼 수 있다. 이 단어는 조악스런 경멸의 말과 마찬가지로 아주 흔한 어휘였으며, 그리스의 대부분의 코미디에서 찾아볼 수 있다.

더 이상의 설명이 필요 없는 별칭인 '스트로빌로스(strobilos, 발끝으로 급선회하기)' 는 아리스토파네스의 글에서 딱 한번 볼 수 있는 반면, '바탈로스(batalos)' 라는 이름은 더 자주 등장한다. 이 단어는 유폴리스의 글에서 바보라는 의미의 '프로크토스(proktos)' 라는 단어와 동의어로 쓰인다. 더 정확한 이름으로 플루타크는 그의 코미디에서 사내답지 못하고 연약한 플루트 연주자로 아리스토파네스에게 조롱당하던 '바탈로스' 에 대해 썼다. '파이도피페스(paidopipes, 소년들에게 추파를 던지는 사람)' 와 '퓌로피페스(pyurropipes, 황금 머리결을 한 소년들에게 추파를 던지는 사람)' 는 오히려 해가 없는 사람으로 코미디에서 자주 인용되었다. 소년, 소녀에 대한 성욕을 갖고 있는 사람에게 붙인 우스꽝스러운 별명은 '알페스테스(alphestes)' 였는데, 본래 물고기 종류를 일컫는 단어였다.

아테나이우스가 그의 작품집을 통해 이 단어에 재미있는 풍자적

해석을 가했다.

"창백한 황색빛을 띠는 이 물고기는 가끔 특정한 장소에서는 보랏빛
을 띠기도 했다. 한 마리의 물고기가 헤엄치며 다닐 때면 반드시 다
른 하나가 그 뒤를 따라다녔기 때문에 이 물고기는 항상 쌍으로 잡혔
다."

그래서 일부 고대 작가들은 다른 사람의 뒤를 항상 따라다니며,
지나치게 비정상적인 성욕에 집착하는 사람을 이 물고기를 빗대어
묘사하곤 했다. 호머와 다른 후대 작가들의 작품 속에서 이 단어는
더 자주 등장했고, 특별한 남성의 별칭으로 사용되면서 널리 퍼지
게 되었다. 재치있게 번역하기 힘든 스트라톤의 한 풍자시에서는
정신나간 상태를 음악이론을 빌어 표현하는데 소년, 소녀에 대한
이성적이지 못한 성욕을 의미하는 단어인 '알페스테스(alphestes)'
또한 언급되고 있다(Anth. Pal., xii, 187).

그밖의 이야기들

에레수스의 파니아스는 다음과 같은 이야기를 했다.

"남부 이탈리아의 헤라클레아에서 살던 안틸레온은 귀족 가문 출신
의 잘생긴 젊은이인 히파리누스라는 소년을 사랑하였다. 안틸레온은
온갖 노력을 기울여봤지만 그의 사랑을 획득할 수 없었다. 김나지아
에서 그는 항상 소년의 옆에 앉아 자신이 그를 얼마나 사랑하고 있는

지 되풀이하여 얘기했고, 소년이 명령하는 모든 것을 기꺼이 수행하겠다고 맹세했다.

소년은 농담삼아 그에게 헤라클레오테스의 폭군인 아르켈라우스가 삼엄하게 지키고 있는 요새에서 종을 가져오라고 명령했다. 소년은 그가 도저히 그런 임무를 완수할 수 없을 것이라고 생각했다. 그러나 안틸레온은 요새 안으로 몰래 숨어들어가 매복하고 있다가 종을 지키는 사람을 살해했다. 약속을 지킨 그가 종을 가지고 소년에게 돌아가자 두 사람은 매우 친근한 사이가 되었으며 서로를 지극히 사랑했다.

그러나 우연한 기회에 폭군 자신이 소년에게 홀딱 반해버렸다. 그는 안틸레온을 협박하며, 자신의 말을 거부하여 목숨을 잃지 말라고 으름장을 놓았다. 폭군에게는 자신의 협박과 희망을 실현시킬 수 있는 힘이 있었던 것이다. 그러나 안틸레온은 폭군을 공격하여 살해한 뒤 집을 떠나 도망을 쳤다. 그는 양떼 속으로 숨어들지만 발각되어 잡히고 말았다. 한편 폭군의 죽음으로 인해 자유를 얻은 도시 사람들은 안틸레온과 소년의 동상을 세우고, 앞으로는 그 누구도 양떼를 몰고 거리를 가로질러갈 수 없다는 법률을 제정하였다(FHG, II, 298, 16)."

소년들의 아름다움을 높이 평가하여, 그들을 공물의 일종이나 감사에 대한 답례로 바치는 것은 전혀 이상한 일이 아니었다. 호머가 살았던 오랜 옛날에도 아가멤논은 심한 모욕을 당한 아킬레스에게 자신의 미안함을 속죄하는 방법으로 선발된 젊은이들을 기꺼이 선물하겠다는 제안을 하였다.

더 나아가 헤로도토스의 역사책에 따르면(iii, 97), 에티오피아인들은 2년마다 한번씩 순금과 흑단 200궤짝, 코끼리 상아의 흑단

20개 이외에도 다섯 명의 소년들을 페르시아의 왕에게 공물로 바쳤다고 한다. 또한 콜키아 사람들은 4년에 한 번씩 백 명의 소년과 백 명의 소녀들을 보냈다. 이상의 두 가지 공물 방식은 헤로도토스가 살았던 시대까지도 계속되었다고 한다.

이들 소년들은 시동이나 술을 따르는 사람, 또는 연인이 되어 페르시아 귀족들의 시중을 들었다. 헤로도토스의 또 다른 글(iii, 48)을 보면, 이러한 소년들을 훨씬 더 위협했던 일이 등장한다. 헤로도토스는 다음과 같이 진술하고 있다. 코린트의 유명한 지배자였던 페리안데르는 케르키라로부터 명문대가의 자제인 300명의 소년들을 뽑아, 사르데스에 있는 알리아테스 왕의 궁전으로 보냈다고 한다. 거기에서 소년들은 거세당한 뒤 관습적으로 환관들이 담당했던 시중을 들었다.

그러한 소년들을 수송하는 책임을 지고 있었던 사모스 섬 사람들이 거세된 소년들을 구해낸 과정과 그 승리를 기념하여 헤로도토스 시대에도 여전히 관찰할 수 있었던 축제의 내용에 대해서는 역사가 자신이 사료를 모아놓았다. 뒤의 단락으로 미루어볼 때 많은 사람들이 소년을 거세하는 일에 종사했던 것이 분명하며, 이는 문명사의 관점에서 볼 때 매우 재미있는 일이다.

헤로도토스는 우리에게 다음과 같이 말한다(viii, 104ff).

"크세르크세스는 소년들과 함께 왕의 환관들 중에서 첫째가는 지위를 차지하고 있던 헤르모티무스라는 사람을 페다사 원주민들의 보호자로 임명하여 그곳으로 보냈다. 그런데 페다사 마을에서 다음과 같은 진기한 사건이 일어났다.

근방에 사는 모든 이웃 사람들이 그 어떤 심각한 재앙이 그들에게 다가오고 있다는 사실에 위협을 느낄 때면 언제든지 아테네 신전에 있는 여사제에게서 기다란 수염이 자라났다. 그런 흉측스러운 일이 이미 두번이나 벌어졌다. 이제 페다사 거주민의 한 사람이 된 헤르모티무스는 인간이 상상할 수 있는, 사람에 대하여 해를 미칠 수 있는 가장 혹독한 형태의 복수를 당하지 않으면 안 되는 처지에 놓이게 되었다.

지극히 사악한 행동들을 일삼으며 잔인한 쾌락을 추구해온 키오스의 시민 파니오니우스는 헤르모티무스가 적들에게 잡혀왔을 때 그를 사들인 다음 다시 팔기 위하여 내놓았다. 미소년을 소유할 기회가 자주 있었던 이 파니오니우스라는 인물은 그들을 거세한 뒤에 사르데스나 에페수스로 데려가 고가로 팔아넘겨 왔다. 그들 사이에서는 이방인 환관들이 거세를 당하지 않은 사람보다 더욱 가치가 있었으며, 모든 면에서 더 큰 신뢰를 받았다. 다른 많은 사람들을 거세할 때, 파니오니우스는 그가 이제껏 해오던 그대로 헤르모티무스도 가차없이 거세해버렸다.

그러나 헤르모티무스에게는 그 일이 불행이 아니었다. 그는 왕을 위해 다른 많은 선물과 함께 사르데스로 보내졌으며, 시간이 흐름에 따라 크세르크세스의 모든 환관들 중에서 그는 가장 큰 명예와 권력을 얻게 되었다."

다리우스 왕 시대에는 페르시아의 궁중에서도 환관들이 지위를 얻었다. 바빌론과 아시리아의 나머지 지방에서도 그에게 공물로 천 탈렌트의 은 이외에도 500명의 거세한 소년들을 보내야 했다.

그 자체로는 그리 중요하지 않은 보이오티아에 있는 레바데아 도시에서는 매우 오래 되고 또 아주 신성한 트로포니우스의 꿈의 신탁이 유명하다. 그 자신이 신탁을 해봤던 파우사니아스는 신탁으로부터 정보를 얻고자 하는 자들이 장엄한 제례를 올린 뒤에 진행하는 각 단계의 격식에 대한 상세한 얘기를 우리에게 들려준다.

그는 또 이런 이야기도 한다.

> "계곡 사이로 흐르는 헤르키나라는 냇물에서 '헤르마이'라고 불리는 마을에서 온 열세 살 가량의 두 소년이 몸에 기름을 바르고 목욕을 하며 나를 위하여 온갖 종류의 봉사를 했다."

'헤르마이'라는 이름은 아마도 헤르메스가 그리스의 소년과 청년의 수호신이었다는 사실로 설명될 수 있으며, 그런 이유 때문에 그리스의 모든 김나지움에는 이 친근한 헤르메스 신의 제단이나 조각상이 세워져 있었다.

플라누데스의 앤솔러지에 수록되어 있는 니키아스의 아름다운 풍자시에는 "상록수와 히아신스, 제비꽃 등으로 치장한 채 김나지움을 보호하고 있는" 헤르메스의 조각상을 경배하는 소년들의 모습이 그려져 있다.

사이프러스 솔리의 클레아르쿠스가 쓴 《에로티카》의 마지막 대목에는 다음과 같은 구절이 나온다.

> "아첨하는 자는 결코 진정한 친구가 될 수 없다. 시간이 흐르면 우정

을 가장하는 자들의 거짓이 드러나기 때문이다. 하지만 진정한 연인
은 젊음과 아름다움을 꽃피우기 위해 사랑의 아첨을 하는 진실한 아
첨꾼이다."

6

그리스
성생활의 왜곡

변태와 본능의 관계

변태와 본능의 관계

그리스인의 성생활이 과연 어느 정도 건강하였는가 하는 것은 비록 일부 지역에 한정되어 있다 하더라도, 자체내에 '성애에 대한 정신적 연구'라는 단체를 만들어, 성 문제의 제 현상을 연구하였던 점에서 그 일단을 확인해볼 수 있다. 결론적으로 그리스인들은 동성 연애적인 성행위를 성적인 정신병으로 취급하지 않았다. 다만 그들이 자신들의 동성 연애에 대해서 이처럼 생각하게 한 근거들에 대해서 이전 장에서 충분한 설명을 할 기회가 주어지지 않았을 뿐이다.

그렇다 하더라도 고대 그리스에 존재한 사랑의 형태에서 정상적이지 않은 변태적인 것이 존재했다는 것을 부인할 수는 없다. 뿐만 아니라, 성의 역사를 연구하는 사람들에게는 이것에 대한 과학적인 조사와 설명이 요구된다. 따라서 나는 로젠버그, 브로치, 보르베 그의 저작과, 그리고 이러한 목적에 대한 상당량의 기초자료를 수집한 많은 사람들의 작업을 통하여 이를 증명해보일 것이다.

성적 대리 만족

이는 다른 사람의 성행위를 은밀히 훔쳐보는 것에서 성적 흥분과 만족을 얻는 것으로서, 이와 같은 변태를 지칭하는 용어는 고대 그리스에는 존재하지 않았을 정도로 드문 형태 중의 하나였다. 따라서 이러한 변태의 존재를 확인할 만한 어떤 구절도 고대의 작품 속에는 등장하지 않는다. 이러한 변태를 묘사하는 듯한 그림의 표현은 종종 나타나고 있으나, 이것이 '보이에우르(성적으로 엿보는 취미에 빠져 있는 변태 성욕자)'를 표현하는 것인지는 확실하지 않다.

이전에 언급한 적이 있는 것처럼(1권, p.134-136) 칸다우레스가 발가벗은 부인의 모습을 그의 신하에게 보여준 것이 그가 그처럼 아름다운 부인을 가지고 있다는 것을 보여주려고 한 무절제한 허영심의 발로이든, 아니면 그러한 광경을 바라보면서 성적인 흥분을 느끼려고 한 시도이든지 간에 그러한 행위를 연출한 것은 바로 그 자신이었다. 신하 기게스가 그로부터 즐거워하기보다는 당혹스러워했다는 점에서, 우리는 이러한 행위를 넓은 의미에서 성적 대리 만족을 추구한 변태의 일종이라 이야기할 수 있을 것이다.

성도착증

자기의 성이 아니라, 상대편의 성이 입는 복장과 의식을 취함으로써 성적인 흥분과 만족을 얻는 사람들을 '성도착자'라고 한다. 이는 어머니의 뱃 속에서 남녀의 성이 아직 확연히 구분되지 않은 단계와 같은 상태로 돌아가려는 것으로써 이해될 수 있으며, 그리스의 고대 문학에서 비교적 자주 취급되지는 않았다 하더라도, 그리스인들에게 생소한 형태는 아니었다.

이미 언급하였듯이, 이러한 '성도착적'인 관습은 이단적인 종교의 행사에서 종종 나타나곤 한다. 관능성의 여신인 코티스, 또는 코티토의 영광을 축복하기 위해 열리는 아테네의 코티티아 축제에서는 여성의 복장을 한 남성들의 열광적인 춤에 의해 축제가 시작된다. 처음에는 단지 상징적인 측면에서 성애적인 모습들이 춤으로 형상화되나, 주연이 점차 흥을 더해가면서 "코티스 축제의 술잔치에 참여한 사람들은 점차 여성화된다."라고 시네시우스(calvitii Encomium, 856)는 전한다. 여성의 옷을 걸친 상태에서 여자의 긴 머리결과 같은 가발을 쓰면 남성들의 성적인 흥분은 점점 더 증가하고, 그들의 춤과 행동도 더욱 에로틱하게 되어간다.

호라케(Epod., 17, 56)는 이러한 이탈리아의 코티스 축제를 오로지 여성들만의 주연을 나타내는 불건전한 행사의 대명사로서 표현하기도 하였다. 아스클레피아데스(Anth. Pal., xii, 161)의 한 풍자시에는 다음과 같은 묘사가 나온다.

"도르키온(새끼사슴)이라는 이름의 어여쁜 소녀가 남자아이의 옷을 입고 망토 사이로 그녀의 허벅지를 노출시키면서, 눈에서는 사랑의 요염한 빛을 불사르고 있다."

크테시아스는 바빌론의 통치자 아마루스가 여성의 옷과 장식품을 달고 나타나면, 150여 명의 여가수와 무희들이 그 자리의 흥을 돋우었다는 이야기를 전하기도 한다(Athenaeus, xii, 530).

노출증

노출증은 자신의 성적인 기관들을 동성이나 혹은 이성의 앞에서 자랑삼아 아무것도 걸치지 않은 채 드러내놓는 것으로 이러한 변태는 고대 그리스에서는 그리 많지 않았다. 당시에는 남자들의 완전한 나체를 볼 수 있는 기회가 자주 있었으므로, 부분적인 노출에 의해서 성적인 호기심을 자극하거나 원색적인 욕망을 일으키는 사람은 별로 없었다. 의사나 법학자들 사이에서는 이러한 사실을 그 반대로, 고대 그리스에서의 여성들의 노출증에 대한 언급이라고 추측해야 한다는 견해도 존재한다.

여신 데메테르가 하데스에 의해 납치된 그녀의 딸 페르세포네를 구할 때, 그녀와 귀여운 이아쿠스를 숨겨준 엘레우시스에 있는 디사울레스의 부인인 바우보는 이 경우에 해당되는 가장 오래 된 예 중의 하나일 것이다. 슬픔에 잠겨 있는 그 어머니를 위로하고 격려하기 위해 바우보는 스스로 자신의 옷을 벗어내렸으며, 이 모습을

크니두스의
아프로디테

본 이아쿠스는 웃음을 참지 못하고 폭소를 터뜨렸고, 데메테르 자신도 당황해하면서 결국 웃고 말았다.

코르닥스 춤의 의도적인 노출 또한 노출적 특성 중의 하나로 여겨진다(1권, p.257을 보라).

디오도루스(i, 85)는 이집트의 여성들에 대해 다음과 같이 전한다.

> "이집트의 풍습에서 신성시되는 아피스의 황소가 죽은 뒤 새로운 것
> 이 다시 선정되고 탄생하면, 오직 여성들만이 약 40일 동안 그것을
> 돌볼 수 있다. 단 그들은 '그들의 옷을 걷어올려 자신들의 은밀한 부
> 분을 그 신에게 보여주는 자세로써'만이 그것이 허락된다."

남성 생식력의 신인 프리아푸스나 자웅동체인 헤르마프로디토스에 관한 대다수의 이미지 또한 이러한 노출증의 영향을 보여준다고 할 수 있다(1권, p.194-195을 보라).

우리가 지금까지 언급한 것들을 현대의 성 과학의 관점에서 살펴본다면 간접적인 측면에서의 노출증적 행위로서 취급할 수 있을 것이다. 노출증이라고 표현하기에 아주 적당한 사례는 테오프라스토스의 작품 속에서 무례한 남자의 성격을 묘사한 다음과 같은 구절에서 찾아볼 수 있다(Char., II).

> "무례하게도 그 녀석은 지나가다가 여성을 만났을 때 속옷을 걷어올
> 리고 자신의 그것을 상대방에게 보여준다."

피그말리오니즘

  사이프러스의 전설적인 왕인 피그말리온은 그가 직접 만든 상아빛의 소녀 조각상에 매우 심취하여 결국 그것과 사랑에 빠지게 되었다. 그러자 그는 아프로디테에게 그 조각상에 생명을 불어넣어 줄 것을 끊임없이 간청하였으며, 마침내 생명을 얻은 그 젊은 조각과 결혼하여 사이프러스에 있는 유명한 도시의 이름을 딴 파포스라는 아이를 얻었다. 이로부터 조각상이나 다른 예술 작품을 사랑하는 것을 '피그말리오니즘'이라 부르게 된 것이다(Ovid, Metam., x, 243 ff.을 보라).

  이러한 피그말리오니즘의 경우는 루키안(xv ff.)의 《에로테스》에 상세하게 설명되어 있다.

  "유력한 집안의 한 젊은 청년은 프락시텔렉스에 의해서 크니두스에 세워진 아프로디테 조각상을 너무도 사랑하여 하루도 빠지지 않고 사원을 찾아와 신성한 이미지의 그 조각상을 멍하니 쳐다보곤 하였다. 때로는 달콤한 말로 부드럽게 속삭이기도 하였고, 때로는 자신이 정열적으로 그녀를 애무할 수 없음을 비탄하기도 하였다. 지칠 줄 모르고 불타오르는 자신의 정열을 발산하기 위해 사원의 벽과 모든 나뭇가지를 '아름다운 아프로디테'라는 사랑의 낙서로 가득 채웠다. 그는 프락시텔레스를 마치 제우스처럼 숭배하였으며, 그가 가지고 있는 모든 장식품과 값비싼 것들을 축복의 선물로써 여신의 제단 앞에 갖다 바쳤다."

크니두스에 있는 아프로디테에 대해 사랑에 빠진 것은 비단 그 젊은 청년뿐만이 아니었다. 티아나에 있는 아폴로니우스에게 한 젊은 청년이 찾아와, 위의 경우와 같은 증상을 호소하고 치료를 부탁한 적이 있다고 필로스트라투스(Vita Ap., 276)는 전한다. 아폴로니우스는 그에게 신을 사랑한다는 것은 인간에게는 걸맞지 않는 것이며, 헤라를 사랑했다는 이유로 지옥의 세계에 떨어져 혹독한 벌을 받게 된 익시온의 경우를 상기시키며 경고하였다. 그의 이러한 경고는 유효하여 "그 젊은 청년은 아프로디테에게 참회와 속죄의 기도를 올렸으며, 다시는 그러한 마음을 먹지 않았다."고 한다.

아일리안은 아테네의 유별난 한 젊은이에 대해서도 이야기하고 있다(Var. hist., ix, 39).

> "그 젊은이는 시청 앞에 세워져 있는 아가테 티케의 조각상에 열렬한 사랑에 빠져, 그것에 키스하고 껴안기까지 하였으며 마침내 거의 미칠 지경에 이르러 헛소리까지 하게 되었다. 그는 시의원에게 그 조각상을 팔라고 간청하면서 매달렸으나, 시의원은 그의 제안을 거절하였다. 그러자 그 청년은 화환과 꽃, 그리고 온갖 값비싼 것으로 그 조각을 장식하고 존경의 기도를 올린 후에 복받쳐오르는 슬픔을 참지 못하고 결국 자살하였다. "

플리니(xxxvi, 22)에 따르면, 고대 그리스의 파리움에 세워진 프락시텔레스의 에로스 누드 조각상에 르호데스의 젊은 청년인 알케타스가 사랑에 빠진 적이 있다고 한다.

채찍질, 사디즘과 마조히즘

자신의 몸에 채찍질을 가하거나 신체의 일부를 절단하는 것과 같이 자발적인 자해를 통해서 신에게 참된 경외와 찬양을 보낼 수 있다고 믿는 광신적인, 혹은 매우 순진한 마음으로 인한 이와 같은 자해의 수단은 보통 종교적인 의식과 결합되어 있다. 이러한 채찍질과 거세의 형태에 대해서는 키벨레의 요란한 주신제(1권, p.333-334을 보라)와 같이 이단적인 종교를 구성하고 있는 것에 대한 설명에서 이미 충분히 언급하였다. 또한 팔라티네 앤솔러지에도 자해를 지칭하는 문학적인 표현이 무수히 나타나 있다.

이러한 잔학 행위는, 이상하게 들릴지는 모르지만 결국 자신들의 성적인 쾌감을 증진시키기 위한 것으로 사용되었다고 할 수 있다. 놀랍게도 현대의 성 과학은 종교적 관습과 성적인 것의 상호관계를 새롭게 확인시켜주고 있다. 바로 이와 같은 근거로 해서 나는 아르테미스 오르티아의 제단에서 스파르타의 소년들에게 가해졌던 잘 알려진 징벌과, 그 반대의 경우로서 '사악한 축제'라고 이전에 언급했던 아르카디아의 알레아에서 열린 스키에리아라는 디오니소스의 축제에서 행해졌던 소녀들에 대한 징벌을 설명할 수 있다.

한편, 가학성 변태 또는 피학성 변태의 경우는 고대 그리스 문학의 그 어디에서도 발견되지 않는다. 바로 이것이 로마의 문학 작품에서 이런 변태와 관련된 몇가지 구절을 어렵지 않게 인용함으로써 상대적으로 그리스인의 생활이 건전하였음을 반복해서 강조했던 작가들의 명확한 증거다.

헤라클레스와 옴팔레의 이야기는 피학대성 변태의 측면을 보여준다. 그 위대한 영웅은 점차 리디아의 여왕 옴팔레의 노예가 되어가고, 사자가죽으로 만든 옷을 입은 여왕은 그를 바라보며 앉아 헤라클레스의 시중을 받으며 즐거워한다. 그러나 피학성 변태의 특수한 측면, 그러한 고통을 제공하는 대가로써 부여받는 관능적인 성애의 쾌락에 대한 언급이 이 이야기의 과정에 묘사되어 있지 않기 때문에 이 경우를 피학대성 변태의 정확한 예라고 할 수는 없겠다.

《플루타크》(Demetr., 27)에서 서술된, 자신의 몸에 매춘부 라미아의 선명한 흉터자국을 가지고 태어난 팔레룸의 데메트리우스 이야기는 황홀한 쾌락을 즐기기 위해 데메트리우스 자신이 만든 것이 확실하며, 그 이외의 것으로는 이를 설명할 수 없다.

소도미

'소도미(남색)'라는 표현은 엄밀히 말해 잘못된 것이며, 자연스럽게 정의하자면 동물과의 성관계를 의미한다. 이러한 동물과의 성관계는 그리스의 고전에서는 거의 언급되어 있지 않으며, 다만 임시방편으로 이를 행하는 시실리아의 목동 테오크리투스의 경우나 우화적인 로맨스에서만 극히 드물게 나타나 있을 뿐이다.

이러한 변태의 경우를 몇가지만 들어보자.

제우스는 레다에게 백조로 변하여 접근하였으며, 페르세포네에게는 뱀으로 변하여 접근하였다. 파시파이는 황소에게 반하여 황소와 성교를 하였으며, 그로 인해 오비드가 미노타우르라고 부르는(Ars am., ii, 24) 반인반수의 괴물을 낳게 되었다.

네크로필리아(죽은 자와의 성교)

시체를 학대했던 잔인한 패륜의 증거로서, 그리스인의 고전에 등장했던 것 중 세 가지만 예로 들어보겠다. 그 중 하나는 이전에 언급한 것처럼 익사한 여인과 관계를 가졌던 디모이테스의 이야기다.

두번째는 그리스인이 아니라 이집트인이라 추측되는 것으로 헤로도토스는 미라를 만드는 장인이 그에게 맡겨진 아름다운 여인의 시신과 며칠간 성관계를 가졌다고 전하고 있다(ii, 89). 이러한 일이 있고 난 후 뛰어나게 아름답거나 특수한 계층의 여성들이 죽었을 때는 사나흘이 지난 다음에 미라를 만드는 장인에게 전해지는 관습이 생겨났다고 한다.

마지막으로 유명한 코린트의 통치자인 페리안데르는 순간적인 실수로 그의 부인 멜리사를 죽이고 난 후 그녀의 죽은 육신을 능욕하였다고 헤로도토스는 전한다(v, 92).

쾌락을 위한
노력들

신체에 가해지는 고통과 쾌감

욕망과 절제

외설문학

신체에 가해지는 고통과 쾌감

호감받는 생식기의 모양

멜레아게르가 전하는 다음과 같은 풍자시가 있다(Anth. Pal., v, 192)

> "만일 당신이 칼리스티온의 나체를 본다면 아마 당신은 '시러큐스인
> 의 이중문자가 거꾸로 서 있는 것 같은 모양을 하고 있다.'라고 말할
> 것이다."

밀가루로 종종 음경이나 유두를 상징하는 모양의 과자를 만들기
도 하였다. 남자들은 불로 지지거나 잡아뜯어져 밋밋하게 된 여성

의 음부를 좋아했다. 희곡 작가 플라토는 "손으로 그 풀잎의 다발이 뽑혀지며(CAF., Ⅰ, 648)"라고 표현하였고, 아리스토파네스 (Lysistrata, 827)는 불타는 램프가 사용된다고 하였다. 이러한 해석이 사실이라면 몰에 의해서 그려진 그림에서도 이와 같은 광경이 나오는 것을 확인할 수 있다. 또한 뜨거운 재가 이러한 목적에 사용되기도 하였다. 확실히 털이 빠르고 강하게 자라는 남부지역의 여성들에게 있어서는 탈모를 통하여 그들의 음부가 남에게 보이지 않게 하는 것이 하나의 관습처럼 되어 있었으며, 그리스의 남성들은 털로 뒤덮인 가슴보다는 부드럽고 감촉 좋은 유방을 더 좋아했다는 사실을 우리는 여러 구절에서 확인할 수 있다.

이처럼 아리스토파네스는 《리시스트라타(Lysistrata)》(148 ff.)에서 이렇게 말한다.

"여성들이 집에 앉아 화장하고, 훌륭한 리넨 천으로 만든 조끼를 입고 그들의 가슴에 난 털을 뽑고 있는 모습을 본다면, 남성들은 그 모습에 매료될 것이며 잠자리를 함께하고 싶어질 것이다. 만일 남자들이 더 이상 여자들을 가까이하지 않거나 절제한다면, 여자들도 더 이상 가슴의 털 뽑는 일 따위에 신경을 쓰지 않을 것을 나는 잘 알고 있다."

이러한 남성의 바람과는 대조적으로 아리스토파네스는 여성의 바람도 설명하고 있다.

"만약 환희에 가득 찬 에로스와 사이프러스의 아프로디테가 우리의 유방과 가슴에 살아 숨쉬게 되어 남성들에게 항상 유혹과 욕정을 불러일으킬 수 있다면 우리는 언젠가 그리스의 '리시마카이(전쟁을 종식시키는)'로 불려질 수 있을 텐데(Lysistrata, 551 ff.)."

연극 작품 《테스모포리아주사이》에는 우리가 번역할 수 없는 구절(예를 들면 246, 1119, 1185)들이 있기 때문에 전체적인 내용을 단정지을 수 없지만 몇가지 내용을 종합해본다면 그 속에는 엉덩이의 근육살에 대한 이야기가 끊임없이 계속된다. 《리시스트라타》(1148)에는 라코니아 사람이 다음과 같이 찬양하는 구절이 나온다.

"그녀의 엉덩이는 형언할 수 없을 만큼 아름답다!"

또 《평화(Peace)》(868)라는 작품에서 하인은 "목욕을 마친 그녀의 엉덩이는 매우 아름답고 부드럽다!"라고 감탄한다. 어떤 희곡의 한 구절은 여성이 남성을 유혹할 때 사용하는 엉덩이의 요염한 율동에 대해 설명하고 있기도 하다.

헤론다스의 꽃병 그림과 해설(vii, 13)은 어린아이들이 회초리나 막대기로 벌을 받을 때 바로 신체의 엉덩이 부분이 주로 사용된다는 것을 보여준다. 나폴리에 있는 국립 박물관에는 반나체의 두 젊은이가 잠자는 의자에 누워서 자신의 옷을 들어올려 벌거벗은 엉덩이를 보여주고 있는 어느 여인을 바라보는 그림이 그려진 꽃병이 소장되어 있다.

신성시된 자해의 풍습

시리아의 여신 갈로스의 숭배 행사에서 기도자의 자해에 대해 루키안(De Syr. dea, 50)은 다음과 같이 말한다.

"일정하게 정해진 날에 많은 군중들이 사원 앞에 모인다. 구도를 원하는 다수의 여성과 남성들이 여신의 신비스러움을 찬양하기 위해 자신의 한쪽 팔을 자르고, 나머지 한쪽으로 상대방의 등을 두드린다. 많은 사람들이 플루트와 드럼을 연주하며 다른 사람들은 찬양의 시와 노래를 부른다. 이러한 연주는 사원 밖에서 이루어지며, 행사에 참가한 어느 누구도 사원 안으로 들어가려고 하지 않는다. 이 행사의 기도자들은 미리 선정되어 있으며 행사가 시작되고 플루트가 연주되면 많은 사람들이 마치 무엇에 홀린 것처럼 광기에 휩싸이고, 이를 수수방관만 하고 있던 일부 사람들은 다음과 같은 이상한 행동을 저지른다. 즉 한 젊은 친구—내 생각에는 이런 행동을 위해서 오랜 기간 동안 기다려온—가 칼을 쥐고 큰 소리로 괴성을 지르며 집회가 열리고 있는 한가운데로 뛰어 올라온다. 칼을 쥔 그 친구는 즉시 자기 자신을 자해하며, 그 잘려나간 물건을 손에 쥐고 시내를 한 바퀴 돈다. 어느 집이건 간에 그가 그 잘려나간 물건을 던져주면 그는 여성의 옷과 여러 장식품들을 선사받는다."

이것은 자해를 통해서 무엇을 얻고자 하는 것인지를 잘 보여주고 있다. 자해를 통한 열광적인 흥분의 도가니가 지나가면 "그 젊은이가 자랑스럽게 내던져버린 털"과 추악한 행위에 사용되었던 칼, 그리고 심벌즈나 드럼 악기 같은 많은 공물들이 자해의 결과로써 그

'위대한 여신'에게 바쳐진다. 이는 다른 작품에서와 마찬가지로 앤솔러지(vi, 51)에 수록되어 있는 익명의 시에서도 확인할 수 있다.

이와 같은 주신제 성격의 숭배 행사는 본래 아시아적인 형태에서 유래되었지만 그것은 일찍이 그리스에서 시행된 곡식의 여신 레아 키벨레에 대한 찬양의 형태와 같이 자해와 같은 형식이 항상 이루어진다 하더라도 실제로 그것을 직접 행하지 않는, 보다 순화된 형태로 자리잡게 되었다.

실제로 위랜드—고대의 작가에 포함되지는 않지만—가 그의 작품 《콤바부스(Combabus)》(Leipzig, 1824)에서 설명한 것처럼 자해는 다른 이유에 의해서 실행되었다.

루키안은 '시리아의 여신'을 찬양하는 사람들(콤바부스)에 대해 다음과 같은 설명을 덧붙인다.

아시리아 왕비인 스트라토니케가 사원을 짓기 위한 순례여행을 떠나려 할 때, 왕은 그의 친한 친구인 콤바부스를 그녀의 보호자로 임명하려고 했다. 그러나 그 젊은 친구는 아름다운 여인과 상당히 오랜 기간 동안 함께 지내야 한다는 이유 때문에 왕에게 자신이 아닌 다른 사람을 임명해줄 것을 간곡히 요청하였다. 결국 그는 왕의 요청을 수락하는 조건으로 7일간의 휴가를 얻었으며 그가 다시 돌아와 왕의 명령을 충실히 수행한다는 신의의 표시로써 자신이 가지고 있는 것 중 가장 귀중한 보물이 담긴 작은 상자를 몇사람의 증인이 지켜보는 앞에서 왕에게 건네주었다. 왕은 상자를 잘 봉인하여 보관하도록 그의 회계원에게 전달하였다. 그들의 여행이 시작되자 결국 콤바부스가 염려하던 일들이 벌어졌다. 결혼생활의 안락함과 즐거움을 꽤 오랜 기간 동안 맛보지 못한 스트라토니케는 잘생긴 젊은 친구에게 사랑의 감정을 느끼기 시작하였으나, 그녀의 구애는 거절당했다고 포티파르 혹은 파이드라의 이야기 속에 전해진다.

그러자 사랑을 거절당한 왕비는 자신이 직접 또는—루키안이 생각하는 보다 가능성이 있는 것으로서—다른 사람을 시켜 모함의 편지를 왕에게 보내 그 기품 있는 그녀의 동료를 고발한다. 결국 콤바부스는 왕에게 소환되어 그의 왕비를 유혹한 죄로 감옥에 처넣어진다.

재판의 날이 다가오자, 콤바부스는 자신의 결백을 증명할 유일한 증거로써 이전에 왕에게 맡긴 작은 상자를 열어볼 것을 왕에게 간청하였다. 왕이 창고에 보관되어 있는 상자를 가져오게 하여 그것을 열어보았을 때 그 속에는 그 불행한 친구의 박제화된 생식기가 들어 있었다. 왕은 자신의 경솔함을 눈물로써 사과하면서 그를 최고의 영웅으로 추앙했다. 훗날 여성의 모습을 하고 남성의 옷을 입은 콤바부스의 청동 조각상이 세워지게 되었다. 이로 인해 갈리의 많은 사람들이 자신의 생식기를 자르고 여성의 옷을 입고 여성적인 행동양식을 추구하는 풍습이 일반화되었다(Lucian, De Syr. dea, 19 ff.).

헤라클레이데스 폰티쿠스는 그의 작품 《즐거움에 대하여》에서 방탕한 생활로 인해 자신의 모든 재산을 탕진해버린 향료 창고 문지기에 대해서 이야기하고 있다. 물질적인 재산이 거의 한계에 다다랐음을 느낀 그는 부를 통해 더 이상 쾌락을 즐길 수 없음을 한탄하면서 자신의 성기를 잘라버렸다 한다(Ath., xii, 552).

거세와 할례

한편 《오디세이》에는 고대에 "대륙에 살았던" 에케투스(폭군)라 불리는 "모든 남성의 파괴자"인 어느 왕에 대한 이야기가 있다. 부랑자와 거지들을 에케투스 앞에 끌고 가서 "그들의 코와 귀를 무자비하게 잘라낼 뿐만 아니라 음부를 찢어내 개의 먹이로 던져버리게 한다."라고 종종 협박하기도 하였다(Od., xviii, 85).

에케투스가 과연 역사적인 인물인지 신화적인 인물인지에 대해서는 알 수 없다. 다만 고대 그리스에서 이러한 거세가 형벌의 일종으로써 사용된 것만은 확실하다. 더구나 오디세우스는 불성실한 양치기 멜란티우스의 코와 귀, 손과 그의 생식기를 잘라내 개의 먹이로 던져주는 벌을 주기도 하였다(Od., xxii, 474).

멜란티우스의 경우는 거세의 가장 적절한 예라고 할 수는 없으며, 단지 죽이기 전의 잔인한 능지처참이라 할 수 있을 것이다. 그러나 잘려진 상태에서 살아가도록 하는 실제적 의미의 거세는 성인 남자의 경우와 특히 어린 남자아이의 경우 그 사례가 적지 않았다. 확실히 이러한 행위는 그리스인의 풍습이라기보다는 동양적인 것에 더 가까울 것이다.

헬라니쿠스에 따르면(frag. 169, FHG., I,68) 어린아이에 대한 거세를 처음 시작한 것은 바빌로니아 사람들이며 장로 키루스에 의해—크세노폰에 따르면(Cyrop., VII, v, 65)—페르시아로부터 이러한 잔학 행위가 도입되었다고 한다. 일반화되어 있는 관념에 따르면 이러한 행위를 처음으로 만들어낸 사람은 여성으로서 아시리아의 여왕인 세미라미스라고 전해진다(Amm. Marcell., XIV, vi, 17).

이렇게 거세된 남자들은 사르데스와 에페수스에 있는 키벨레와 아르테미스의 신전에 사원 관리인으로 고용되었다(Hdt., v, 102). 한편 페르시아 사람들은 르호데 섬과의 해상 전쟁이 끝나기 전에 이오니아 사람들을 자기 편으로 끌어들이기 위하여 자신들의 아이들을 거세하기 시작하였으며 그 덕분에 그들은 승리를 거둘 수 있었다고 한다(Hdt., vi, 9와 32).

거세는 때때로 방탕한 목적으로 사용되기도 하였다. 그러나 클레아르쿠스(Ath. xii, 514d)에 의해 알려진 것처럼 메데스가 "강렬한 욕망을 즐기기 위해 자기 주위의 사람들을 거세하였다."라고 하는 것 외에 그리스인 사이에서 더 이상 이에 관해 알려진 것은 없다.

한편 스트라톤(Anth. Pal. xii, 236)의 풍자시에서 거세된 남자들 역시 규방의 여자들에게 색정을 느낀다고 이야기되는 것처럼 그리스인들은 거세에 의해서 성적인 충동—이는 우리의 뇌에 의해서 느끼는 것이지 성적 기관에 의해서 느끼는 것이 아니므로—을 없앨 수 없다는 것을 잘 알고 있었던 듯하다.

필로스트라투스의 글에서 우리는 다음의 구절을 읽을 수 있다.

> "거세된 남자들 역시 사랑의 감정을 느끼며, 억제할 수 없는 욕정을 눈으로 확인하지만 결국엔 뜨겁게 불타오르는 정념만이 남게 될 뿐이다."

거세는 종종 여성들이 임신을 하지 못하게 하는 방법으로도 사용되었다. 이 또한 그리스인의 경우는 아니다. 크산투스는 "리디아의 왕 아드라미테스는 남자 내시를 대신하기 위하여 여성들을 거세한 최초의 사람이다."라고 그의 작품 《리디아의 역사》에서 말한다 (Ath., xii, 515e). 이 구절만 가지고는 확실하게 이야기할 수 없지만 아마도 여성들의 임신 능력을 없애기 위해 난소를 제거한 것이 아닌가 싶다.

스트라보(xvii, 284)는 위와는 다른 경우로서 "유태인의 관습처럼, 이집트인들은 갓 태어난 여자아기의 음부를 할례한다."라고 언급하였다. 즉, 아라비아인 일부와 곱트인, 에티오피아인, 페르시아와 중앙 아프리카 부족에서 보급된 것처럼 여성 음핵을 둘러싸고 있는 포피를 제거하는 것이다. 이러한 할례는 "아프리카의 여성 중에는 음핵이 지나치게 커서 음부의 피부를 축 늘어지게 하는" 경우에는 상당히 근거 있는 처리방법이다.

위와 같은 이야기들을 종합해본다면 거세는 그리스인들 사이에서 일반화된 것이 아니라 극히 일부분의 사람들만이 실행했던 것이라 할 수 있다. 루키안은 그러한 야만적인 행위를 척결하기 위한 헬레네스의 투쟁에 대해 그리스인들은 찬사를 아끼지 않았으며, 거세의 효과에 대해 동양의 경우와는 반대로 별 가치를 두지 않았다고 말하며 다음과 같이 서술한다.

"비참하고 불행한 운명을 타고난 그들은 태어난 고유의 성적 관념을 유지하든 아니면 다른 쪽의 성적 관념을 갖고 있든지 간에 이중의 성

적 쾌락을 추구하게 되어 제대로 성장할 수 없다. 그들의 젊은 청춘
은 조숙하게 시들어버리고 성년의 시간을 갖지도 못하여 유년기와
노년기만이 그들의 일생에 존재하게 된다. 그래서 그들은 모든 추악
한 행동을 통해서 저주스런 향락을 추구하며, 경험해보지 않는 악덕
이 없을 정도로 이루 말할 수 없는 추접스러운 질병 속으로 빠져들어
가는 것이다(Amor., 21)."

한편 크세노폰은 이와는 대조적인 의견을 제기하는데 《키로포이
데이아》(VII, v., 60 ff.)에서 키루스는 세상에서 내시보다 더 충직
하고 믿음직스러운 친구는 없다는 결론에 도달한다. 이는 그리스적
인 사고방식이라기보다 동양적인 사고방식이기 때문에 그의 흥미
로운 견해를 보다 면밀히 검토할 수는 없을 것이다.

또한 그리스에서는 사랑의 행위를 하기에 앞서 "끈으로 묶은 것
을 푸는" 행동이 매우 일반적이었다고 한다. 즉 성기를 감싸고 있는
포피를 앞쪽으로 끌어당겨 끈이나 밴드로 단단히 묶은 것을 푼다는
뜻으로 이는 체육이나 다른 활동적인 운동을 하는 동안 포피가 미
끄러져 귀두가 상처를 입는 것을 막기 위해 사용되었다.

어느 호색가가 "끈을 푸는" 장면이 꽃병의 그림에 묘사되어 있으
며, 농담처럼 이것은 '정조대' 라고 불리기도 한다. 로마 사람들 중
에는 성교가 불가능하도록 포피를 앞으로 끌어당겨 한뜸 한뜸 꿰매
는 경우도 있었다고 하지만, 그러한 표현이 언급되어 있는 어떤 그
리스 고전도 나는 읽어보지 못했다.

욕망과 절제

고대의 최음제

고전 작품 속에는 성불감증을 치료하고 발기를 하게 하는 많은 방법들이 소개되어 있다. 고대 작품들 중에는 메데아가 늙은 아이게우스에게 그의 성불감증을 치료해 회춘할 수 있는 치료약을 가지고 있다고 말하는 구절이 나오는 에우리피데스의 작품이 가장 오래 되었다(Medea, 718).

고대인들은 사티리온(난초의 일종)이나 후춧가루와 쐐기풀 씨앗을 섞어 만든 것, 또는 와인에 파이리트럼(화란 국화의 일종)을 흔들어 섞은 것 등 즉각적으로 성적인 욕정을 느끼게 하는 특효약들을 많이 알고 있었던 것으로 보인다. 오비드(Ars, ii, 415)는 이러한 방법들은 인체에 유해하다고 지적하면서 오히려 양파나 야생 배추, 달걀, 벌꿀, 돌사과 등이 인간에게 유익하다고 제시하였다.

이것들은 다른 최음제와 함께 그리스에서 널리 알려진 것들이며 고대 그리스의 처방전에는 발기의 능력을 극대화하는 많은 매혹적인 조제법이 소개되어 있기도 하다. 웨슬리에 따르면 사랑의 행위를 보다 매혹적으로 즐길 수 있도록 하는 풍부한 방법들이 루브르 박물관의 파피루스와 《아나스타시(Anastasy)》(Brit. Mus., Gk. pap., i, 90)에 전해 내려온다고 한다.

그리스에서 사용되었던 모든 최음제를 열거하거나 상세히 설명하는 것은 무의미하므로 여기서는 몇가지 예만 들어보기로 하겠다.

파이리트럼은 그 이름에서부터 '사랑의 불꽃을 당기는' 식물이라는 사실을 알 수 있다. 희곡 작가 알렉시스(CAF, II, 399)는 특별히 강조하여 양파는 섭조개, 게, 달팽이, 달걀 등과 함께 그리스에서 강정식품으로 가장 널리 알려져 있다고 전한다. 디필루스는 "양파는 풍부한 자양분을 가지고 있을 뿐더러 위를 강하게 해주고 침침한 눈을 맑게 해주고, 성적인 욕망을 자극하기 때문에 절제할 수가 없다."라는 식으로 강정식품을 소개하고 있다.

루키안의 풍자시에는 루피네스 식물과 무를 먹지 않는 키니크에 대해 "바로 그렇기 때문에 덕망 있는 그 사람은 욕정에 빠지지 못하는 것이다."라고 말하자 그는 매우 신 하얀 양파를 식사 때마다 즐겨 먹었고 그 이후 위랜드는 키니크의 관능적인 욕정을 비웃게 되었다고 하는 이야기가 있다.

기원전 414년에 아리스토파네스는 《암피아레우스》라는 한 희곡

연극을 무대에 올렸다. 그 내용은 한 '가련한 늙은이'가 그의 젊은 부인과 아테네와 보이오티아의 경계에 위치한 오로푸스의 암피아레우스 신탁소로 병의 치료를 위해 순례여행을 떠나는 것에서부터 시작한다. 거기서 그들은 금주와 단식, 금식을 통해 갈망하던 신의 계시를 꿈속에서 받게 된다. 그후로 그 늙은이는 청춘의 활력과 정력을 오랫동안 유지할 수 있었다. 그러나 어떻게 해서 그러한 일이 일어났는지는 작품의 일부가 떨어져 나가는 바람에 만족할 만한 설명을 들을 수 없다. 그러나 떨어져 나간 부분을 결합하여 유추해본다면, 그 늙은이가 금식 기간 중에 섭취한 몇접시의 렌즈콩이 주효했다는 것을 알 수 있다.

이 희곡 작품 속에는 부분적인 마사지가 성불감증의 치료에 사용된다는 언급이 있으며, 일부 고대 작가들이 이야기하듯이 항상 이 방법이 성공하지는 않는다 하더라도 이는 모든 시대에 걸쳐 널리 애용되는 치료법 중의 하나였을 것이다. A. D. 4세기경에 내과의사 테오도루스 프리스키아누스는 남성의 성불감증을 치료하는 몇가지 치료방법을 적어놓았다. 그 속에는 다음과 같은 언급이 있다.

> "그 환자 주위에 아름다운 소년과 소녀를 데려다 놓으라. 그리고 성적인 욕망을 자극하며 교묘하게 흥분을 일으키는 책을 읽게 하라."

외설의 개념과 음란성

모리츠 슈미트가 그의 《헤시키우스》(v, 88)의 확대판에서 수집해놓은 것처럼 그리스인의 언어에는 외설적인 단어나 다소간 솔직담백한 음담패설과 말 재롱이 매우 풍부하다. 우리가 종종 언급한 희곡 작품 속에 이러한 용어들이 대부분 자연스럽게 나타나고 있으므로 여기서는 몇가지 예만 들어보도록 하겠다.

아리스토파네스의 《기사(Knights)》라는 작품 속에는 다음과 같은 내용(1384 ff.)이 나온다.

소시지 판매상 : 이 접는 걸상에 앉아보시면 당신은 젊었을 때의 원기를 회복할 수 있을 것입니다. 어느것을 선택하더라도 훌륭하게 서비스해드릴 것입니다.

데 모 스 : 좋아! 어디 한번 옛날로 되돌아가는지 시험해볼까.

소시지 판매상 : 그렇다면, 30년은 사용할 수 있는 평화를 드리지요. 자! 이리로 나와라, 어서, 평화야(그러자 아름다운 여인이 걸어나와 《평화》를 읽는다).

한편 아리스토파네스와 다른 희곡 작품에서 사용된 솔직하고 노골적인 음담패설에 대한 묘사는 아리스토텔레스가 언급하였듯이 그 시대 이후의 새로운 희곡에서는 보다 은유적이고 애매모호한 방탕을 지칭하는 것으로써 사용된다.

은유적인 방식으로 단지 음담패설적인 내용만을 전하고 있는 신 아르테미스에 대한 아킬레스 타티우스의 기도문(viii, 9)에 포함되어 있는 사랑의 로맨스에서 우리는 독특한 예를 살펴볼 수 있을 것이다.

팔라티네 앤솔러지에 있는 한 풍자시에는 음악적 기교를 지칭하는 용어를 빌어 한 무용수를 음담패설적인 내용으로 은유화하여 표현하고 있다(Anth. Pal., v, 99).

공공 시설물의 벽에 외설적인 단어나 문장, 시, 그리고 야한 그림을 그리는 관습은 어느 시대에나 일반적이었듯이 비록 전해 내려오는 명확한 증거가 없다 하더라도 고대 그리스에서도 역시 마찬가지였다고 할 수 있을 것이다. 다른 한편 에페수스의 화장실에서는 전혀 외설적이지 않은 한 편의 시가 발견된 적이 있다고 카린카는 전하기도 한다.

근친상간

근친상간에 대한 그리스인들의 생각은 모든 남자와 신들의 아버지이자, 그의 여동생 헤라의 남편인 제우스의 신화에서 보여지듯이 순진한 사람들처럼 현대인들보다는 엄격하지 않았다. 그러한 근친상간에 대해 매우 엄한 벌을 가했다는 사실이 한 번도 발견되지 않았음에도 대중들의 일반적인 여론은 거부감을 갖고 있었던 듯하다.

우리는 이사이우스로부터 선친과 후손의 결혼뿐만 아니라, 그 이전에는 형제자매 사이의 결혼도 역시 금지되었다는 것을 확인할 수 있다. 이복형제들 사이의 결혼에 대해서는 나중에 많이 완화되기는 하였다. 이러한 제한을 벗어나는 친척일가 사이의 결혼은 비교적 자주 일어났으며, 키몬과 엘피니케의 결혼의 예에서 본다면, 보다 보수적인 귀족 집안층 내에서는 5세기까지 형제자매 사이의 결혼도 종종 일어났다. 이집트인의 경우에 있어서도 비록 결혼 지참금을 절약하는 방법의 일환이라는 단서가 붙기는 하지만 그 나라에 살고 있는 그리스인에 의해서 유사한 결혼의 형태가 존재했다. 프톨레미 2세 왕이 그의 여동생 아르시노이와 결혼한 후 그녀의 이름을 필라델푸스로 바꾼 것은 잘 알려진 하나의 예다. 결혼 지참금을 가족 내에서 지키기 위하여 아버지의 재산을 배타적으로 상속받은 상속녀가 아직 결혼하지 않은 다른 친척과 결혼하는 것이 합법적으로 정착되었던 것이다.

자연스럽게 여기저기서 변질된 사례가 발생한다. 안도키데스(De myst., 124)는 한 아테네 사람을 다음과 같이 꾸짖고 있다.

"이스코마쿠스의 딸과 결혼한 그는 그녀와 얼마 살지도 않고 그녀의 어머니와 결혼하였으며, 한 집에서 두 여자와 함께 생활하고 있다."

알키비아데스는 리시아스가 말한 바와 같이 보다 더 심한 경우도 있었다고 전한다.

매우 비극적으로 끝을 맺고 있는 많은 신화적인 이야기에서 확인되는 것처럼 어떤 경우에라도 근친상간에 대한 일반적인 여론은 항상 반대였다. 즉 세계적으로 잘 알려져 있고 부분적으로는 우리도 이미 언급한 바 있는 자신의 어머니와 결혼한—의심할 여지없이—오이디푸스의 경우나 여동생 비블리스를 사랑한 카우누스의 경우를 볼 때도 이러한 사실은 확인될 수 있다.

에우리피데스의 작품 《아이올루스》(TGF., 365 ff.)의 경우처럼 근친상간을 소재로 한 작품은 종종 연극으로 상영되기도 한다. 이 작품은 우리에게 전해 내려오지 않지만 그것의 내용은 소스트라투스의 설화 문학으로부터 알 수 있다.

아이올루스 왕은 여섯 명의 딸과 여섯 명의 아들이 있었는데, 그 중 장남인 마카레우스는 그의 여동생 카나케를 사랑하여 그녀에게 자기의 뜻에 따르도록 압력을 넣었다. 이러한 사실을 알게 된 아버지는 그 딸에게 칼을 보내어 스스로 자결하도록 하였으며, 역시 같은 칼을 장남 마카레우스에게 보내어 속죄하도록 하였다. 이 드라마에서 "비록 그것이 우리에게 기쁨을 준다 하더라도 불명예스러운 것이라면 행해서는 안 되는 것이다."라는 구절이 나오자, 그런 천박하고 모욕적인 언사를 사용하였다고 극장 안에 있던 관객들이 흥분하여 소란법석을 떨었으며, 안티스테네스가 다음과 같은 말로 겨우 진정시켰다고 한다.

"그것이 즐거움이든 아니든 불명예는 불명예인 것이다."

아리스토파네스는 퇴폐적이라는 이유로 자주 《아이올루스》를 비난하였다. 다른 구절에서는 근친상간의 명사 앞에 형용사 '불유쾌한'이나 '야만적인'이라는 접두어를 항상 붙여 쓰곤 하였다. 그러나 그는 아이올루스의 여섯 아들과 여섯 딸을 평화롭게 결혼하는 것으로 개작한 호머의 경우에 대해서 그러한 언급을 하였던 것이다. 마지막으로 꿈에 대한 정신적 분석을 상세하게 해놓은 책으로부터 근거하여 근친상간이나 동성 연애 같은 것들이 그렇게 보기 드문 일만은 아니라는 사실을 언급하는 것도 의미 있는 일일 것이다.

외설 문학

배설 문학에 담긴 웃음

오물이나 대변을 뜻하는 배설이라는 단어는 현대의 성 과학에서 자주 사용된다. 어린아이들이나 늙어서 치매증세에 걸린 노인네들이 흥미를 갖거나 하는, 아주 밥맛 떨어지는 그러한 인간의 배설물들이 가장 주요하게 등장하는 것이 바로 이 배설 문학이다. 배설 문학적 내용에 가장 많이 등장할 뿐더러 그것으로 항상 가득 채워져 있는 곳은 공공 편의시설이며, 그곳의 벽에는 오늘날까지도 종종 조잡하고 야한 낙서와 그림이 가득 메워져 있다. 상세히 비교해서 설명할 수는 없지만, 고대의 그리스에서도 이와 유사했을 것이라고 충분히 상상할 수 있다. 하지만 이 두 시대의 기본적인 차이점은 고대는 이러한 배설적인 내용이 문학과 예술의 형태로써 묘사되어 있지만, 현대에서는 단지 은밀한 포르노 사진에서나 찾아볼 수 있다는 점이다.

정직한 농민 시인 헤시오드가 소변을 보는 것에 대해 설명한 것처럼 비록 중요한 구절은 원하지 않는 시간과 장소에서 인간의 배설이 진행된다는 점에 초점이 맞춰져 있다 할지라도, 많은 배설 문학적인 문장이 희극적이거나 풍자적인 시에서 나타난다는 점에 비춰본다면 아마 쉽게 이해할 수 있을 것이다.

이와 유사한 경우로서 헤로도토스는 페르시아 사람들 사이에서는 다른 사람이 있는 데에서는 침을 뱉거나 소변을 보는 것이 금지되어 있었다고 소개하기도 한다(i, 133).

어린아이가 소변을 보고 싶어할 때 어머니나 간호사는 자신을 믿게 하려고 '세인(sein)'이라 말하며 달래고, 자신들은 '브륀(bryun)'이라고 하며 소변을 눈다.

소변을 보는 것은 종종 희극에 등장하기도 한다. 아리스토파네스는 《구름》(373)이라는 작품에서 단순한 스트레프시아데스가 비를 마치 제우스가 자신의 소변을 채로 쳐서 흩날리는 것처럼 설명한다고 서술하였다.

또한 《리시스트라타》라는 작품에는 합창단의 늙은 지휘자가 "양동이를 잘못 다루어 바지가 물에 젖어서 옷을 짜고 있으면 마치 우리가 바지에 실례를 한 것처럼 오해를 한다(402)."라고 여성들에게 불평을 늘어놓는 구절이 나온다. 《인민회의》에서는 시민들이 그 늙은이의 변호자가 되어 "그들은 오줌을 싸지 않았다."라고 항변하기도 한다(832). 한편 《평화》라는 작품에서는 어린 소년이 소변을 보는 장면이 언급되어 있다(1266).

그리스에서 일반적으로 요강은 '아크이스'라고 불린다. 아주 방탕한 연회에서 술을 마시는 참석자들이 손님을 접대하는 소년들에게 "요강 좀 가져오너라!" 하고 시키는 경우가 자주 있었다. 유폴리스(ante, p. 12를 보라)에 따르면, 그런 신기한 사물의 창시자는 알키비아데스이며, 다른 한편 아테나이우스(xiii, 519e)는 그 요강의 기원을 시바리테스에 두고 있다.

우리가 생각하기에는 이렇게 유머스런 구절이 심각한 주제를 다루는 비극 작가에 의해 언급되었다고는 보기 어려울 것이다. 그러나 아이스킬로스는 그의 한 연극에서 오디세우스가 다음과 같이 말하게 하고 있다.

"언젠가 어느 소년이 요강을 던졌으나 기가 막히게도 그가 맞히려고 한 표적을 빗나가 우스꽝스럽게도 내 머리를 맞히고 그만 깨져버렸다. 그래서 향기와는 사뭇 비교할 수 없는 악취가 내 온몸에 진동한 적이 있었다(frag. 180 ; TGF., 59)."

우리가 이러한 광경이 비극에서 있을 수 있는 것인지, 웰커가 짐작하는 것처럼 풍자적인 드라마에 적합한 것인지를 판단할 수는 없다고 생각한다. 아테나이우스는 이러한 구절을 인용한 후에 아이스킬로스가 호머의 영웅을 사치와 방탕의 표본으로 사용하였다고 비난하였으며, 반면에 《아카이안의 모임》(frag. 140 ; TGF., 162)에서 소포클레스는 위의 장면을 놓고 풍자적인 드라마라고 표현하였다.

요강을 지칭하는 다른 많은 용어들이 그리스어로 사용되었으며, 라틴어로 스카피움(Juvenal, vi, 264; Martial, xi, II)에서 유래된 '스카시몬' 이라 고 불리는 여성들을 위한 배 모양의 요강도 있었다 (Aristophanes, Thesm., 633). 한편 도리스식의 속옷을 입은 아름다운 여인이 머리를 약간 구부리고, 에로스의 형상을 한 젊은 청년에게 집게손가락으로 배 모양을 한 요강을 빨리 가져오라는 신호를 보내는 내용을 담은 그림이 그려진 물병이 베를린 박물관의 고대 전시실에 보관되어 있기도 하다. 또한 폼페이에 있는 한 벽화에는 술 취한 헤라클레스가 실레누스의 뒤에서 그의 오른쪽 다리에 오줌을 누고 있는 그림이 그려져 있다. 술에 취한 호색가가 꽃병을 마치 요강처럼 사용하면서 난장판을 부리는 모습은 고대 그리스인에게 있어서 꽃병의 삽화에 넣는 일반적인 주제 중의 하나였다.

연회나 호사스런 술잔치에서는 타구(입으로부터 나오는 배설물을 받는 기구)가 간혹 사용되기도 하였다. 아리스토파네스의 희극(49 ; CAF., I, 404) 중 일부 구절에서는 한 손님이 토하기 위해 그의 목청을 간지르기 위한 깃털과 타구를 요청하기도 한다. 꽃병 그림 중에는 젊은 청년과 남자들이 토하는 모습을 표현한 그림이 다수 있다.

또한 대변과 이것에 대한 거부감이 희극에서 자주 언급되기도 한다. 이에 관해 가장 많이 사용되는 라틴어는 '카카레' 이며, 이의 그리스어인 '카카브'는 어린아이의 언어에서 유래되어 사용되었다 할 수 있다. 면밀히 살펴본다면 생동감 있고 색감 있는 묘사로써, 강렬한 효과를 유발하고 있는 것의 원조로서 배설의 행위에 대한 설명이 잘 나타나 있는 것은 아리스토파네스의 《구름》이다(385 ff.). 소크라테스는 천둥은 하늘에 떠 있는 구름 상호간의 충돌에 의해서 일어나는 것이라고 스트레프시아데스에게 설명하면서, 그의 몸을 예로 들어 보다 상세하게 가르쳐주고 있다.

"언젠가 파나테나이아에서 고기로 만든 수프를 양껏 먹은 적이 있지 않니?"라고 묻자, 스트레프시아데스는 금방 알아차린 듯

"아, 이제야 알 것 같군요! 그 고기 수프를 조금만 먹어도 금방 효과가 나타나듯이 천둥도 그렇게 요란하게 울리는 것이군요. 처음에는 뱃 속에서 부드럽게 꼬르륵 하더니, 점차 꾸르륵 꾸르륵 하고 심하게 울리는 것처럼 천둥도 꽈과과광 하고 구름들끼리 서로 부딪혀서 그렇게 우는 것이군요!."

《플루투스》에 나오는 한 하인은 배변 후에 자신의 위와 장을 깨끗이하기 위해 신선한 마늘을 즐겨 먹었다고 한다(817).

연극 《개구리(Frogs)》(479)에서 디오니소스 신이 그의 배설물이 무서워 크산티아스로 하여금 스폰지로 자신을 닦도록 하는 장면은 아마 가장 우스꽝스러운 배설 문학 중의 하나일 것이다.

내가 이미 언급한 폼페이 사람의 그림을 헬리그는 다음과 같이 묘사하였다.

"약간의 풀이 듬성듬성 돋아나 있는 곳에서 하마가 입을 크게 벌리고 난쟁이를 응시하면서 서 있고, 그 벌거벗은 난쟁이는 배의 끝에서 엉덩이를 벗어내리고 하마를 향해 오줌을 누고 있다. 그는 아주 만족스럽게 손을 휘저으면서 마치 무엇을 물어보려는 것처럼 하마의 주변을 돌아다보고 있다."

자발적이든 우연적인 경우이든 대소변을 배설하는 것보다 방귀를 뀌는 것이 문학에서 가장 많이 등장하는 내용이며, 이것은 익살맞은 시에 농담과 조롱의 대상이 된다. 이러한 형상을 형용하는 많은 명사, 동사들이 그리스어에서 표현되고 있다.

아리스토파네스의 《기사》라는 작품에는(639 ff.) 말 재롱이 너무 어렵게 사용되어 번역하기가 까다롭지만 매우 재미있는 대화의 내용이 담겨 있다.

문학에 나타난 특이한 관습들

그리스의 문학 작품에는 성애적인 내용을 함축하고 있는 듯한 구절들이 종종 나타난다(Lysistrata, 686을 보라).

필로스트라투스는 그의 침대에 흩뿌릴 수 있는 장미를 가져올 것을 소년에게 부탁하였으며 "그렇게 뿌려진 장미로 인해 그 향기가 침대뿐만 아니라 당신의 몸 속에까지 스며들게 된다(Ep. 18)."라고 했다.

아카이아의 아르기라 사람들은 바다의 요정 아르기라의 사랑을 받는 셀렘누스라는 한 아름다운 청년이 살고 있었다고 전한다. 그러나 그의 젊은 청춘이 흘러가고 늙어 시들어버리자, 그 요정은 그를 저버리고, 그는 결국 사랑을 잃은 고통에 죽게 되었다. 아프로디테는 그에게 고통을 치료하는 능력을 부여하여 작은 시냇물로 만들어주었으며 이로 인해 그 강물에서 목욕을 하는 사람은 어느 누구라도 항상 사랑의 고통을 치료받을 수 있었다고 한다. 이러한 이야기를 전한 파우사니아스는 "우리들이 가지고 있는 어떤 위대한 재산보다도 아마 셀렘누스의 강물은 모든 인류에게 있어서 가장 소중한 것일 것이다."라는 말을 덧붙이고 있다(vii, 23, 2, 3).

아일리안(Var. hist., xii, 63)에 따르면, 아르케디쿠스는 나우크라티스에 있는 한 매춘부와 사랑에 빠졌다.

> "그러나 그녀는 매우 오만하여 한 번 관계를 가질 때마다 상당히 많은 재산을 요구하였으며, 돈을 받는 그 순간 동안만 그의 욕망에 복종하고, 그 이후에는 그를 위해 아무런 관심도 가져주지 않았다. 이미 그녀 외에는 세상의 그 어떤 것에도 흥미를 갖지 못하게 된 그 젊은 친구는 그의 사랑을 이룰 만한 아무런 방법도 찾지 못한 채 방황했다. 그러다 어느 날 밤 꿈 속에서 그는 그녀를 품속에 안아볼 수 있었으며, 그런 식으로 그의 욕정을 해소할 수 있었다."

이와 같은 이야기는 플루타크에 의해서도 인용되는데(Demetr., 27) 꿈 속에서 '하룻밤의 사랑'을 즐겼음에도 그 매춘부가 돈을 요구하였다고 덧붙이고 있다. 그러자 재판관은 그 사랑의 대가를 물병 속에 집어넣도록 하여 매춘부에게 손의 그림자를 통해서만 그 돈을 만질 수 있다는 판결을 내렸다. 한편 그 매춘부의 동료인 라미아는 그러한 판결에 대해 그 젊은 친구는 비록 꿈 속이지만 욕망을 충족했던 반면, 물병의 그림자는 그 매춘부에게 아무런 만족도 제공하지 못한다고 불평을 늘어놓았다고 한다.

디오도루스 시쿨루스(V, 14)는 독특한 관습에 대해 언급하였다.

> "키르노스(코르시카) 섬에서는 아기를 낳고 있는 여자에 대해서는 분만 중에 아무런 주의를 기울이지 않는다고 한다. 그러나 그 남편은 마치 그가 아이를 낳는 것처럼 아내가 분만하는 동안 침대에 누워 있어야 한다."

《아르고나우티카》의 작가 아폴로니우스는 이러한 관습을 확인하면서(ii, 1011) "침대에 누워 있는 그 남자는 머리에 밴드를 묶고, 분만중인 여자가 먹는 음식과 똑같은 음식을 먹고, 임산부처럼 목욕을 한다."라고 덧붙인다.

스트라보(iii, 165)는 켈트족, 트라키아인과 스키티아 부족도 같은 풍습을 가지고 있었다고 이야기한다.

> "남자와 똑같은 품삯을 받고 들판에서 일을 하던 여인은 갑자기 출산의 통증을 느끼게 되면, 조금 옆에 떨어진 공터로 들어가서 아기를 낳고 그녀의 하루 품삯을 허비하지 않기 위해 다시 돌아와 일을 계속한다. 작업 감독자는 그 여자가 보통때와는 다르게 유난히 힘들게 일을 하고 있다는 사실을 눈치채고는 아무런 이유를 묻지 않은 채 하루

일당을 주어서 집으로 돌려보낸다. 그러면 그 여자는 시냇가로 아이를 데리고 가 목욕을 시키고, 자신이 입던 옷을 찢어서 만든 포대기로 아이를 감싸서 집으로 돌아간다."

회 고

제한된 연구자료와 부족한 노력 속에서 그리스인의 '도덕성'에 대해 일정한 견해를 제시하고자 하는 연구자 본인의 노력은 이제 거의 막바지에 이르렀으며, 그 연구 목표의 일부나마 비록 천박한 수준일지라도 독자 제현에게 제공되었음을 기대하고 싶다. 우리의 연구 주제에 대해 조금이라도 초보적인 식견을 가지고 있는 사람이나, 고대 그리스인의 도덕성에 대해 보다 심오한 견해를 얻고자 하는 연구자들에게 도움이 되도록 많은 사람들이 익히 알고 있는 작품들을 인용하여 초보자나 전문가도 쉽게 이해할 수 있도록 많은 노력을 기울였다. 이 책을 섭렵한 독자 제현들은 크게 분류해 두 가지의 결론에 도달할 수 있을 것이다.

그중 첫째는, 고대 그리스 문명의 찬란한 발전의 근저에는 성애적인 것에 대한 열정이 살아 숨쉬고 있다는 것이다. 즉 '성적인 생활'에서만이 아니라 종교적인 측면이나 문학과 예술에서, 그리고 공공생활과 같은 사회적인 것 속에서, 사회적인 소요나 쾌락에서, 또한 축제와 무대의 연극에서, 간단히 말해 개인과 사회의 모든 생활 영역에서 성애는 가장 기본적인 구성요소였다. 따라서 성애적인 것은 그리스 문명을 이해할 수 있는 가장 중요한 단위며, 그리스인의 성애를 이해하는 것은 고대 그리스인의 생활을 보다 깊이 이해하는 데에 필수불가결하다. 따라서 우리의 연구 목적은 헬레니즘 시대의 사람들에 대해서 가지고 있는 현재의 지식과 당시의 실제적 관념, 사상이 가지고 있는 격차를 없앰으로써 그들에 대한 이해의 폭을 보다 심화시키는 것이었다.

우리가 가지고 있는 지식의 종합적인 결론으로서 고대 그리스인의 생활과 문명의 중심에 성애적인 것이 제1의 요소로 자리잡고 있다고 판단할 수 있으며, 성애적인 것에 대한 그리스인의 태도는 오늘날 우리가 이해할 수 있는 것보다 훨씬 더 순진하고 자연스러웠다. 그리스 사람들에게 있어서는 다른 사람들의 명예에 손상을 입히거나, 국가에 대한 저항 혹은 소송을 제기하는 것들에 대해서만 '도덕성'의 문제로서 파악되었으며, 그들에게 오히려 '죄'라고 하는 개념은 보다 생소하였다.

그리스인들은 미성년자인 소년, 소녀에 대한 학대나, 폭력을 동반한 성적인 문제 외에는 성적인 제반 생활에 대해 '도덕성'의 잣대를 가지고 문제삼지 않았다. 다시 말하면 그들의 신체를 자유롭게 활용할 권리를 그들은 모든 사람에게 부여하였다. 사춘기를 지낸 모든 남자들은 그가 어떤 행동을 하더라도 재판이나 대중여론에 의해 비난받지 않았다. 따라서 성적인 문제에 대해서 굉장히 솔직하게, 꾸밈없이 있는 그대로 모든 것을 드러내놓는다 하더라도 어느 누구도 그로 인해 공격받거나 비난받지 않았다.

인간의 육체를 찬양하는 디오니소스적인 쾌락을 고스란히 물려받았던 그리스인들이 그로 인해 미적 감각에 대해 거의 완벽할 정도로 이해하고 있다는 사실에 따라 비록 많은 내용이 노골적인 사랑에 기초해 있다 하더라도 그들은 그 관능성을 보다 고상한 수준으로까지 끌어올릴 수 있었다.

그러므로 결론의 두번째로서 그들은 남색을 결혼의 장애물로서가 아니라 국가적인 차원에서 결혼제도를 보완하는 부속물로 간주하였으며 악덕이 아니라 사랑의 독특한 형태로서 인식하였다. 이 때문에 소크라테스, 플라톤, 아리스토텔레스 같은 위대한 사상가들이 자신들의 철학적 토론의 문제의식 속에 거론조차 안 될 정도로, 정당한 것으로서 공공연하게 이야기하였던 것이다. 성애에 대한 강렬한 열정을 신비로움의 베일 속에 가려두거나 부도덕성이나 금지된 것으로 낙인찍지 않았기 때문에, 그리스인의 모든 관능적 정열을 아름다움에 대한 추구로 고상하게 승화시킬 수 있었던 그들의 능력으로 인해 그들의 성생활은 풍요로울 수 있었으며, 보다 건전하게 자신을 유지할 수 있었다. 이러한 사실은 현대의 생활을 매우 비참하고 초라한 것으로 만들고 있는 변태 성욕자들의 증가 같은 문제는 고대 그리스에서는 좀처럼 찾아보기 힘들었을 뿐만 아니라 고전적인 작품에서도 그러한 증거를 찾아보기가 어렵다는 사실에서도 쉽게 확인된다.

연구를 시작할 때나 연구가 거의 완료된 지금의 시점에서도 역시 마찬가지로 그리스인의 도덕성을 올바르게 이해할 수 있기 위해서는 바로 그리스인, 그들의 문화와 생활의 관점에서 판단해야 한다는 것을 다시 한번 강조하고 싶다. 또한 그리스인의 윤리적 관점을 비평하는 현대인의 표준적 관점에서가 아니라 고대 그리스 시대의 정신을 통해서 이해하려고 하는 결정적인 의지와 노력이 있어야 한다는 것도 덧붙이고 싶다. 그리고 현대인의 관점으로부터 벗어날 수 있는 사람일지라도 어떠한 선입견을 갖지 않고 고대인의 견해를 직시해야 하며, 그들 스스로가 최고의 가치로서 표현하듯이 "가장 아름다운 몸과 정신"이라는 고상한 그리스인의 윤리적 관점을 이해 해야 할 것이다.

INDEX

찾 아 보 기

|ㅎ|